Massenpsychologie am Beispiel Jan Bockelsons

Der deutsche Arzt Friedrich Percyval Reck-Malleczewen war zunächst als Assistenzarzt tätig, gab aber diese Stelle bald auf, um für Zeitungen zu schreiben. In mehreren Romanen verarbeitete Friedrich Reck-Malleczewen wiederholt seine Reiseerfahrungen. Am 14. Januar 2014 wurden er und seine zweite Frau Irmgard Reck-Malleczewen als 'Gerechte unter den Völkern' geehrt. Im März 2015 beschloss der Münchner Stadtrat, dass das Literaturarchiv der Stadt München, den literarischen Nachlaß Reck-Malleczewens erwerben solle.

Der Herausgeber Dipl.-Math. Klaus-Dieter Sedlacek, Jahrgang 1948, studierte in Stuttgart neben Mathematik und Informatik auch Physik. Nach fünfundzwanzig Jahren Berufspraxis in der eigenen Firma widmet er sich nun seinen privaten Forschungsvorhaben und veröffentlicht die Ergebnisse in allgemein verständlicher Form. Darüber hinaus ist er der Herausgeber mehrerer Buchreihen unter anderem der Reihen 'Wissenschaftliche Bibliothek' und 'Wissen gemeinverständlich'.

Friedrich Reck-Malleczewen

Massenpsychologie am Beispiel Jan Bockelsons

Geschichte eines Massenwahns
mit einer Einführung von Sigmund Freud

Neu bearbeitet und herausgegeben von
Klaus-Dieter Sedlacek

Wissen gemeinverständlich Bd. 20

Bibliografische Information Der Deutschen Bibliothek:
Die Deutsche Bibliothek verzeichnet diese Publikation
in der Deutschen Nationalbibliografie; detaillierte
bibliografische Daten sind im Internet über
http://dnb.ddb.de
abrufbar.

Erweiterte Neubearbeitung

Herstellung und Verlag: BoD – Books on Demand, Norderstedt.
ISBN: 9783746029382

Inhaltsverzeichnis

Johann Karl Ulrich Bähr: Jan van Leiden bei der Taufe eines Mädchens. 1840

Blick von Süd-Westen auf Münster, eine Arbeit von Remigius Hogenberg aus dem Jahr 1570

Vorwort des Herausgebers

Der Begriff Massenhysterie oder auch Massenwahn bezeichnet eine starke emotionale Erregung in großen Menschenmengen, beispielsweise euphorisch aus Anlass von Rock- und Popkonzerten, großen Sportereignissen oder trauernd nach dem Tod von berühmten Personen. In diesem Sinne wurde und wird beispielsweise die überschießende Begeisterung für die Beatles ebenso dem Bereich der Massenhysterie zugeordnet wie die Trauer um Rudolph Valentino, Josef Stalin oder Eva Perón. Auch die mittelalterliche Tanzwut, der Hexenwahn der Frühen Neuzeit und andere m a s s e n h a f t a u f t r e t e n d e Ä n g s t e (etwa die Kommunistenangst im McCarthyismus) werden häufig als Massenhysterie bezeichnet.[1]

Was aus der Tatsache, daß sich das Klima ändert, gemacht wird, grenzt meiner Meinung nach ebenfalls an einer Massenhysterie, ausgelöst durch massenhaft auftretende Ängste, die zwischenzeitlich nicht nur Klimaaktivisten, sondern auch Schüler und Politiker ergriffen hat.

Beispiele für solche Massenhysterien gibt es also genügend. Ich möchte dazu auch auf den Anhang verweisen, in dem neuere Beispiele dokumentiert sind.

Eines davon ist die Arjenyattah-Epidemie von 1983, von der mehrere hundert palestinensische Schüler betroffen waren. Die Schüler klagten über Atemnot und Schwindel. Die Ursache der Epidemie war pathogenetisch betrachtet eine psychische Störung. Die Epidemie wurde durch psychologische und nicht-medizinische Faktoren, vor allem durch die öffentliche Aufmerksamkeit der Massenmedien, beeinflusst und war letztlich eine Massenhysterie. Das Phänomen kann dem Nocebo-Effekt zugeschrieben werden.[2]

In »Jan Bockelson, Geschichte eines Massenwahns« geht es ebenfalls um so eine Massenhysterie die vor fast 500 Jahren in Münster (Westfalen) stattfand, aber bis in die heutige Zeit hineinwirkt durch ihren Einfluß auf den Lauf der Geschichte. Die Tragik, die jenem Massenphänomen auf dem Fuße folgte hat der Autor Friedrich Reck-Malleczewen mit erschreckender Detailgetreue beschrieben.

Zum näheren Verständnis, was es mit dem Phänomen des Massenwahns auf sich hat, habe ich dieses Werk mit einer Einführung von Sigmund Freud

---

[1] Seite „Massenhysterie". In: Wikipedia, Die freie Enzyklopädie. Bearbeitungsstand: 20. Juni 2017, 00:52 UTC. URL: https://de.wikipedia.org/w/index.php?title=Massenhysterie&oldid=166551981 (Abgerufen: 26. Juni 2019, 14:40 UTC)

[2] Seite „Arjenyattah-Epidemie". In: Wikipedia, Die freie Enzyklopädie. Bearbeitungsstand: 18. April 2018, 13:50 UTC. URL: https://de.wikipedia.org/w/index.php?title=Arjenyattah-Epidemie&oldid=176639825 (Abgerufen: 26. Juni 2019, 14:55 UTC)

versehen, die gleich anschließend unter der Überschrift »Einführung in die Massenpsychologie« folgt.

Im Übrigen habe ich versucht, an vielen Stellen zu den Zitaten, die im mittelalterlichen westfälischen Platt gehalten sind und zu den lateinischen Überschriften eine Übersetzung hinzuzufügen. Ich bitte allerdings um Nachsicht, wenn das nicht immer zur Zufriedenheit ausgefallen sein sollte.

Stuttgart, im Sommer 2019

Der Herausgeber

Einführung in die Massenpsychologie von Sigmund Freud

Le Bon's Schilderung der Massenseele.

Zweckmäßiger als eine Definition voranzustellen scheint es, mit einem Hinweis auf das Erscheinungsgebiet zu beginnen und aus diesem einige besonders auffällige und charakteristische Tatsachen herauszugreifen, an welche die Untersuchung anknüpfen kann. Wir erreichen beides durch einen Auszug aus dem mit Recht berühmt gewordenen Buch von Le Bon, *Psychologie der Massen.*

Machen wir uns den Sachverhalt nochmals klar: Wenn die Psychologie, welche die Anlagen, Triebregungen, Motive, Absichten eines einzelnen Menschen bis zu seinen Handlungen und in die Beziehungen zu seinen Nächsten verfolgt, ihre Aufgabe restlos gelöst und alle diese Zusammenhänge durchsichtig gemacht hätte, dann fände sie sich plötzlich vor einer neuen Aufgabe, die sich ungelöst vor ihr erhebt. Sie müßte die überraschende Tatsache erklären, daß dies ihr verständlich gewordene Individuum unter einer bestimmten Bedingung ganz anders fühlt, denkt und handelt, als von ihm zu erwarten stand, und diese Bedingung ist die Einreihung in eine Menschenmenge, welche die Eigenschaft einer »psychologischen Masse« erworben hat. Was ist nun eine »Masse«, wodurch erwirbt sie die Fähigkeit, das Seelenleben des Einzelnen so entscheidend zu beeinflussen, und worin besteht die seelische Veränderung, die sie dem Einzelnen aufnötigt?

Diese drei Fragen zu beantworten, ist die Aufgabe einer theoretischen Massenpsychologie. Man greift sie offenbar am besten an, wenn man von der dritten ausgeht. Es ist die Beobachtung der veränderten Reaktion des Einzelnen, welche der Massenpsychologie den Stoff liefert; jedem Erklärungsversuch muß ja die Beschreibung des zu Erklärenden vorausgehen.

Ich lasse nun Le Bon zu Worte kommen. Er sagt (S. 13). »An einer psychologischen Masse ist das Sonderbarste dies: welcher Art auch die sie zusammensetzenden Individuen sein mögen, wie ähnlich 7oder unähnlich ihre Lebensweise, Beschäftigung, ihr Charakter oder ihre Intelligenz ist, durch den bloßen Umstand ihrer Umformung zur Masse besitzen sie eine Kollektivseele, vermöge deren sie in ganz anderer Weise fühlen, denken und handeln, als jedes von ihnen für sich fühlen, denken und handeln würde. Es gibt Ideen und Gefühle, die nur bei den zu Massen verbundenen Individuen auftreten oder sich in Handlungen umsetzen. Die psychologische Masse ist ein provisorisches Wesen, das aus heterogenen Elementen besteht, die für einen

Augenblick sich miteinander verbunden haben, genau so wie die Zellen des Organismus durch ihre Vereinigung ein neues Wesen mit ganz anderen Eigenschaften als denen der einzelnen Zellen bilden.«

Indem wir uns die Freiheit nehmen, die Darstellung Le Bon's durch unsere Glossen zu unterbrechen, geben wir hier der Bemerkung Raum: Wenn die Individuen in der Masse zu einer Einheit verbunden sind, so muß es wohl etwas geben, was sie an einander bindet, und dies Bindemittel könnte gerade das sein, was für die Masse charakteristisch ist. Allein Le Bon beantwortet diese Frage nicht, er geht auf die Veränderung des Individuums in der Masse ein und beschreibt sie in Ausdrücken, welche mit den Grundvoraussetzungen unserer Tiefenpsychologie in guter Übereinstimmung stehen.

(S. 14.) »Leicht ist die Feststellung des Maßes von Verschiedenheit des einer Masse angehörenden vom isolierten Individuum, weniger leicht ist aber die Entdeckung der Ursachen dieser Verschiedenheit.

Um diese Ursachen wenigstens einigermaßen zu finden, muß man sich zunächst der von der modernen Psychologie gemachten Feststellung erinnern, daß nicht bloß im organischen Leben, sondern auch in den intellektuellen Funktionen die unbewußten Phänomene eine überwiegende Rolle spielen. Das bewußte Geistesleben stellt nur einen recht geringen Teil neben dem unbewußten Seelenleben dar. Die feinste Analyse, die schärfste Beobachtung gelangt nur zu einer kleinen Anzahl bewußter Motive des Seelenlebens. Unsere bewußten Akte leiten sich aus einem, besonders durch Vererbungseinflüsse geschaffenen, unbewußten Substrat her. Dieses enthält die zahllosen Ahnenspuren, aus denen sich die Rassenseele konstituiert. Hinter den eingestandenen Motiven unserer Handlungen gibt es zweifellos die geheimen Gründe, die wir nicht eingestehen, hinter diesen liegen aber noch geheimere, die wir nicht einmal kennen. Die Mehrzahl unserer alltäglichen Handlungen ist nur die Wirkung verborgener, uns entgehender Motive.«

In der Masse, meint Le Bon, verwischen sich die individuellen Erwerbungen der Einzelnen, und damit verschwindet deren Eigenart. Das rassenmäßige Unbewußte tritt hervor, das Heterogene versinkt im Homogenen. Wir werden sagen, der psychische Oberbau, der sich bei den Einzelnen so verschiedenartig entwickelt hat, wird abgetragen, und das bei allen gleichartige unbewußte Fundament wird bloßgelegt.

Auf diese Weise käme ein durchschnittlicher Charakter der Massenindividuen zustande. Allein Le Bon findet, sie zeigen auch neue Eigenschaften, die sie vorher nicht besessen haben, und sucht den Grund dafür in drei verschiedenen Momenten.

(S. 15.) »Die erste dieser Ursachen besteht darin, daß das Individuum in der Masse schon durch die Tatsache der Menge ein Gefühl unüberwindlicher Macht erlangt, welches ihm gestattet, Trieben zu frönen, die es allein notwendig gezügelt hätte. Es wird dies nun umso weniger Anlaß haben, als bei der Anonymität und demnach auch Unverantwortlichkeit der Masse das Verantwortlichkeitsgefühl, welches die Individuen stets zurückhält, völlig schwindet.«

Wir brauchten von unserem Standpunkt weniger Wert auf das Auftauchen neuer Eigenschaften zu legen. Es genügte uns zu sagen, das Individuum komme in der Masse unter Bedingungen, die ihm gestatten, die Verdrängungen seiner unbewußten Triebregungen abzuwerfen. Die anscheinend neuen Eigenschaften, die es dann zeigt, sind eben die Äußerungen dieses Unbewußten, in dem ja alles Böse der Menschenseele in der Anlage enthalten ist; das Schwinden des Gewissens oder Verantwortlichkeitsgefühls unter diesen Umständen macht unserem Verständnis keine Schwierigkeit. Wir hatten längst behauptet, der Kern des sogenannten Gewissens sei »soziale Angst«.

Eine gewisse Differenz zwischen der Anschauung Le Bon's und der unserigen stellt sich dadurch her, daß sein Begriff des Unbewußten nicht ganz mit dem von der Psychoanalyse angenommenen zusammenfällt. Das Unbewußte Le Bon's enthält vor allem die tiefsten Merkmale der Rassenseele, welche für die Psychoanalyse eigentlich außer Betracht kommt. Wir verkennen zwar nicht, daß der Kern des Ichs, dem die »archaische Erbschaft« der Menschenseele angehört, unbewußt ist, aber wir sondern außerdem das »unbewußte Verdrängte« ab, welches aus einem Anteil dieser Erbschaft hervorgegangen ist. Dieser Begriff des Verdrängten fehlt bei Le Bon.

(S. 16.) »Eine zweite Ursache, die Ansteckung, trägt ebenso dazu bei, bei den Massen die Äußerung spezieller Merkmale und zugleich deren Richtung zu bewerkstelligen. Die Ansteckung ist ein leicht zu konstatierendes aber unerklärliches Phänomen, das man den von uns sogleich zu studierenden Phänomenen hypnotischer Art zurechnen muß. In der Menge ist jedes Gefühl, jede Handlung ansteckend, und zwar in so hohem Grade, daß das Individuum sehr leicht sein persönliches Interesse dem Gesamtinteresse opfert. Es ist dies eine seiner Natur durchaus entgegengesetzte Fähigkeit, deren der Mensch nur als Massenbestandteil fähig ist.«

Wir werden auf diesen letzten Satz später eine wichtige Vermutung begründen.

(S. 16.) »Eine dritte, und zwar die wichtigste Ursache bedingt in den zur Masse vereinigten Individuen besondere Eigenschaften, welche denen des isolierten Individuums völlig entgegengesetzt sind. Ich rede hier von der Suggestibilität, von der die erwähnte Ansteckung übrigens nur eine Wirkung ist.

Zum Verständnis dieser Erscheinung gehört die Vergegenwärtigung gewisser neuer Entdeckungen der Physiologie. Wir wissen jetzt, daß ein Mensch mittels mannigfacher Prozeduren in einen solchen Zustand versetzt werden kann, daß er nach Verlust seiner ganzen bewußten Persönlichkeit allen Suggestionen desjenigen gehorcht, der ihn seines Persönlichkeitsbewußtseins beraubt hat, und daß er die zu seinem Charakter und seinen Gewohnheiten in schärfstem Gegensatz stehenden Handlungen begeht. Nun scheinen sehr sorgfältige Beobachtungen darzutun, daß ein eine Zeitlang im Schoße einer tätigen Masse eingebettetes Individuum in Bälde – durch Ausströmungen, die von ihr ausgehen oder sonst eine unbekannte Ursache – in einem Sonderzustand sich befindet, der sich sehr der Faszination nähert, die den Hypnotisierten unter dem Einfluß des Hypnotisators befällt ..... Die bewußte Persönlichkeit ist völlig geschwunden, Wille und Unterscheidungsvermögen fehlen, alle Gefühle und Gedanken sind nach der durch den Hypnotisator hergestellten Richtung orientiert.

So ungefähr verhält sich auch der Zustand des einer psychologischen Masse angehörenden Individuums. Es ist sich seiner Handlungen nicht mehr bewußt. Wie beim Hypnotisierten können bei ihm, während zugleich gewisse Fähigkeiten aufgehoben sind, andere auf einen Grad höchster Stärke gebracht werden. Unter dem Einfluß einer Suggestion wird es sich mit einem unwiderstehlichen Triebe an die Ausführung bestimmter Handlungen machen. Und dieses Ungestüm ist bei den Massen noch unwiderstehlicher als beim Hypnotisierten, weil die für alle Individuen gleiche Suggestion durch Gegenseitigkeit anwächst.«

(S. 17.) »Die Hauptmerkmale des in der Masse befindlichen Individuums sind demnach: Schwund der bewußten Persönlichkeit, Vorherrschaft der unbewußten Persönlichkeit, Orientierung der Gedanken und Gefühle in derselben Richtung durch Suggestion und Ansteckung, Tendenz zur unverzüglichen Verwirklichung der suggerierten Ideen. Das Individuum ist nicht mehr es selbst, es ist ein willenloser Automat geworden.«

Ich habe dies Zitat so ausführlich wiedergegeben, um zu bekräftigen, daß Le Bon den Zustand des Individuums in der Masse wirklich für einen hypnotischen erklärt, nicht etwa ihn bloß mit einem solchen vergleicht. Wir beabsichtigen hier keinen Widerspruch, wollen nur hervorheben, daß die beiden letzten Ursachen der Veränderung des Einzelnen in der Masse, die Ansteckung und die höhere Suggerierbarkeit offenbar nicht gleichartig sind, da ja die Ansteckung auch eine Äußerung der Suggerierbarkeit sein soll. Auch die Wirkungen der beiden Momente scheinen uns im Text Le Bon's nicht scharf geschieden. Vielleicht deuten wir seine Äußerung am besten aus, wenn wir die Ansteckung auf die Wirkung der einzelnen Mitglieder der Masse aufeinander beziehen, während die mit den Phänomenen der hypnotischen Beeinflussung gleichgestellten Suggestionserscheinungen in der Masse auf eine andere Quelle hinweisen. Auf welche aber? Es muß uns als eine empfindliche Unvollständigkeit berühren, daß eines der Hauptstücke dieser Angleichung, nämlich die Person, welche für die Masse den Hypnotiseur ersetzt, in der Darstellung Le Bon's nicht erwähnt wird. Immerhin unterscheidet er von diesem im Dunkeln gelassenen faszinierenden Einfluß die ansteckende Wirkung, die die Einzelnen auf einander ausüben, durch welche die ursprüngliche Suggestion verstärkt wird.

Noch ein wichtiger Gesichtspunkt für die Beurteilung des Massenindividuums: (S. 17.) »Ferner steigt durch die bloße Zugehörigkeit zu einer organisierten Masse der Mensch mehrere Stufen auf der Leiter der Zivilisation herab. In seiner Vereinzelung war er vielleicht ein gebildetes Individuum, in der Masse ist er ein Barbar, d. h. ein Triebwesen. Er besitzt die Spontaneität, die Heftigkeit, die Wildheit und auch den Enthusiasmus und Heroismus primitiver Wesen.« Er verweilt dann noch besonders bei der Herabsetzung der intellektuellen Leistung, die der Einzelne durch sein Aufgehen in der Masse erfährt.

Verlassen wir nun den Einzelnen und wenden wir uns zur Beschreibung der Massenseele, wie Le Bon sie entwirft. Es ist kein Zug darin, dessen Ableitung und Unterbringung dem Psychoanalytiker Schwierigkeiten bereiten würde. Le Bon weist uns selbst den Weg, indem er auf die Übereinstimmung mit dem Seelenleben der Primitiven und der Kinder hinweist. (S. 19.)

Die Masse ist impulsiv, wandelbar und reizbar. Sie wird fast ausschließlich vom Unbewußten geleitet. Die Impulse, denen die Masse gehorcht, können je nach Umständen edel oder grausam, heroisch oder feige sein, jedenfalls aber sind sie so gebieterisch, daß nicht das persönliche, nicht einmal das Interesse der Selbsterhaltung zur Geltung kommt. (S. 20.) Nichts ist bei ihr vorbedacht. Wenn sie auch die Dinge leidenschaftlich begehrt, so doch nie für lange, sie ist unfähig zu einem Dauerwillen. Sie verträgt keinen Aufschub zwischen ihrem Begehren und der Verwirklichung des Begehrten. Sie hat das Gefühl der Allmacht, für das Individuum in der Masse schwindet der Begriff des Unmöglichen.

Die Masse ist außerordentlich beeinflußbar und leichtgläubig, sie ist kritiklos, das Unwahrscheinliche existiert für sie nicht. Sie denkt in Bildern, die einander assoziativ hervorrufen, wie sie sich beim Einzelnen in Zuständen des freien Phantasierens einstellen, und die von keiner verständigen Instanz an der Übereinstimmung mit der Wirklichkeit gemessen werden. Die Gefühle der Masse sind stets sehr einfach und sehr überschwenglich. Die Masse kennt also weder Zweifel noch Ungewißheit.

In der Deutung der Träume, denen wir ja unsere beste Kenntnis vom unbewußten Seelenleben verdanken, befolgen wir die technische Regel, daß von Zweifel und Unsicherheit in der Traumerzählung abgesehen und jedes Element des manifesten Traumes als gleich gesichert behandelt wird. Wir leiten Zweifel und Unsicherheit von der Einwirkung der Zensur ab, welcher die Traumarbeit unterliegt, und nehmen an, daß die primären Traumgedanken Zweifel und Unsicherheit als kritische Leistung nicht kennen. Als Inhalte mögen sie natürlich, wie alles andere, in den zum Traum führenden Tagesresten vorkommen. (S. *Traumdeutung. 5. Aufl. 1919, S. 386*.)

Sie geht sofort zum Äußersten, der ausgesprochene Verdacht wandelt sich bei ihr sogleich in unumstößliche Gewißheit, ein Keim von Antipathie wird zum wilden Haß. (S. 32.)

Die nämliche Steigerung aller Gefühlsregungen zum Extremen und Maßlosen gehört auch der Affektivität des Kindes an und findet sich im Traumleben wieder, wo dank der im Unbewußten vorherrschenden Isolierung der einzelnen Gefühlsregungen ein leiser Ärger vom Tage sich als Todeswunsch gegen die schuldige Person zum Ausdruck bringt oder ein Anflug irgend einer Versuchung zum Anstoß einer im Traum dargestellten verbrecherischen Handlung wird. Zu dieser Tatsache hat Dr. Hanns Sachs die hübsche Bemerkung gemacht: »Was der Traum uns an Beziehungen zur Gegenwart (Realität) kundgetan hat, wollen wir dann auch im Bewußtsein aufsuchen und dürfen uns nicht wundern, wenn wir das Ungeheuer, das wir unter dem Vergrößerungsglas der Analyse gesehen haben, als Infusionstierchen wiederfinden.« (*Traumdeutung, S. 457.*)

Selbst zu allen Extremen geneigt, wird die Masse auch nur durch übermäßige Reize erregt. Wer auf sie wirken will, bedarf keiner logischen Abmessung seiner Argumente, er muß in den kräftigsten Bildern malen, übertreiben und immer das Gleiche wiederholen.

Da die Masse betreffs des Wahren oder Falschen nicht im Zweifel ist und dabei das Bewußtsein ihrer großen Kraft hat, ist sie ebenso intolerant wie autoritätsgläubig. Sie respektiert die Kraft und läßt sich von der Güte, die für sie nur eine Art von Schwäche bedeutet, nur mäßig beeinflussen. Was sie von ihren Helden verlangt, ist Stärke, selbst Gewalttätigkeit. Sie will beherrscht und unterdrückt werden und ihren Herrn fürchten. Im Grunde durchaus konservativ hat sie tiefen Abscheu vor allen Neuerungen und Fortschritten und unbegrenzte Ehrfurcht vor der Tradition. (S. 37.)

Um die Sittlichkeit der Massen richtig zu beurteilen, muß man in Betracht ziehen, daß im Beisammensein der Massenindividuen alle individuellen Hemmungen entfallen und alle grausamen, brutalen, destruktiven Instinkte, die als Überbleibsel der Urzeit im Einzelnen schlummern, zur freien Triebbefriedigung geweckt werden. Aber die Massen sind auch unter dem Einfluß der Suggestion hoher Leistungen von Entsagung, Uneigennützigkeit, Hingebung an ein Ideal fähig. Während der persönliche Vorteil beim isolierten Individuum so ziemlich die einzige Triebfeder ist, ist er bei den Massen sehr selten vorherrschend. Man kann von einer Versittlichung des Einzelnen durch die Masse sprechen. (S. 39.) Während die intellektuelle

Leistung der Masse immer tief unter der des Einzelnen steht, kann ihr ethisches Verhalten dies Niveau ebenso hoch überragen wie tief darunter herabgehen.

Ein helles Licht auf die Berechtigung, die Massenseele mit der Seele der Primitiven zu identifizieren, werfen einige andere Züge der Le Bon'schen Charakteristik. Bei den Massen können die entgegengesetztesten Ideen nebeneinander bestehen und sich miteinander vertragen, ohne daß sich aus deren logischem Widerspruch ein Konflikt ergäbe. dasselbe ist aber im unbewußten Seelenleben der Einzelnen, der Kinder und der Neurotiker der Fall, wie die Psychoanalyse längst nachgewiesen hat.

Beim kleinen Kind bestehen z. B. ambivalente Gefühlseinstellungen gegen die ihm nächsten Personen lange Zeit nebeneinander, ohne daß die eine die ihr entgegengesetzte in ihrem Ausdruck stört. Kommt es dann endlich zum Konflikt zwischen den beiden, so wird er oft dadurch erledigt, daß das Kind das Objekt wechselt, die eine der ambivalenten Regungen auf ein Ersatzobjekt verschiebt. Auch aus der Entwicklungsgeschichte einer Neurose beim Erwachsenen kann man erfahren, daß eine unterdrückte Regung sich häufig lange Zeit in unbewußten oder selbst bewußten Phantasien fortsetzt, deren Inhalt natürlich einer herrschenden Strebung direkt zuwiderläuft, ohne daß sich aus diesem Gegensatz ein Einschreiten des Ichs gegen das von ihm Verworfene ergäbe. Die Phantasie wird eine ganze Weile über toleriert, bis sich plötzlich einmal, gewöhnlich infolge einer Steigerung der affektiven Besetzung derselben, der Konflikt zwischen ihr und dem Ich mit allen seinen Folgen herstellt.

Im Fortschritt der Entwicklung vom Kind zum reifen Erwachsenen kommt es überhaupt zu einer immer weiter greifenden *Integration* der Persönlichkeit, zu einer Zusammenfassung der einzelnen unabhängig voneinander in ihr gewachsenen Triebregungen und Zielstrebungen. Der analoge Vorgang auf dem Gebiet des Sexuallebens ist uns als Zusammenfassung aller Sexualtriebe zur definitiven Genitalorganisation lange bekannt (*Drei Abhandlungen zur Sexualtheorie 1905*). daß die Vereinheitlichung des Ichs übrigens dieselben Störungen erfahren kann wie die der Libido, zeigen vielfache, sehr bekannte Beispiele, wie das der Naturforscher, die bibelgläubig geblieben sind u. a.

Ferner unterliegt die Masse der wahrhaft magischen Macht von Worten, die in der Massenseele die furchtbarsten Stürme hervorrufen und sie auch besänftigen können. (S. 74.) »Mit Vernunft und Argumenten kann man gegen gewisse Worte und Formeln nicht ankämpfen. Man spricht sie mit Andacht vor den Massen aus, und sogleich werden die Mienen respektvoll und die Köpfe neigen sich. Von vielen werden sie als Naturkräfte oder als übernatürliche Mächte betrachtet.« (S. 75.) Man braucht sich dabei nur an die

Tabu der Namen bei den Primitiven, an die magischen Kräfte, die sich ihnen an Namen und Worte knüpfen, zu erinnern.

Und endlich: Die Massen haben nie den Wahrheitsdurst gekannt. Sie fordern Illusionen, auf die sie nicht verzichten können. Das Irreale hat bei ihnen stets den Vorrang vor dem Realen, das Unwirkliche beeinflußt sie fast ebenso stark wie das Wirkliche. Sie haben die sichtliche Tendenz, zwischen beiden keinen Unterschied zu machen. (S. 47.)

Diese Vorherrschaft des Phantasielebens und der vom unerfüllten Wunsch getragenen Illusion haben wir als bestimmend für die Psychologie der Neurosen aufgezeigt. Wir fanden, für die Neurotiker gelte nicht die gemeine objektive, sondern die psychische Realität. Ein hysterisches Symptom gründe sich auf Phantasie anstatt auf die Wiederholung wirklichen Erlebens, ein zwangsneurotisches Schuldbewußtsein auf die Tatsache eines bösen Vorsatzes, der nie zur Ausführung gekommen. Ja wie im Traum und in der Hypnose, tritt in der Seelentätigkeit der Masse die Realitätsprüfung zurück gegen die Stärke der affektiv besetzten Wunschregungen.

Was Le Bon über die Führer der Massen sagt, ist weniger erschöpfend und läßt das Gesetzmäßige nicht so deutlich durchschimmern. Er meint, sobald lebende Wesen in einer gewissen Anzahl vereinigt sind, einerlei ob eine Herde Tiere oder eine Menschenmenge, stellen sie sich instinktiv unter die Autorität eines Oberhauptes. (S. 86.) Die Masse ist eine folgsame Herde, die nie ohne Herrn zu leben vermag. Sie hat einen solchen Durst zu gehorchen, daß sie sich jedem, der sich zu ihrem Herrn ernennt, instinktiv unterordnet.

Kommt so das Bedürfnis der Masse dem Führer entgegen, so muß er ihm doch durch persönliche Eigenschaften entsprechen. Er muß selbst durch einen starken Glauben (an eine Idee) fasziniert sein, um Glauben in der Masse zu erwecken, er muß einen starken, imponierenden Willen besitzen, den die willenlose Masse von ihm annimmt. Le Bon bespricht dann die verschiedenen Arten von Führern und die Mittel, durch welche sie auf die Masse wirken. Im ganzen läßt er die Führer durch die Ideen zur Bedeutung kommen, für die sie selbst fanatisiert sind.

Diesen Ideen wie den Führern schreibt er überdies eine geheimnisvolle unwiderstehliche Macht zu, die er »Prestige« benennt. Das Prestige ist eine Art Herrschaft, die ein Individuum, ein Werk oder eine Idee über uns übt. Sie lähmt all unsere Fähigkeit zur Kritik und erfüllt uns mit Staunen und Achtung. Sie dürfte ein Gefühl hervorrufen, ähnlich wie das der Faszination der Hypnose. (S. 96.)

Er unterscheidet erworbenes oder künstliches und persönliches Prestige. Das erstere wird bei Personen durch Name, Reichtum, Ansehen verliehen, bei Anschauungen, Kunstwerken u. dgl. durch Tradition. Da es in allen Fällen auf die Vergangenheit zurückgreift, wird es für das Verständnis dieses rätselhaften Einflusses wenig leisten. Das persönliche Prestige haftet an wenigen Personen, die durch dasselbe zu Führern werden, und macht, daß ihnen alles wie unter der Wirkung eines magnetischen Zaubers gehorcht. Doch ist jedes Prestige auch vom Erfolg abhängig und geht durch Mißerfolge verloren. (S. 105.)

Man gewinnt nicht den Eindruck, daß bei Le Bon die Rolle der Führer und die Betonung des Prestige in richtigen Einklang mit der so glänzend vorgetragenen Schilderung der Massenseele gebracht worden ist.

Andere Würdigungen des kollektiven Seelenlebens.

Wir haben uns der Darstellung von Le Bon als Einführung bedient, weil sie in der Betonung des unbewußten Seelenlebens so sehr mit unserer eigenen Psychologie zusammentrifft. Nun müssen wir aber hinzufügen, daß eigentlich keine der Behauptungen dieses Autors etwas Neues bringt. Alles was er Abträgliches und Herabsetzendes über die Äußerungen der Massenseele sagt, ist schon vor ihm ebenso bestimmt und ebenso feindselig von anderen gesagt worden, wird seit den ältesten Zeiten der Literatur von Denkern, Staatsmännern und Dichtern gleichlautend so wiederholt. Die beiden Sätze, welche die wichtigsten Ansichten Le Bon's enthalten, der von der kollektiven Hemmung der intellektuellen Leistung und der von der Steigerung der Affektivität in der Masse waren kurz vorher von Sighele formuliert worden. Im Grunde erübrigen als Le Bon eigentümlich nur die beiden Gesichtspunkte des Unbewußten und des Vergleichs mit dem Seelenleben der Primitiven, auch diese natürlich oftmals vor ihm berührt.

Aber noch mehr, die Beschreibung und Würdigung der Massenseele, wie Le Bon und die anderen sie geben, ist auch keineswegs unangefochten geblieben. Kein Zweifel, daß alle die vorhin beschriebenen Phänomene der Massenseele richtig beobachtet worden sind, aber es lassen sich auch andere, geradezu entgegengesetzt wirkende Äußerungen der Massenbildung erkennen, aus denen man dann eine weit höhere Einschätzung der Massenseele ableiten muß.

Auch Le Bon war bereit zuzugestehen, daß die Sittlichkeit der Masse unter Umständen höher sein kann als die der sie zusammensetzenden Einzelnen, und daß nur die Gesamtheiten hoher Uneigennützigkeit und Hingebung fähig sind.

(S. 38.) »Während der persönliche Vorteil beim isolierten Individuum so ziemlich die einzige Triebfeder ist, ist er bei den Massen sehr selten vorherrschend.«

Andere machen geltend, daß es überhaupt erst die Gesellschaft ist, welche dem Einzelnen die Normen der Sittlichkeit vorschreibt, während der Einzelne in der Regel irgendwie hinter diesen hohen Ansprüchen zurückbleibt. Oder, daß in Ausnahmezuständen in einer Kollektivität das Phänomen der Begeisterung zustande kommt, welches die großartigsten Massenleistungen ermöglicht hat.

In Betreff der intellektuellen Leistung bleibt zwar bestehen, daß die großen Entscheidungen der Denkarbeit, die folgenschweren Entdeckungen und Problemlösungen nur dem Einzelnen, der in der Einsamkeit arbeitet, möglich sind. Aber auch die Massenseele ist genialer geistiger Schöpfungen fähig, wie vor allem die Sprache selbst beweist, sodann das Volkslied, Folklore und anderes. Und überdies bleibt es dahingestellt, wieviel der einzelne Denker oder Dichter den Anregungen der Masse, in welcher er lebt, verdankt, ob er mehr als der Vollender einer seelischen Arbeit ist, an der gleichzeitig die anderen mitgetan haben.

Angesichts dieser vollkommenen Widersprüche scheint es ja, daß die Arbeit der Massenpsychologie ergebnislos verlaufen müsse. Allein es ist leicht, einen hoffnungsvolleren Ausweg zu finden. Man hat wahrscheinlich als »Massen« sehr verschiedene Bildungen zusammengefaßt, die einer Sonderung bedürfen. Die Angaben von Sighele, Le Bon und anderen beziehen sich auf Massen kurzlebiger Art, die rasch durch ein vorübergehendes Interesse aus verschiedenartigen Individuen zusammengeballt werden. Es ist unverkennbar, daß die Charaktere der revolutionären Massen, besonders der großen französischen Revolution, ihre Schilderungen beeinflußt haben. Die gegensätzlichen Behauptungen stammen aus der Würdigung jener stabilen Massen oder Vergesellschaftungen, in denen die Menschen ihr Leben zubringen, die sich in den Institutionen der Gesellschaft verkörpern. Die Massen der ersten Art sind den letzteren gleichsam aufgesetzt, wie die kurzen, aber hohen Wellen den langen Dünungen der See.

McDougall, der in seinem Buch *The Group Mind* von dem nämlichen, oben erwähnten Widerspruch ausgeht, findet die Lösung desselben im Moment der Organisation. Im einfachsten Falle, sagt er, besitzt die Masse (group) überhaupt keine Organisation oder eine kaum nennenswerte. Er bezeichnet eine solche Masse als einen Haufen (crowd). Doch gesteht er zu, daß ein Haufen Menschen nicht leicht zusammenkommt, ohne daß sich in ihm wenigstens die ersten Anfänge einer Organisation bildeten, und daß gerade an diesen einfachen Massen manche Grundtatsachen der Kollektivpsychologie besonders leicht zu erkennen sind. (S. 22.) Damit sich aus den zufällig zusammengewehten Mitgliedern eines Menschenhaufens etwas wie eine Masse im psychologischen Sinne bilde, wird als Bedingung erfordert, daß diese Einzelnen etwas miteinander gemein haben, ein gemeinsames Interesse an einem Objekt, eine gleichartige Gefühlsrichtung in einer gewissen Situation und (ich würde einsetzen: infolgedessen) ein gewisses Maß von Fähigkeit sich untereinander zu beeinflussen. (Some degree of reciprocal influence between the members of the group) (S. 23.) Je stärker diese Gemeinsamkeiten (this mental homogeneity) sind, desto leichter bildet sich aus den Einzelnen eine psychologische Masse und desto auffälliger äußern sich die Kundgebungen einer Massenseele.

Das merkwürdigste und zugleich wichtigste Phänomen der Massenbildung ist nun die bei jedem Einzelnen hervorgerufene Steigerung der Affektivität (exaltation or intensification of emotion) (S. 24). Man kann sagen, meint McDougall, daß die Affekte der Menschen kaum unter anderen Bedingungen zu solcher Höhe anwachsen, wie es in einer Masse geschehen kann, und zwar ist es eine genußreiche Empfindung für die Beteiligten, sich so schrankenlos ihren Leidenschaften hinzugeben und dabei in der Masse aufzugehen, das Gefühl ihrer individuellen Abgrenzung zu verlieren. Dies Mitfortgerissenwerden der Individuen erklärt McDougall aus dem von ihm so genannten »principle of direct induction of emotion by way of the primitive sympathetic response« (S. 25), d. h. durch die uns bereits bekannte Gefühlsansteckung. Die Tatsache ist die, daß die wahrgenommenen Zeichen eines Affektzustandes geeignet sind, bei dem Wahrnehmenden automatisch denselben Affekt hervorzurufen. Dieser automatische Zwang wird umso stärker, an je mehr Personen gleichzeitig derselbe Affekt bemerkbar ist. Dann schweigt die Kritik des Einzelnen und er läßt sich in denselben Affekt gleiten. Dabei erhöht er aber die Erregung der anderen, die auf ihn gewirkt hatten, und so steigert sich die Affektladung der Einzelnen durch gegenseitige Induktion. Es ist unverkennbar etwas wie ein Zwang dabei wirksam, es den anderen gleichzutun, im Einklang mit den Vielen zu bleiben. Die gröberen und einfacheren Gefühlsregungen haben die größere Aussicht, sich auf solche Weise in einer Masse zu verbreiten. (S. 39.)

Dieser Mechanismus der Affektsteigerung wird noch durch einige andere, von der Masse ausgehende Einflüsse begünstigt. Die Masse macht dem Einzelnen den Eindruck einer unbeschränkten Macht und einer unbesiegbaren Gefahr. Sie hat sich für den Augenblick an die Stelle der gesamten menschlichen Gesellschaft gesetzt, welche die Trägerin der Autorität ist, deren Strafen man gefürchtet, der zuliebe man sich so viele Hemmungen auferlegt hat. Es ist offenbar gefährlich, sich in Widerspruch mit ihr zu setzen, und man ist sicher, wenn man dem ringsumher sich zeigenden Beispiel folgt, also eventuell sogar »mit den Wölfen heult«. Im Gehorsam gegen die neue Autorität darf man sein früheres »Gewissen« außer Tätigkeit setzen und dabei der Lockung des Lustgewinns nachgeben, den man sicherlich durch die Aufhebung seiner Hemmungen erzielt. Es ist also im ganzen nicht so merkwürdig, wenn wir den Einzelnen in der Masse Dinge tun oder gutheißen sehen, von denen er sich in seinen gewohnten Lebensbedingungen abgewendet hätte, und wir können selbst die Hoffnung fassen, auf diese Weise ein Stück der Dunkelheit zu lichten, die man mit dem Rätselwort der »Suggestion« zu decken pflegt.

Dem Satz von der kollektiven Intelligenzhemmung in der Masse widerspricht auch McDougall nicht (S. 41). Er sagt, die geringeren Intelligenzen ziehen die größeren auf ihr Niveau herab. Die letzteren werden in ihrer Betätigung gehemmt, weil die Steigerung der Affektivität überhaupt ungünstige Bedingungen für korrekte geistige Arbeit schafft, ferner weil die Einzelnen durch die Masse eingeschüchtert sind und ihre Denkarbeit nicht frei ist, und weil bei jedem Einzelnen das Bewußtsein der Verantwortlichkeit für seine Leistung herabgesetzt wird.

Das Gesamturteil über die psychische Leistung einer einfachen, »unorganisierten« Masse lautet bei McDougall nicht freundlicher als bei Le Bon. Eine solche Masse ist (S. 45): überaus erregbar, impulsiv, leidenschaftlich, wankelmütig, inkonsequent, unentschlossen und dabei zum äußersten bereit in ihren Handlungen, zugänglich nur für die gröberen Leidenschaften und einfacheren Gefühle, außerordentlich suggestibel, leichtsinnig in ihren Überlegungen, heftig in ihren Urteilen, aufnahmsfähig nur für die einfachsten und unvollkommensten Schlüsse und Argumente, leicht zu lenken und zu erschüttern, ohne Selbstbewußtsein, Selbstachtung und Verantwortlichkeitsgefühl, aber bereit, sich von ihrem Kraftbewußtsein zu allen Untaten fortreißen zu lassen, die wir nur von einer absoluten und unverantwortlichen Macht erwarten können. Sie benimmt sich also eher wie ein ungezogenes Kind oder wie ein leidenschaftlicher, nicht beaufsichtigter Wilder in einer ihm fremden Situation; in den schlimmsten Fällen ist ihr Benehmen eher das eines Rudels von wilden Tieren als von menschlichen Wesen.

Da McDougall das Verhalten der hoch organisierten Massen in Gegensatz zu dem hier Geschilderten bringt, werden wir besonders gespannt sein zu erfahren, worin diese Organisation besteht und durch welche Momente sie hergestellt wird. Der Autor zählt fünf dieser »principal conditions« für die Hebung des seelischen Lebens der Masse auf ein höheres Niveau auf.

Die erste, grundlegende Bedingung ist ein gewisses Maß von Kontinuität im Bestand der Masse. Diese kann eine materielle oder eine formale sein, das erste, wenn dieselben Personen längere Zeit in der Masse verbleiben, das andere, wenn innerhalb der Masse bestimmte Stellungen entwickelt sind, die den einander ablösenden Personen angewiesen werden.

Die zweite, daß sich in dem Einzelnen der Masse eine bestimmte Vorstellung von der Natur, der Funktion, den Leistungen und Ansprüchen der Masse gebildet hat, so daß sich daraus für ihn ein Gefühlsverhältnis zum Ganzen der Masse ergeben kann.

Die dritte, daß die Masse in Beziehung zu anderen ihr ähnlichen, aber doch von ihr in vielen Punkten abweichenden Massenbildungen gebracht wird, etwa daß sie mit diesen rivalisiert.

Die vierte, daß die Masse Traditionen, Gebräuche und Einrichtungen besitzt, besonders solche, die sich auf das Verhältnis ihrer Mitglieder zueinander beziehen.

Die fünfte, daß es in der Masse eine Gliederung gibt, die sich in der Spezialisierung und Differenzierung der dem Einzelnen zufallenden Leistung ausdrückt.

Durch die Erfüllung dieser Bedingungen werden nach McDougall die psychischen Nachteile der Massenbildung aufgehoben. Gegen die kollektive Herabsetzung der Intelligenzleistung schützt man sich dadurch, daß man die Lösung der intellektuellen Aufgaben der Masse entzieht und sie Einzelnen in ihr vorbehält.

Es scheint uns, daß man die Bedingung, die McDougall als »Organisation« der Masse bezeichnet hat, mit mehr Berechtigung anders beschreiben kann. Die Aufgabe besteht darin, der Masse gerade jene Eigenschaften zu verschaffen, die für das Individuum charakteristisch waren und die bei ihm durch die Massenbildung ausgelöscht wurden. Denn das Individuum hatte – außerhalb der primitiven Masse – seine Kontinuität, sein Selbstbewußtsein, seine Traditionen und Gewohnheiten, seine besondere Arbeitsleistung und Einreihung und hielt sich von anderen gesondert, mit denen es rivalisierte. Diese Eigenart hatte es durch seinen Eintritt in die nicht »organisierte« Masse für eine Zeit verloren. Erkennt man so als Ziel, die Masse mit den Attributen des Individuums auszustatten, so wird man an eine gehaltreiche Bemerkung von W. Trotter gemahnt, der in der Neigung zur Massenbildung eine biologische Fortführung der Vielzelligkeit aller höheren Organismen erblickt.

Geschichte eines Massenwahns

von Friedrich Reck-Melleczewen

PROLOGUS (Prolog)

Das Kapitel, das hier umgeblättert wird, dürfte in des deutschen Volkes wunderlicher Geschichte als das wunderlichste, das schaurigste und zugleich das unbekannteste dastehen, obwohl es durch fast zwei Jahre die Welt in Atem hielt, eine ganz beträchtliche Stadt des alten Reiches samt einem seiner Kreise in ein Narrenhaus verwandelte und für jene alte Welt von Kaiser und Reichsständen beinahe den gleichen Brandherd bedeutete wie neun Jahre zuvor der Bauernkrieg. Wenn aber eine ganze Stadt sich für volle achtzehn Monate absperrt gegen die Außenwelt, wenn sie, nicht nur unter dem Geschrei des Mobs, sondern unter lebhafter Zustimmung auch von Handwerkern, Großbürgern, Patriziern und sogar von diesem und jenem in die Stadt gelaufenen Edelmann einen landfremden Schneidergesellen von anrüchiger Vergangenheit zum König von Zion wählt, wenn endlich dieser König, wiederum unter Zustimmung von hoch und gering, alle gewohnten Begriffe auf den Kopf stellt, alle bürgerlichen Bindungen des Mittelalters zerreißt ... wenn Edelfrauen sich sozusagen in seinen Harem drängen und wenn endlich dieses alles hinter einem Schleier von Blutdampf und hemmungsloser Gier und mißverstandener alttestamentarischer Legende sich vollzieht: dann ist es doch am Ende wohl am Platze, von einem Massenwahn, von einer rätselhaften, auf ein ganzes Gemeinwesen gefallenen Psychose zu sprechen.

Wir haben, zumal in der Geschichte des deutschen Mittelalters, nicht wenig Beispiele für solche die Masse erfassenden Psychosen, und wir sind heute auf diese Weise wohl objektiv genug, die Gesetze dieser unheimlichen Erscheinungen so kühl zu registrieren, wie wir es in der klinischen Schilderung einer körperlichen Krankheit tun. Wir wissen heute auch, daß sie immer in den großen Schicksalskehren und in den großen Wendungen der Weltgeschichte erscheinen, wenn vor den Augen eines arbeitsamen und durchaus nüchternen Volkes alte Fundamente versinken, ohne daß schon die neuen Grundlagen für ein fleißiges und formvolles Leben sichtbar wären. Und wir wissen, daß in solchen Zeiten unterirdische Gewölbe mit ungeahnten Inhalten sich öffnen — Gewölbe, unter denen Gottes Kinder zuvor ahnungslos ihren mühevollen und freudekargen Tag gelebt haben. Und wir wollen uns auch dazu bekennen, daß es unter jeder Kultur diese unbekannten Katakomben gibt ... ja, daß es sie unter jedem des Sinnierens und der großen Gedanken noch fähigen Volke geben muß. Denn wie von Männern, so gilt auch von ganzen Völkern der Satz, daß sie in den Krisen ihrer Geschichte gar nicht wissen, wohin sie gehen.

Wir aber neigen noch immer dazu, die Renaissance, die doch dem gotischen Menschen sozusagen über Nacht den Boden seines gottgeweihten Lebens unter den Füßen fortriß — wir neigen, sage ich, noch immer dazu, diese ungeheuerliche Weltenwende als eine simple Geschmacksänderung zu betrachten, bei der man mit der Form der Fenster- und Türbogen ein wenig die Hausfassade änderte und fortan andere Kleider trug. Wir denken viel zu sehr an diese Symptome, und wir denken viel zu wenig an die Ursachen, und wir denken am allerwenigsten an das, was hinter jenen geänderten Hausfassaden dem nordischen Menschen fortan an seiner Seele geschah und wie es kam, daß er, der bis dahin sein Geld in der Lade verschlossen hatte, fortan den Begriff des zinsenden Kapitals als geschichtsbestimmenden Faktor anerkannte und warum das Betreten Amerikas, das den Wikingern doch nur ein interessantes Abenteuer bedeutet hatte, nach Christoph Columbus alle gewohnten Begriffe umwarf und das Steuerruder auf einen gänzlich veränderten Kurs legte.

Vergegenwärtigen wir uns diese Tatsachen und werden wir uns darüber klar, wie um das Jahr fünfzehnhundert tausend uralte und geheiligte Vorstellungen zerbrachen, werden wir uns wirklich einmal klar darüber, daß das Verschwinden der alten Lebens- und Gesellschaftsformen den Einzelmenschen zunächst der Formlosigkeit und einem heillosen Individualismus überantwortete, so verstehen wir erst in ihren wirklichen Ursachen alle die Vulkanausbrüche jener Zeit, ob sie nun Bauernkrieg oder schmalkaldische Wirren oder Bildersturm oder münsterisches Zion heißen mögen. Die unsichtbare Hand der Geschichtslenkung rührte die Gewässer der Seelen um so furchtbarer um, je tiefer diese Gewässer waren, und wenn wir uns fragen, warum denn dieser Eingriff erfolgte und woher denn eigentlich diese furchtbare Wandlung des gotischen homo religiosus in die heute nun auch schon überlebt und ranzig anmutende Sachlichkeit des damals neuen Menschentyps kam, so stehen wir vor einem jener ewigen Rätsel, die die Geschichte dem unverbildeten Menschen aufgibt und deren Existenz nur die Canaille im Geist unter dem Hinweis auf alle ihre Dreigroschenerklärungen zu leugnen wagt. Das, was damals in Münster geschah, war ja nur das abgelegene Teilfeld eines kosmischen Bebens, und nicht viel anders wurde es wohl von manchen Menschen empfunden, denen die Vorgänge in Münster selbst ein tiefer Greuel gewesen sein mögen. Der brave Schreinermeister Gres- beck, der die Vorgänge aus nächster Nähe sah, urteilt höchst schlicht: „Und alles, das sie taten / das mußte alles recht sein / es war alles so Gottes Wille." Und als das münsterische Fieber abgeklungen ist und dieser König Bockelson wieder als armseliger, von der Staatsgewalt gefaßter Schneidergeselle im Gefängnis sitzt, da berichtet der bischöfliche Kaplan Syburg, der ihn in der Haft besucht, „daß die Reue des unglücklichen Menschen außerordentlich gewesen sei und daß er nach eigenem Bekenntnis sich zehnfachen Sühnetod gewünscht habe ..."

Werden wir also mit der gleichen Ehrfurcht vor dem Geschichtswillen die Registrierung dieser Fieberphasen versuchen, so bleibt vorher doch die Frage zu beantworten, wie es gerade in diesem solide bürgerlichen und auf den ersten Blick beinahe unsinnlich zu nennenden niederdeutschen Winkel zu diesem tollen Taumel, zu diesem Orgasmus der Jahre 1534 und 1535 kommen konnte. Die Frage aber deckt sich durchaus mit der Frage nach den dämonischen Möglichkeiten der mittelalterlichen Seele, nach jenen Möglichkeiten, die in den Wasserspeiern der Dome und in Syrlins und Grünewalds mummeligen Spukgestalten Wirklichkeit wurden ... ja, noch unter den tönenden Säulen Johann Sebastian Bachs werdet ihr jenen Teufeln begegnen, die schon deswegen sein müssen, weil Gott ist. Schlagen, „auf daß das Gebot erfüllet werde", auf den gotischen Martertafeln die Geißler auf den Erlöser beinahe wie Gottes Beamte und jedenfalls so ein, daß sie dem Betrachter fast ebenso leid tun wie der Gegeißelte selbst ... war der abendländische Geist damals solcher Weite fähig, so sollen wir uns nicht wundern, daß er auf seinen schweifenden Wanderungen auch den Dämonen, den Spottgeburten seiner Unterwelt, den Plagegeistern seiner Urrohheit und aller Todsünden begegnete.

Und abermals, wie in der Geschichtsbetrachtung so oft, steht in diesem Aspekte der Mensch vor der Tatsache, daß Heilige und Teufel auf engem Bezirk nebeneinander wohnen und daß tief in den Staub die Kreatur fallen muß, will sie das Antlitz des Ewigen schauen.

Vielleicht wie kein anderer Stamm des deutschen Sprachgebietes neigt der von der Natur kärglich bedachte obersächsische zur sozialen Gewitterbildung, vielleicht wie kein anderer der alemannische zum Spintisieren über religiöse Themen und zum zornigen und rechthaberischen Diskutieren der Schrift.

Der erstgenannte hatte schon 1525 mit Thomas Münzers Webergesellen in den Krieg der süddeutschen Bauernhaufen die den badischen und württembergischen und fränkischen Scharen unendlich fremde kommunistische Note gebracht; der zweite, tief in sich versunken, landet, wie noch heute aus der reichen Speisekarte schwäbischer Sekten ersichtlich, gern bei verwegenen religiösen Grübeleien, um deretwillen er dann, um ja nur ein neues Reich Gottes zu gründen, willig Hab und Gut von sich wirft und schließlich mit dem Gesetz in harten Konflikt kommt. In den Zittauer Zirkeln wurzeln die sozialen, im Schwabenland und in der stammverwandten Schweiz die eigentlich ideologischen Bestandteile der Wiedertäuferei.

Der Gedanke aber, es habe nicht das unvernünftige Kind, sondern eben der bewußte Erwachsene das Sakrament des Wassers zu empfangen, ist in dem ganzen Ideenwust dieser ersten sächsischen und schwäbischen Täufer gemeinden noch das harmloseste — weit explosiver wirkt es, daß sie sofort ins Häretische, vielfach ins, Gewalttätige, fast immer aber ins Manische sich auswachsen. Schließe dich ab von der Umwelt, kleine Gemeinde der Heiligen, lebe besitzlos wie die ersten Christen ... lebe so, und du wirst, da die Wiederkehr des Herrn ja sowieso unmittelbar bevorsteht, sehr bald in deiner Mitte die Berufenen und Propheten finden ... ja, du wirst sehen, daß die Unscheinbarsten deiner Mitglieder der Gnade teilhaftig werden, Gottes Wundergesichte zu sehen und seine Stimme mit ihren irdischen Ohren zu hören ...

Der letzte Satz aber, die Verheißung von Gesichten und Stimmen als unmittelbaren Kundgebungen des göttlichen Willens, ist vielleicht der allergefährlichste, er erlaubte später, auf der Höhe der geistigen Erkrankung, nachgerade jedem Spitzbuben, sich auf die unmittelbar gehörte Stimme Gottes und eben geschaute Zeichen zu berufen, die ihm dann die Erfüllung von verzweifelt unheiligen Wünschen zusicherten. Das ziemlich irdische Paradies der Vielweiberei, das wir später in Münster verwirklicht finden, hat sich der „König" von Münster jedenfalls mit dieser Technik aufgebaut.

Noch aber, um 1530, ist das alles ja noch weltenweit entfernt von den späteren Orgien Münsters — noch treibt es überall in deutschen Landen aus seltsamen Wurzeln: wie denn, macht es sich, von den Papisten zu schweigen, dieser Luther nicht allzu leicht mit seiner nur auf den Glauben sich berufenden Erlösung durch Jesus Christus, streckt er sich damit nicht etwa auf ein bequemes Lotterbette, und ist es nicht am Ende Zeit, sich all der guten Werke zu erinnern, durch die der Mensch, aus Erde gemacht, sich seines Vaters Gnade erst zu verdienen hat? Dunkle unterirdische Gänge führen von dieser Lehre der guten Werke hinüber in den Bezirk des alten Testaments, sie münden im weiteren Bezirk der altjüdischen Legende und im Sittenkodex der Synagoge und führen später in Münster geradeaus in die phantastische Welt des ‚Reiches Sion'. So keimt es in Sachsen, so in der Schweiz, in Schwaben und sogar in Salzburg und München. Noch denkt niemand an eine politische Auswirkung, noch trägt ein sanfter und versonnener Mann, der Kürschner

Melchior Hoffmann, diesen Ideenschatz durch Südwestdeutschland, durch das Elsaß, durch Schweden und Ostfriesland und sogar durch Livland, hat von Monat zu Monat mehr Einfluß auf die allenthalben sich bildenden Gemeinden, korrespondiert gar mit diesem und jenem unter den Reichsfürsten, verlegt in seinen Träumen und Visionen den Sitz des neuen Jerusalems nach Straßburg, von wo aus, nach dem Wort der Apokalypse, einhundertvierundvierzigtausend Apostel mit ihm ausziehen werden, um allenthalben diese neue Lehre zu verkünden.

Den Einfluß auf die äußere Entwicklung der Dinge verliert dieser sanfte Mann, als er 1533 in Straßburg eingesperrt wird. Wohlgemerkt nur auf die äußere, da es ja allenthalben sich regt und da wir um 1532 schon getrost von einer breiten, über ganz Westdeutschland rollenden Welle der Massenhysterie reden können. Will man aber von einem unmittelbaren ,Nachfolger' Melchior Hoffmanns sprechen, so mag man wohl an jenen finsteren und gewalttätigen Haarlemer Bäcker Jan Matthys denken, der, wie wir sehen werden, auf die Münsterer Ereignisse einen unmittelbaren und entscheidenden Einfluß genommen hat: eine unheimliche Erscheinung, persönlich vielleicht unanfechtbar und jedenfalls unbelastet von all den Zweideutigkeiten, wie sie den ja ebenfalls aus Holland nach Münster importierten Bockelson umspielen. Aber eben ein gewalttätiger Mann und im Gegensatz zu Hoffmann ein Verfechter brutaler Expansion und bluttriefender Prophetokratie, wie wir sie ja in Münster sehr bald antreffen werden.

Münster aber ist damals, was man ihm heute ganz gewiß nicht mehr anmerkt, fast völlig protestantisch. Es ist fast völlig der festen Hand der alten Kirche entglitten, und seine Klöster und die in der Stadt wohnenden Vertreter des westfälischen Adels sind nebst einigen Großbürgern oder, wie man in Münster sagt, ,Erbmännern', die letzten Nachhuten des Katholizismus. Der münsterische Protestantismus aber ist beinahe von Anfang an von ganz besonderer Art — er will nichts wissen von all den Kompromissen Luthers, er ist höchst streitbar und beinahe häretisch, und daß es mit ihm so steht, ist nicht zuletzt dem Mann zuzuschreiben, der damals sozusagen der Modepastor der Stadt ist und Bernhard

Rothmann heißt. Das Wort ,Modepastor' aber hallt mit allen seinen Nebenlauten wider in dem Urteil eines theologischen Zeitgenossen. ,Es hat sich der liebe Rothmann immer wie das ketzlein schmücken und schön machen wollen, gab sich als ein Engel des Lichts vor dem gemeinen Pöffel.' Und von Melanchthon kommt über ihn noch eine andere und höchst bezeichnende Kunde. Danach hat der ,liebe Rothmann' viel im Hause des aus Leipzig nach Münster verzogenen Syndikus Wiggers verkehrt, dortselbst zu den Anbetern der schöngeistigen, leichtlebigen und sozusagen als die Aspasia ihres Kreises wirkenden Frau des Hauses gehört, mit ihr ein Verhältnis angeknüpft und sie nach dem Tode des Mannes geheiratet. Scheinbar war er eben, wie ja auch sein hoher Frauenkonsum in der späteren Periode der Vielweiberei beweist, ein ,homme à la femme', ein Mann, der schon wegen seines pastoralen Geltungsbedürfnisses das ständige Echo der Weiber brauchte.

Es ist vielleicht eben dieses ,Geltungsbedürfnis' und dieses Verlangen nach Originalität um jeden Preis, die ihn auf seinen Weg verweisen. Frühzeitig verwirft auch er die Kindertaufe, frühzeitig erlaubt er sich seltsame Abänderungen des Abendmahlsritus. ,Er brach', berichtet von ihm ein Zeitgenosse, ,Semmel in ein große Schüssel, gos wein darauf, und nachdem er die Worte des Herrn vom Nachtmahl gesprochen, hieß er die des Sakraments begehrten, zugreifen und essen, davon ist er ‚Stutenbernd' genannt worden, denn Semmel heißt auf ihre Sprach ‚Stuten'.

Der Mann mit diesem seltsamen und beinahe anstößig und doppelsinnig klingenden Spitznamen hat schon im August 1533 in öffentlicher Disputation unter allgemeinem Aufsehen seine Ansichten verteidigt, er hatte damals schon viel Anhänger auf den Gassen, und er ist von vornherein der Führer der gegen den feudalen Bischof Franz von Waldeck gerichteten städtischen Opposition, er eifert gewaltig gegen die beiden auf Luthers Rat vom Landgrafen Philipp von Hessen nach Münster geschickten Pfarrer Fabricius und Lening. Können sie denn auch nur Münsterisch reden, diese fremden Herren? Sie können es nicht, sie sind „Zugereiste", und die fortgelaufenen Nonnen aus den alten Klöstern schelten, daß man beim Abendmahl ‚nun einen hessischen Gott zu essen bekomme'. Denn die Frauen, und die der Großbürger an der Spitze, gehören schon jetzt — weibliche Snobs gab es auch schon damals — zu Rothmanns glühendsten Verehrern, und später wird man die Matadore des ‚Neuen Zion von Münster' auf der Folter fragen, ob er, der später spurlos verschwindet, am Ende zur Behexung der Weiber sich eines Zaubertrankes bedient habe ...

Das aber hat ‚der liebe Rothmann' fraglos nicht getan, er hat es nicht nötig gehabt, da ja auch ohne allen Zauber hier in Münster ein unterirdisches Feuer knisterte und jeder Schürer zumal den Weibern willkommen war. Als der Bischof Franz von Waldeck gegen den schönen Pastor und die unbotmäßige Stadt einschreiten will, unternimmt Münster schon in der Weihnachtsnacht 1532 gegen den Wallfahrtsort Telgte, wo es den geistlichen Herrn eben vermutet, eine Strafexpedition, erwischt dort freilich nur alle die feudalen Kapitelherren des Bischofs und zwingt ihn, gute Miene zu dem bösen Spiel seiner Stadt zu machen und alle Pfarrkirchen der Stadt Rothmann und seinen Schülern zu überlassen.

Bis das allzu rasche Niederreißen der alten katholischen Weltmauern sich rächt und über Nacht der allzu hastig errichtete Bau auch des Luthertums wankt. Münster ist frühzeitig überschwemmt mit täuferischen, aus Holland und dem Klevischen eingewanderten Prädikanten, die, ausgestattet mit so seltsamen Namen wie Staprade und Vinne und Roll und Klopris, zunächst den lieben Rothmann in Arbeit nehmen und taufen und so sich geistig schon eigentlich der ganzen Stadt bemächtigen. Noch ist das Patriziat und der Verwaltungsapparat der immer unruhiger werdenden Stadt dem eitlen Pastor und seinem Wirken abhold, und da ja wohl auch etwas Eifersucht auf die allzu rothmannbegeisterten Damen sich eingemischt haben mag, so einigen sich die beiden ‚konservativen' (und, man möchte hier beinahe sagen bürgerlichen') Konfessionen, Katholiken und Lutheraner, zu gemeinsamem Handeln und setzen bei den Bürgermeistern eine strenge Anordnung durch, in der Rothmann die Kanzel verboten wird und die fremden täuferischen Prädikanten ausgewiesen werden. Es ist nur eben längst zu spät und das Feuer nicht mehr zu löschen.

Denn die Herren denken leider gar nicht daran, das Predigt verbot und den Ausweisbefehl zu respektieren ... der Lieblingspastor der münsterischen Damen predigt deswegen unentwegt weiter, und auch die Prädikanten, die man durch das eine Tor hinausgeführt hat, kommen unter dem Gejohl des Pöbels zum andern wieder herein. Fanatisierte Weiber verjagen die einheimischen und erst recht die hessischen Prediger, Gesindel belästigt Bürgermeister und Ratsmannen, und inzwischen bläst, da die rechte Stunde gekommen scheint, holländischer Wind in die Glut ...

In den ersten Januartagen nämlich erscheinen auf Geheiß des Propheten Matthys zwei Wandersmänncr, die Willem de Cuyper und Barthel Boeckebinder heißen, nehmen Wohnung bei unserem glaubenseifrigcn und angesehenen Mitbürger, der Knipperdolling heißt und ein Gewandschneider und Tuchhändler ist ...

Verkünden in des Propheten Namen, daß ‚die Verheißung nahe sei‘, taufen außer den in Münster anwesenden Prädikanten auch den Pastor Rothmann, verschwinden schon am dritten Tage, schicken aber sofort zwei Ersatzmänner. Der eine heißt Gert tom Kloster und wird noch öfter genannt werden in der Chronik dieses tollen münsterischen Jahres ...

Der andere aber wird in dieser nun anhebenden Blocksbergorgie von Münster der ureigentliche Hexenmeister ... er wird Reformator, Prophet, Staatsoberhaupt und Haremsbesitzer in einer Person sein. Er stammt aus Leyden, er heißt Johann und ist seines Zeichens Schneider, er wird nach seinem Vater, der Bockel hieß, brevi manu Bockelson genannt und wird unter diesem Namen und als späterer König des münsterischen Zion weiterleben in der Geschichte.

Wer war eigentlich dieser Mann, der später durch mehr denn ein Jahr die deutsche Welt in Atem hielt? Seine Mutter ist die Tochter eines Kleinhäuslers ... Kötter nennt man das ja wohl in Westfalen ... die Mutter ist nach Holland gewandert, hat ihren Sohn unehelich von dem Grevenhagener Schulzen Bockel empfangen, hat ihn auf der Wanderschaft und sozusagen im Straßengraben geboren, hat den Kindesvater erst nach der Geburt des Sohnes geheiratet.

Dieser Sohn aber, ebenjener Johann, erlernt das Schneiderhandwerk, kommt wandernd nach England, Portugal, Flandern und Lübeck, landet schließlich in Leyden, heiratet als Zwanzigjähriger die erheblich ältere Witwe eines Ewerführers, wird der Schneiderei müde und eröffnet in Leyden eine Kneipe, die sich von Anfang an nicht des allerbesten Rufes erfreut.

Als Kneipenwirt macht er nebenbei Gedichte und Fastnachtsspiele, hat den Ehrgeiz, in die damals in den Provinzen blühende ‚Kammer der Rhetoriker', einen Literatenklub, aufgenommen zu werden, erreicht auch dieses Ziel, gilt mit seinen Schauspielen, die nach dem Urteil des freilich etwas bigotten Kerssenbroch ‚manchmal scherzhaft, meist unanständig und selten tugendhaft' sind, als Wundertier, betreibt außerdem, neben der Schneiderei und der Schankwirtschaft, ein wenig das ehrsame Gewerbe der Kuppelei ...

Zumindest dilettiert er darin. ‚In seiner Kneipe', schreibt Kerssenbroch, der als Gymnasiat die ersten Tage der Wiedertäuferzeit in Münster teilweise in nächster Nähe sah, ‚stellten sich Jünglinge und junge Mädchen ein, tranken Tag und Nacht, schwelgten Tag und Nacht, hurten und spielten, machten Musik auf Geigen und anderen Instrumenten und vergeudeten ihr Vermögen.' Matthys hat ihn ziemlich früh kennengelernt, schickt ihn erstmalig schon vor 1533 nach Münster, wo der Kneipenwirt, Literat, Schneidermeister und Kuppler sich für ‚die dortselbst am Werk befindlichen ausgezeichneten Prediger interessiert', bei dem Bürger Ramers Wohnung nimmt, aber sehr bald seine Zelte abbricht. Aus Osnabrück, wo er dann auftaucht, wird er bereits wegen ‚Wiedertäuferei' ausgewiesen, in Schöppingen, wo er im Hause des Gografen Heinrich Krechting wohnt, wird er in der Nacht ‚durch Eingebung des Heiligen Geistes' an das Bett einer kranken Magd gerufen, die er — denn auch als Arzt dilettiert der ehemalige Schneider — mit seinen Heilmitteln und vor allem durch Spenden der Taufe gründlich kuriert.

Im Herbst 1533 taucht er in Koesfeld und für kurze Zeit zum zweiten Male in Münster auf, kehrt nach Leyden zu Matthys zurück, empfängt, obwohl er sie doch schon selbst gespendet hat, eigentümlicherweise erst jetzt die Taufe, reist mit Gert tom Kloster taufend durch die Provinzen, landet nach einem letzten kurzen Leydener Aufenthalt im Januar 1533 letztmalig in Münster, um die Stadt vollends in ein Narrenhaus zu verwandeln und endlich dortselbst sein ja etwas bewegtes Leben zu beschließen.

Eindrucksvoll aber ist es, die zeitgenössischen Porträts der beiden Männer zu betrachten, die die Regisseure dieser großen, wenn ja auch leider etwas blutigen Oper werden sollten. daß Bockelson damals schon — er stand noch in den Zwanzigern! — wie ein Fünfziger aussieht, mag nicht nur an der Barttracht, sondern wohl auch an dieser Zeit liegen, da ja um Fünfzehnhundert mit den damals einsetzenden Freßorgien die überschlanken Gestalten Schongauers verschwinden und die deutsche Menschheit sich zu jenen Schmerbäuchen bläht, wie wir sie aus Kranachs Fürstenporträts kennen.

Wichtiger aber ist der physiognomische Unterschied der beiden Männer. Bei Knipperdolling, dem alteingesessenen und angesehenen Tuchhändler, kann sich weder das Cholerische noch die hochmütige Verbissenheit des Sektierers verbergen — immerhin: hier ist wenigstens alles fest, scharf und, wenn man will, ehrlich verschroben ...

Bockelson aber? Das sind die verschwommenen und versulzten Züge des im Chausseegraben geborenen Bastards, des Kneipen- und Hurenwirts, der auch als Literat dilettieren konnte, des abortiv verlaufenen Schneiders, der bei seiner Zunft wahrscheinlich für einen großen Dichter, im Klub der Rhetoriker aber vermutlich für einen geschickten Gewandschneider gehalten wurde. Am Hals die Kette und am ganzen Leibe dieses Geschmeide, mit dem der Minderwertige so gern die tiefen Wunden seines Selbstbewußtseins verdeckt, über der ganzen Erscheinung aber jene Unseligkeit, die aus der Charakterschwäche so leicht ins Laster und ins Verbrechen gleitet: die Stigmata des in übler Stunde und in üblem Bette Gezeugten, der aus einem Taugenichtsdasein so leicht in die Kloake, aus dem Milieu des Dreckigen aber ins Lasterhafte und aus dem Lasterhaften endlich ins Verbrecherische und Blutdürstige wechselt. Auch Peter der Große köpfte, ‚weil die Hände nichts zu tun hatten', eigenhändig seine Strelitzen, auch die Borgias vergifteten Freunde und schliefen bei ihren Töchtern und Schwestern, und beide bleiben doch, wie Gott sie nun einmal geschaffen, mindestens prachtvolle Ungetüme, einer höheren Gnade gewärtig, weil sie aus einem Stück waren. Hier aber hatte die höhere Hand eine mißtönende Walze ins Spiel gelegt. Auch Bockelson köpft, wie wir sehen werden, eigenhändig seine Opfer, ohne daß wir wie bei Peter den schaurigen Überschwang der Kräfte geltend machen können ... auch er verwandelt eine an sich solide und vielleicht gar ein wenig unsinnige Stadt für achtzehn Monate in ein Lupanar, aber den möchte ich sehen, der an diesem Mann etwas von der Unabänderlichkeit des sechsten Alexander oder gar von der Tragik Don Juans fände ...

Wer hier kratzt, wird zunächst nur auf eine dicke Schicht von Hysterie stoßen, wer tiefer schabt, stößt gar auf eine armselige und im Grunde unbedeutende Kreatur. Denn die Geschichte, die doch auf die Dauer immer nach unabänderlichen Gesetzen arbeitet, erlaubt sich wohl manchmal den grausamen Scherz, den Jämmerling, den Schwätzer und Hysteriker für kurze Zeit auf ihre Podeste zu heben, das Nichts für kurze Zeit zum Mittelpunkt der großen Dinge, den Pickelhäring zum wattierten Condottiere, den Gerber Kleon in der Vorstellung des Pöbels zum zweiten Perikles, den Gracchus Baboeuf in der gleichen Vorstellung zum Gracchus Cornelius zu machen ...

Dies aber immer nur für eine kurze Galgenfrist ... dies alles nur, um den Polichinel in Kürze um so grausamer zu entlarven. Um den betrogenen Betrüger unter dem Gelächter der Welt in die Gosse zu tunken, um zum Schluß einen zerfetzten und mit glühenden Zangen gezwickten ‚roi dessou' in einem Eisenkäfig an die Spitze des Münsterer Lambertiturmes zu hängen.

Ein Häufchen Nichts also, geladen mit Hysterie, und füglich könnte man mich fragen, weswegen ich auf dieses Buch seinen Namen schreibe.

Dies aber ist ja auch nicht die Geschichte eines armseligen Tscheka-Königs — es ist die Geschichte eines dämonischen deutschen Rausches, eine Episode, bei der aus den geheimen Gewölben dieser zweitsehenden fälischen Seele alle die Teufel, die Albe, die Satanasse entwichen, die man bis dahin nur auf fromme gotische Tafeln zu bannen wagte.

Der Regisseur war, trotz aller goldenen Ketten und Fingerringe, nur ein armer Hanswurst, das Fastnachtsspiel aber, das ward deswegen doch gespielt von einer um so vollblütigeren Komparserie. Und über einem der vielen Trauerspiele der sterbenden gotischen Welt hebe sich der Vorhang.

INCIPIT TRAGOEDIA (Beginn der Tragödie)

Der Ausbruch des münsterischen Feuers fällt, was ja wohl kein Zufall gewesen sein dürfte, ziemlich genau zusammen mit dem Eintreffen der beiden holländischen Propheten. Anfangs Januar 1534 durchlaufen die täuferischen Prädikanten Klopriss, Stralen, Roll und Staprade die Gassen, schreien Ach und Wehe über das gleißende und reiche Münster im allgemeinen und über die Geschmeideträger im besonderen, wenden sich dabei vor allem an die schmuckbehangenen Frauen der Ratsherren und ‚Erbmänner‘ und erreichen es endlich, daß die eleganten Damen ihre Juwelen in Rothmanns Hause, wo sie angeblich zum Unterhalt bedürftiger Prediger bereitgehalten werden sollen, deponieren.

Was leider auf die herbe Kritik der zugehörigen Ehemänner stößt. Die nämlich wittern hier frühzeitig noch ganz anderen Unrat und bringen für das Treiben der geistlichen Herren das erwartete Verständnis nicht auf. Auf die vom Opfergang heimkehrenden Damen warten sie mit Ochsenziemern und Stöcken, und der Ratsherr Wördemann ‚befestigte‘, wie Kerssenbroch berichtet, ‚sein Eheweib, das sich bei dieser Gelegenheit hatte taufen lassen, mit dem Stock dermaßen im Glauben, daß sie kaum kriechen, geschweige denn gehn konnte‘.

daß die mißtrauischen und empörten Ehemänner bei dieser Gelegenheit auch gleich den Herren Prädikanten selbst eine Tracht Prügel in Aussicht stellen, hilft blutwenig, da die Weiber nun einmal Feuer gefangen haben und selbst im feudalen Überwasserkloster die jüngeren Nonnen zu desertieren beginnen. Wovon ein zeitgenössisches Poem ein ziemlich anschauliches Bild gibt ...

> *‚Ethliche sind ut ehren orden gebleven*
> *Un sind uth ehren kloister gedreven*
> *Velle waren van fleschliker begerde dull*
> *Und weren derhalven des uprorerischen handels vull.*
> *Se weren von groiter unkuischheit sehr verbaset*
> *Darum hebben se uith ehren kloister nach unkuischen kerls*
> *geraset.‘* [3]

Was die Äbtissin Ida von Merfeld veranlaßt, sich in einem ratlosen Brief an den Bischof zu wenden, der ihr seinerseits anbefiehlt, die Fortgelaufenen, damit nicht noch die Treugebliebenen angesteckt würden, auf keinen Fall wieder aufzunehmen.

---

[3] Übers. d. Hrsg: Ettliche sind ihrem Orden ferngeblieben / Und sind aus ihrem Kloster ausgezogen / Viele waren voll fleischlicher Begierde / Und waren deshalb voll aufrührerischem Handeln / Sie waren von großer Unkeuschheit besessen / Darum sind sie aus ihrem Kloster heraus unkeuschen Kerlen nachgelaufen.

Franz von Waldeck, der Bischof, rafft sich endlich zu energischem Handeln auf. Am 28. Januar erläßt er ein Edikt, in dem er auf die Täufer Pech und Schwefel regnen läßt, allen ihren Münsterischen Beschützern die bürgerlichen Sicherheiten aufkündigt und mit weiteren Repressalien droht. Als Antwort verlegt Rothmann, um die Anwesenheit von Spionen auszuschalten, die Gottesdienste in die Privathäuser frommer Brüder, in die man nur auf ein verabredetes Zeichen Eintritt erhält. Auch in der Öffentlichkeit erkennen sie sich nun gegenseitig an einer kleinen kupfernen Brosche, die die Buchstaben DWWF trägt: ‚Das Wort ward Fleisch‘, im übrigen sind sie in der aufbegehrenden Stadt eigentlich gar nicht mehr auf Heimlichkeit und illegales Leben angewiesen: auf der Straße wird der Mob, der sich inzwischen bewaffnet hat, so angriffslustig, daß die den alten Bekenntnissen treu Gebliebenen ihre Häuser in Verteidigungszustand versetzen und eine Art Selbstschutz bilden. Am dreizehnten Januar sind Bockelson und Gert tom Kloster in Münster eingetroffen.

Unter ihrem Vorsitz hat in Knipperdollings Haus sofort nach dem Erscheinen des bischöflichen Ediktes eine höchst geheime Sitzung stattgefunden, bei der allen Ernstes die frommen Prädikanten, was den ‚Altgläubigen‘ natürlich nicht ganz verborgen bleibt, eine gegen Katholiken und Protestanten zu inszenierende Bartholomäusnacht vorschlagen. daß unter diesen Umständen die ‚Altgläubigen‘ beizeiten Gegenmaßnahmen vorbereiten, erscheint selbstverständlich: schon jetzt beginnen sie, mindestens mit Wissen des Bürgermeisters Judefeldt, Waffen in das auf der anderen Seite des Aa-Flusses gelegene Überwasserkloster zu schaffen, und schon jetzt dürften sie den Bischof um Intervention gebeten haben.

Mit der Bartholomäusnacht von Münster aber ist es vorerst sowieso nichts, die beiden Münsterer Sendboten verlangen zur Bearbeitung der breiten Massen noch Frist und erklären, ‚noch sei die Zeit nicht gekommen, Gottes Tempel zu säubern und die eigenen Hände im Blute der Gottlosen zu beflecken‘. Bemerkenswert ist, daß die Versammlung, zu der man bewaffnet gekommen ist und die man erst im Morgengrauen wieder verläßt, die beiden von vornherein nicht nur als die Sendboten des Propheten Matthys, sondern direkt als Sendboten Gottes behandelt.

Der Rat, der inzwischen erneut und wiederum vergeblich die Entfernung Rothmanns aus der Stadt versucht hat, wittert wohl den Willen zu blutiger Gewalttat, tut aber nichts weiter als das, was in solcher Lage noch jede schwächliche Regierung getan hat: er unterhandelt, redet von ‚friedlich und freundlich nebeneinander leben‘ und läßt seinerseits ein entsprechendes Edikt anschlagen. Die Rebellen reißen hohnlachend das Edikt ab, kriechen immer häufiger und immer in Wehr und Waffen aus ihren Schlupfwinkeln ans Tageslicht und setzen es durch, daß die Stadt zu dem vom Bischof auf den zweiten Februar nach Wolbeck einberufenen Landtag neben dem Bürgermeister Judefeldt den täuferischen oder mit den Täufern doch kokettierenden Syndikus Wyck, außerdem Heinrich Redeker, der in der Telgter Überfallnacht dem bischöflichen Kavalier Melchior von Büren fünfhundert Goldgulden stahl ... endlich aber Tile Bussenschute, einen Büchsenmeister und ‚fürchterlich langen Cyklopen‘, wie Kerssenbroch ihn nennt, abordnet. Der Bischof empfindet diese Kommission als Herausforderung und dreht ihr den Rücken und ‚dar ys de landtag mede (=müde) sletten (=geschlossen)‘ heißt es treuherzig in einem zeitgenössischen Bericht.

Inzwischen ist unserem Rothmann leider ein Malheur zugestoßen: um Ida von Merfeld auch noch die letzten Nonnen abspenstig zu machen, hat er im Überwasserkloster gepredigt, hat die jungen Damen, was ihnen gar nicht so fern liegt, an ihre Pflicht, das Menschengeschlecht fortzupflanzen, erinnert, ist dann aber zu einer noch wirksameren Dialektik übergegangen und hat für die kommende Mitternacht den Einsturz des Klosterturmes prophezeit.

Man soll nicht, wenn man seiner Sache nicht sehr sicher ist, den Einsturz festgefügter Türme prophezeien, und Rothmann fühlt wohl selbst, daß er sich hier vergaloppiert hat. Die jüngeren Damen waren — nach Kerssenbroch — zwar ‚mehr erfreut als erschreckt‘, sie sahen, wie ringsum die alte Welt versank und sahen wohl bei den anzüglichen Redensarten des ‚lieben Rothmann‘ eine neue bunt und verlockend sich auftun. Sie laufen unter Mitnahme ihrer Siebensachen davon und verschwinden damit in dem großen Sudkessel, zu dem Münster nun für anderthalb Jahre wird. Ida von Merfeld und die Damen von Linteloen und von Langen sind die einzigen, die bleiben.

Da es nun dem Überwasserturm nicht im mindesten einfällt, Rothmann zuliebe einzustürzen, und da Rothmanns Ausrede, das Unheil sei ja nun wohl durch die Bekehrung der Nonnen abgewendet, doch allzu wenig Eindruck macht, so retten Roll, Knipperdolling und auch Bockelson das Ansehen des täuferischen Propagandaapparates, indem sie ‚in doller gestalt‘ auf die Straße stürmen und dort hysterisch zu brüllen beginnen ...

> ‚Oh vader! Bettert jew! Doit bote!‘ (Ü.d.H.: Oh Vater! bessert euch! Tut Buße!)

Bessert euch, tut Buße, der Tag des Herrn bricht an, der Untergang der Stadt ist nahe! Wenige bringen den Mut auf, zu lachen, die meisten sind dem münsterischen Irrenhause schon so verfallen, daß sie nun auch ihrerseits sich zur Erde werfen und beten und aufspringen und weinend sich umarmen. Ein Schneider, dessen Tochter bereits einen ähnlichen Anfall hysterischer Verzückung produziert hat, sieht, das Haupt emporhebend, ‚Gott mit der Siegesfahne in den Wolken thronen und den Gottlosen drohen‘ und die blutrünstige und wahrscheinlich von dem brutalen Matthys ausgegebene Ankündigung, ‚daß Gott nun bald seine Tenne kehren wolle‘, fehlt keineswegs in dieser visionären Entleerung des Schneiders. Der Mann, völlig außer Rand und Band, springt auf den Bordsteinen herum, klatscht in die Hände, macht mit den Armen Flugbewegungen, fällt, da es mit dem Fliegen trotz aller Begeisterung nicht recht geht, zu Boden, liegt in Kreuzesform im Straßenkot. Die Gymnasiasten, die mit Kerssenbroch das alles mit ansehen, lachen, die Orgie aber dauert deswegen doch an.

In diesen Nächten, die dem eigentlichen Ausbruch des Feuers vorausgehen, laufen Entflammte beiderlei Geschlechts durch die Straßen, verkünden den bevorstehenden Einsturz des Himmels, fallen unversehens in Unrathaufen, sehen aber trotzdem ‚Myriaden von Engeln' und schreien, bis der heiser gewordene Kehlkopf den Dienst versagt.

Münster ist über Nacht verrückt geworden, und da es sich nicht gut leben mag in einer verrückt gewordenen Stadt, denken in diesen Tagen schon die bei leidlicher Vernunft Gebliebenen an Emigration, während die Prädikanten den Wankenden und den kleinen Leuten voran ins Ohr flüstern: ‚Draußen vor euren Mauern steht schwer bewaffnet der feudale Bischof, um das in eurer Mitte keimende Reich Gottes auszurotten ... achtet also gut auf Verräter!' Es ist das alte Spiel, mit dem in allen revoltierenden Staaten und Städten die Machthaber die Aufmerksamkeit der Masse von ihren eigentlichen Plänen ablenken — es war 1792 in Paris, es war 1917 in Moskau so und es konnte in Münster kaum anders sein. Prompt erscheint, wenn man den Aufzeichnungen eines Unbekannten Glauben schenken darf, auf dem Rathaus laut schreiend der alte Krakeeler und Taschendieb Redeker, erzählt von einem Fremden, der morgens von auswärts in der Stadt angekommen sei und berichtet habe, es sei der Bischof mit einer Strafexpedition von dreitausend Reisigen schon unterwegs. Es ist der neunte Februar und trotz allen Bußegeschreis wohl etwas Karnevalsparfüm in der Luft.

Durch Botenmeister holt man den Fremden aufs Rathaus, und blitzschnell — der Bürgermeister Tilbeck erscheint schon damals als schwankende Gestalt — verbreitet sich die Nachricht von der drohenden Gefahr in der ganzen Stadt. Denn der Bischof, das ist den Münsterern kein geringeres Schreckgespenst, als den Parisern im September 1792 der schon auf den Vogesenkämmen stehende Herzog von Braunschweig mit seiner weißen Interventionsarmee und seinen ‚tausend transportablen Galgen' es sein wird, und wenn Paris, wie ein Zeitgenosse sagt, damals ‚presque electrique' ... sozusagen elektrisch gewesen ist: Münster wird durch diese Nachricht vom Herannahen des Bischofs jedenfalls nicht weniger ‚elektrisiert'.

Schon um acht Uhr früh halten bewaffnete Massen auf dem heutigen Prinzipalmarkt, stoßen allerlei unzweideutige Drohungen gegen die Altgläubigen, gegen die reaktionären ‚Erbmänner' und gegen die Wohlhabenden aus — es ist von vornherein in diesem Spiel mindestens ebensoviel soziales Ressentiment wie religiöse Inbrunst ...

Not aber lehrt eben gelegentlich auch gemeinsame Gebete, und in dieser Stunde der Bedrängnis haben Katholiken und Protestanten sehr rasch ihren Hader vergessen und werden sehr schnell einig über die gemeinsame Abwehraktion. Das Überwasserkloster und der dazugehörige Kirchhof war als Waffendepot und Place d'armes für den nun eingetretenen Fall schon lange vorgesehen — dazu empfahl die Örtlichkeit sich wegen der dortselbst vorhandenen Schlupfwinkel, wegen der Gesinnung der Oberin, wegen der Nähe des Frauentores und wegen der fraglos mit dem tatsächlich heranrückenden Bischof getroffenen Vereinbarungen. Kerssenbroch, bei dem ‚gegenrevolutionären‘ und altgläubigen Arzt Wesling in Pension und als junger Humanist selbstredend seinerseits auf der Seite der Bischöflichen, zieht mit seinem Pensionsvater in dieser Nacht selbst aus und trägt den Herren Waffen und Munition nach, nachdem Weslings Magd Assola, die den gleichen Auftrag hatte, leider von den Täufern erwischt und ihrer Last beraubt worden ist.

Es gehört zu den Spielregeln aller Revolutionen, daß Putsche dieser Art nie gelingen, ehe in den aufbegehrenden Massen der seelische Abszeß geleert ist und das Ressentiment 6ich ausgetobt hat ... es gehört nun einmal zu diesen Spielregeln, daß solche Anschläge nie glücken, ehe im Mob Raub-, Mord- und Rachsucht sich ihr Recht verschafft haben und alle Taschen gefüllt und alle Geltungsbedürfnisse befriedigt sind und die feurigen Propheten von gestern nach ausgiebiger Atzung vor der Staatskrippe über den Resten ihrer Beute faul verdauen.

Da aber die vulkanische Eruption von Münster im Geschichtsprogramm so notwendig war wie in einem verschlackten Körper ein Furunkelausbruch, so mußte in diesem Stadium auch dieser intra et extra muros vorbereitete Putsch scheitern. Die Altgläubigen, die ja in diesem Falle identisch gewesen sein dürften mit den Besitzenden, begeben sich, wie das mit dem Bischof ja wohl verabredet war, nach dem Frauen- und dem Judefelder Tor, heben dortselbst den täuferfreundlichen Ratsmann Palken nebst dessen Sohn auf, nehmen ihnen die Torschlüssel weg, beschlagnahmen drei Hakenbüchsen nebst Munition, bringen sie auf den Überwasserkirchhof und richten sie auf die Innenstadt, wo sie ihre Feinde wissen. Als ihre Reihen sich verstärken, besetzen sie die ganze Mittelstadt einschließlich des Domplatzes, besetzen und armieren die Domtürme, erwischen bei dieser Gelegenheit die Prädikanten Vinne und Stralen und sperren sie in den Turm dicht unter die Glockenstube.

Auf dem Prinzipalmarkt stehen die Täufer. Sie haben leider versäumt, die wichtigen Brücken der Aa und die Zugänge zum Domplatz zu besetzen, sie verbarrikadieren sich hier nun in wenig vorteilhafter Stellung hinter Fässern und den aus der Lambertikirche herbeigeschleppten Bänken. So steht man sich mit dem Feldgeschrei ‚Christus‘ auf der altgläubigen, und ‚Vater‘

auf der täuferischen Seite plänkelnd gegenüber, knallt fleißig aus Arkebusen und Kanonen und läßt in diese Erde, die fernerhin ja noch des öfteren den gleichen Trank kosten wird, des erste Bruderblut rinnen — zu den Opfern dieser Nacht gehört ein junger Kommilitone Kerssenbrochs, der durch die Schläfe geschossen wird, während Kerssenbroch selbst, ‚noch ein Kind und das Sausen der Kugeln noch nicht gewöhnt‘, sich auf dem Aegidienfriedhof hinter dem Beinhaus verbirgt. Auf der altgläubigen Seite ermuntert der Pfarrer Fabricius die Kämpfer, drüben wirkt im gleichen Amt, gewissermaßen als Feldprediger also, der holländische Sendling Bockelson.

So also geht es auf Mitternacht, und es kann doch nicht so in alle Ewigkeit weitergehen! Die Herren auf Überwasser haben dafür gesorgt, daß, was fraglos mit dem Bischof verabredet worden ist, die Häuser ihrer Getreuen Strohkränze tragen als Zeichen, daß hier ‚gute Leute‘ wohnen und von den sehnlichst erwarteten Mannen des Bischofs nicht geplündert werden wollen — ja, wo in aller Welt aber bleiben diese Mannen? Es geht auf die zwölfte Stunde, und die Herren frieren und beratschlagen, und da sie fast alle humanistisch gebildete Männer sind und sich mithin auf die Lektüre des Julius Caesar und die dort geschilderte Belagerung von Alesia besinnen, so kommen sie auf den Gedanken eines Sturmangriffes, bei dem sie sich vor dem gegnerischen Arkebusenfeuer durch mitgeführte transportable Schutzdächer schützen wollen — leider aber sagt keiner, wo er in aller Eile solche trefflichen Kriegsmaschinerien herzunehmen gedenkt. Inzwischen unternimmt drüben der Feind auch eine ‚seelische Offensive‘, indem mit etwa fünfzig anderen Schreihälsen Knipperdolling bis dicht unter die Mauern von Überwasser gelaufen kommt und sein übliches ‚Bessert euch, tut Buße‘ durch die Nacht brüllt. Wozu die edlen und gestrengen Herren im Kirchhof aber keineswegs gewillt sind: sie packen nebst einer ganzen Rotte den Schreihals und sperren sie zu den übrigen *,in thorn‘, wo ,he riep gliek wie die ossen plegen tho rupen‘.* (Ü.d.H.: *in den Turm, wo er gleich schrie wie die Ochsen zu brüllen pflegen)* Will sagen, das Gebrüll dauert fort bis 'zur kompletten Heiserkeit. Später freilich, als sie das gleich zu erwähnende Pferdegetrappel von Reitern unten auf dem Pflaster hören, *,swiegen sie stil in dem thorn un riepen nicht mehr‘.* Sie ahnten nämlich, daß es des Bischofs Reiter waren, und vor denen hatten sie doch einen ganz erheblichen Respekt ...

Was aber ist kurz nach Mitternacht geschehen und wie kommen die Reiter in die Stadt? Begeben hat sich folgendes: vor dem Tor ist mit Rotger Schmysing im Auftrag des Bischofs Herr Dietrich von Merfeld, Droste von Wolbeck, mit etlichen schwer bewaffneten Domherren erschienen — auch Herr Melchior von Büren in seinem Groll über die von Redeker in Telgte gestohlene Geldtasche ist nebst den Reisigen des Bischofs gekommen. Die Herren begehren Einlaß im Namen des Bischofs, der Bürgermeister Judefeldt, ein dem alten Regime im Grunde ergebener Mann, geht ihnen entgegen, äußert einige Bedenken wegen der durch die Anwesenheit der Bischöflichen möglicherweise doch gefährdeten Stadtprivilegien, läßt sich aber, da die Herren strikten Auftrag der Respektierung dieser Privilegien haben, gleich wieder beruhigen ...

Worauf also Herr Judefeldt das Tor öffnet und die Herren, zur Ernüchterung des bislang ‚in thorn' brüllenden Knipperdolling, einreiten. Jetzt erst wird Weiteres bekannt. Der Bischof ist im Anmarsch, ebenso ziehen dreitausend Bauern auf Münster, und nun endlich soll es ein Ende haben mit den Prädikanten und den ewigen Krawallen. Den Täuferi- schen, die, vielleicht durch Tilbeck, Wind von diesen Dingen bekommen haben, wird bänglich zumute.

Judefeldt selbst ist vollkommen einverstanden mit dem bischöflichen Plan, er siebt ein, daß hier endlich einmal gründlich Remedur geschaffen werden muß, und somit scheint das Schicksal des doch eben erst keimenden Reiches Zion besiegelt. Es kommt anders. Es kommt hei solchen Anschlägen, wenn alles schon gelungen scheint, immer ‚anders'... es erscheint nämlich in solcher Stund«; immer der Mann mit dem Stearinherzen, der alles verdirbt. Es war so beim Bastillesturm, es war so 1792 bei der Verteidigung der Tui- lerien, es war so 1848 bei der Räumung des Berliner Schloßplatzes durch die siegreichen Truppen, und cs war also 1534 mit Fug und Recht nicht anders. Der ‚andere' Bürgermeister Tilbeck ist derjenige, der hier alles verdirbt.

Kerssenbroch behauptet, es habe bereits am Abend der Bischof in einem Briefe eilige Hilfe zugesagt und die Schonung der Stadtprivilegien feierlich versprochen, Tilbeck aber habe diesen Brief— der heute in den Archiven nicht mehr aufzufinden ist — in Empfang genommen und unterschlagen, und es singt denn auch von ihm ein zeitgenössisches Epos:

> *‚Unser gnedige först hadde Tilbeck einen brief gesandt*
> *Des de veredder Tilbeck för de gemeinheit (Allgemeinheit!)*
> *nicht was bekannt*
> *De först hadde em doen wetten und schrieffen*
> *Seine gnaden woll de Stadt Monster by ehren rechten leten*
> *blieven*
> *He sollte siner gnaden de porten apen halden,*
> *Sin gnaden wolde by denen frommen luden syn haeste und*
> *balde.'[4]*

So urteilt über ihn das Epos. Das bischöfliche Versprechen, die Privilegien der Stadt zu respektieren, mußte auf alle hier Versammelten einen tiefen, dem Bischof günstigen Eindruck machen, und weil es so war, behielt

---

[4] Ü.d.H.: Unser gnädiger Fürst hatte Tilbeck einen Brief gesandt / Den der Verräter Tilbeck für die Allgemeinheit nicht bekannt gemacht hatte / Der Fürst hatte ihm geschrieben und verbürgt / Seine Gnaden wolle der Stadt Münster ihre Rechte lassen / Er sollte Seiner Gnaden die Tore offen halten, / Seine Gnaden wollte bald zu den frommen Leuten eilen.

Tilbeck den Brief für sich und operierte in dieser Nacht mit der in mittelalterlichen Städten ja allgemeinen Furcht vor dem Verlust der Privilegien: habe ich denn etwa unrecht mit meiner Feststellung, daß unter anderen Namen und in anderem Gewand dieser Bürgermeister Tilbeck in so ziemlich allen Revolutionsgeschichten immer wieder vorkommt?

Item, die bischöfliche Vorhut ist nun in der Stadt, im ersten grämlichen Licht des anhebenden neuen Wintertages kommen noch dreitausend Bauern hinterdrein, und den Täufern auf dem Prinzipalmarkt wird Herz und Hose schwer, und weil es so mit ihnen steht, tun sie das, was vierhundert Jahre später die Bolschewiken ihnen nachmachten, als sie die weißen Heere mit papierner und mit Wortmunition beschossen: sie schicken also, um ... ich möchte hier fast sagen 'die Bourgeosie' in Überwasser zu demoralisieren, Unterhändler, um 'Mißverständnisse' aufzuklären.

Es ist — da in diesem tollen Münsterer Jahr dieses ehrsame Handwerk nun einmal seine 'Aristeia' erlebt — der Schneidermeister Kibbenbrock, der aus dem Täuferlager kommt, es kommt ferner in seiner Begleitung ein Mann, der auf den etwas apokryphen Namen Swedartho hört. Diese beiden Herolde unterhandeln also. Das Geplänkel von heute war natürlich nicht gar so ernst gemeint, sie, die Täufer, haben an diesem Tage eigentlich nur eine Waffenübung abhalten wollen, und es ist einfach ein bitterböser Zufall, ihr Herren in Überwasser, wenn ihr diese unsere harmlose Absicht so mißverstanden und uns arme Leute gleich scharf beschossen habt! Wen aber sehen wir da in eurer Mitte? Doch wohl Leute des Bischofs, geschworene Feinde der Stadt, feudale große Hansen und gewohnte Schinder! Habt ihr denn auch bedacht, ihr altgläubigen Strohkranzträger, wohin dieser Einlaß des notorischen Stadtfeindes euch führen wird und daß er, ist er erst einmal Herr der Tore und Mauern, unweigerlich eure Freiheit nehmen wird ... ja, wie denn, wäre es da nicht am Ende besser, man unterhandelte und entschlösse sich, wie ihr ja selbst in eurem Edikt vorgeschlagen habt, fortan in Friede und Eintracht nebeneinander zu leben?

Also der Schneider Kibbenbrock, der nach dieser Rede sich wieder ostwärts, in die Zionsbezirke rund um St. Lambert begibt. Entschließt euch gefälligst, ihr Herren, zu einem Vertrag mit einer neben euch liegenden Kobra, 'fortan mit ihr in Frieden und Freundschaft zu leben' ...

Die Kibbenbrockschen Worte sind sorgfältig vergiftete Pfeile, ihr Gift ist wohl dosiert für die allenthalben und stets in solcher Stunde zu findenden Männer mit der lieben kleinen Rückversicherung, für die ewigen Kompromißler und die ewigen 'Weder-Ja-noch-Nein-Sager'.

Vor allem sind sie berechnet für einen Mann, der Tilbeck heißt, sie sind am Ende mit den Täufern — wer kann denn hinter jede Büberei nach vierhundert Jahren kommen — verabredet. In jedem Fall sind sie, sowie die beiden Unterhändler erst wieder am Westufer der Aa sind, Stichworte für ein neues Tilbecksches Lamento. ‚Ist denn dieser Vorschlag, fortan in Frieden nebeneinander zu leben, wirklich so unannehmbar? Und wer bürgt dafür, daß der Bischof sein Versprechen auch wirklich hält?' Und dann vor allem: ‚Habt ihr bedacht, ihr Herren, daß es Bruderblut ist, das ihr hier vergießen wollt?'

Da ist es wieder, das alte Judaswort, und noch jedesmal, wenn es gesprochen wurde — 1789 und 1848 und 1918 und in Rußland 1917 — noch jedesmal folgte ihm eine Periode, die dann das Bruderblut nicht tropfen-, sondern bottichweise vergoß und ungleich größere Wunden schlug, als wenn man von vornherein fest zugepackt hätte. Man entschließt sich jedenfalls auch hier, zu verhandeln, und selbst der sonst einigermaßen besonnene zweite Bürgermeister Judefeldt — denn Tilbeck war der erste! — heißt, was er später schwer bereuen wird, den Entschluß gut. Man wählt also seine Unterhändler und gibt ihnen Aufträge, in denen viel von gegenseitiger Toleranz' und ‚Freiheit des Glaubens' die Rede ist, man tauscht außerdem zur gegenseitigen Sicherung Geiseln[5] aus. Als es aber erst soweit ist, ist es beschlossene Sache, was nun aus Münster für lange, lange Zeit werden soll. Ein Tummelplatz aller Reichsfalloten, ein Königreich der Unterwelt, eine Keimzelle des Wahnsinns und ein Brandherd für das ganze alte kaiserliche Reich.

Die Herren und Reisigen des Bischofs geben jedenfalls ihr Spiel verloren und reiten betrübt, und wenn man Kerssenbroch glauben darf, sogar unter Tränen davon, die dreitausend Bauern, deren Anwesenheit in solcher Masse wohl beiden Teilen gleich unheimlich war, fallen über das vom Rat freigebig gespendete Bier her, saufen sich toll und voll und marschieren wieder ab. Und um dieser Lösung nun auch den nötigen akustischen Ausdruck zu verleihen, feuert man auf beiden Seiten die geladenen Kanonen in die Luft ab, wovon in der ganzen Stadt die Scheiben geklirrt haben sollen. Kerssenbroch berichtete, Bischof Franz habe, als er von dem Ausgang gehört, Tränen vergossen, dann aber fluchend seinem Pferde die Sporen gegeben.

Was nun folgt, ist auf der täuferischen Seite eine Vorwegnahme der Carmagnolen von 1793, und hier wie dort in Paris sind es die Weiber, die die Orgie eröffnen. Kerssenbroch, hie und da in seiner lateinenen Chronik alle die Schwülstigkeiten des Barock vorwegnehmend, spricht in diesem Zusammenhang von ‚Bacchantinnen, Thyaden, Mänaden, Mimalodinen, Adoniden und sogar von Tryateriden' und lädt mit diesem Aufmarsch wunderlicher Vergleiche in die Flinte ja wohl etwas allzuviel Pulver. Aber auch ohne diese vielleicht etwas allzu bilderreiche Sprache ist das, was hier geschieht,

---

[5] Das im Münsterer Stadtarchiv liegende Tagebuch eines Unbekannten nennt als einzige Quelle ihre Namen. Es waren ‚vor giselers der erbaren und ersamen Herren Wilbrant Ploniess borgermester / Hermann Herden kemmer / Johann Kerckerinck upn Bispinckhove un Eber Ocken. De upn kerhove (Kirchhof) koren vor giselere Claess Stripe / Claess Snyder / Berndt Pickert un Ever Gestemer'.

40

nachgerade toll genug. Mit offenen Haaren, mangelhaft und zum Teil trotz der winterlichen Jahreszeit überhaupt nicht bekleidet, kommen die Damen auf den Markt gelaufen, werfen sich in Kreuzform nieder, wälzen sich im winterlichen Straßenkot, weinen, lachen und schlagen sich an die Brust. ‚Alle riefen sie freilich den Vater, keine aber den Sohn‘, berichtet Kerssenbroch und verweist damit auf die Präponderanz des Alten Testaments, die für die verwegene Theologie des Münsterschen Gottesstaates maßgebend war und nicht zuletzt den Ausgangspunkt bildet für alle die Exzesse, die die Stadt in den nächsten Monaten sehen wird. Aber auch schon jetzt wird hier das Menschenmögliche geleistet, und die Damen fühlen und sehen, wie Blut vom Himmel regnet, sehen dort blaue und gar schwarze Feuer lodern, sehen auf weißem Roß auch einen goldgekrönten Mann, der, das für die Gottlosen bereitgehaltene Schwert im Arm, munter über den Himmel galoppiert. Dies aber, ihr Damen, ist bereits ein Wunschtraum, und wir werden ja bald sehen, daß der Reiter, wenig himmlisch und geradezu verzweifelt fleischlich, nicht gar so lange auf sich warten ließ.

Demgemäß also, in ihrer heißen Sehnsucht nach einem Helden, rufen sie laut nach dem ‚König von Zion‘, der vorerst aber nur irgendwo in einer Kneipe sitzt und auf seine Stunde wartet, und es ist im übrigen höchst interessant, wie ganz allmählich von dieser Stunde an das Wort ‚König‘ langsam sich heranpürscht an die Hirne der Münsterer und vor allem an die ihrer Damen. Schließlich aber, als das Geschrei — ‚Grunzen von tausend Schweinen‘ nennt es in seiner üblen Laune Kerssenbroch — nachgerade ekelhaft wird, findet ein angewidertes Mannsbild ein Mittel, um der Orgie ein Ende zu machen: er schießt nämlich mit seiner Büchse von einem der Markthäuser den güldenen Dachhahn herunter. Als der aber mit Donnergetöse auf das Pflaster prasselt, erwachen die Damen aus ihren frommen Räuschen, sehen vorerst keinen König von Zion mehr durch die Wolken traben und geruhen, nach Hause zu gehen und ihren Männern das Abendessen zu kochen.

Es geschieht in diesen Tagen, daß der Bürgermeister Tilbeck von dem lieben Rothmann sich taufen läßt, und es ist an diesem Tatbestände nicht zu rütteln, obwohl er selbst später, nach umgeschlagenem Wind, in einem an den Bischof gerichteten Briefe die Taufe brav ableugnet. Von Kerssenbrochs Kommilitonen aber halten es einige schon jetzt für ratsam, mit einem Stück Brot in der Tasche als Wegzehrung die Stadt zu verlassen, übrigens nicht, ohne daß der Torwächter über das mitgenommene Brot raunzt. Das Durchsuchen von Auswandernden auf Nahrungsmittel aber ist fortan an der Tagesordnung, und da die fortziehenden Frauen den Räucherspeck unter ihren Pelzröcken davontragen und der Mützenmacher Sündermann als aufrechter Zion-Patriot eine Frau — nach Kerssenbroch ‚durch unanständiges Abtasten‘ — bei solchem Davonschleppen des geräucherten Nationalvermögens erwischt, entgeht auf höheren Befehl niemand mehr, der das Tor passieren will, solcher Leibesvisitation. Man sieht, daß der Gedanke an eine

Belagerung und Aushungerung des werdenden Gottesreiches schon jetzt die Oberen beschäftigte.

So sehr weit hergeholt ist der Gedanke nicht. Schon auf den dreiundzwanzigsten Februar, als Zion, wie wir noch sehen werden, ausgiebig Fasching feiert, hat der Bischof nach Wolbeck die Ritterschaft in Wehr und Waffen entboten, er führt, da allzuviel aus Münster kommende Emigranten ihm mit ihren bitterlichen Klagen in den Ohren liegen, gegen Münster nichts Gutes im Schilde, er verhandelt schon jetzt über einen Beistand mit seinen mächtigen Nachbarn, die da Köln, Kleve, Lippe und Hessen heißen; Geld und Beistandsversprechen stehen ihm zur Verfügung, und so zieht denn ein Gewitter herauf über dem jungen Gottesstaat.

Von einer ‚gegenseitigen Toleranz‘ ist in ihm übrigens nichts zu merken, und leider erfahren wir nicht, weswegen die Altgläubigen, die doch erstmalig ihre Gegner mit der Waffe in der Hand niedergehalten hatten, sich nicht zum zweiten Male auf diese Waffen und vor allem auf die Geiseln besannen. Schon die Wahl des neuen Rates, die in diesen Tagen nach städtischem Gesetz sich sowieso und auch ohne ausgebrochene Unruhen vollzogen hätte, erfolgt unter dem Druck des Terrors. Redeker, den wir als Unruhestifter schon kennengelernt hatten, hält unmittelbar vorher auf dem Markt eine Ansprache, fordert die Masse auf, ‚nunmehr, nachdem der alte Rat im Gedanken an das Fleisch gearbeitet habe, einen neuen Rat in den Gedanken des Geistes zu wählen‘. Und während der Pöbel das Rathaus umlagert, zeitigt der erste Wahlgang zunächst vierundzwanzig Wahlmänner, und zwar *‚homines non solum scelratissimos, verum etiam abiectissimos et vix dignos, quibus senatus vel carcerum urbis vel equorum canumque custodia committeretur ...* verkommenes und verbrecherisches Gesindel also, das ‚der Rat nicht einmal zur Wartung der städtischen Gefängnisse oder als Pferdeburschen oder Hundejungen angestellt hätte‘. Wie das in seinen gelegentlichen Anwandlungen eines patrizischen Hochmutes Kerssenbroch auszudrücken beliebt.

Was bei dieser Wahl sonst noch herauskommt, läßt sich ja wohl denken. An politisierten Schneidermeistern leidet Münster, da im Hintergrund ja auch noch der Fachkollege Bockelson auf seine Stunde wartet, eigentlich keinen Mangel, und um die Präponderanz des ehrsamen Handwerks für die Zukunft noch mehr zu betonen, wählen wir als Bürgermeister Kibbenbrock und Knipperdolling, die ja nicht nur so etwas wie berufsmäßige Propheten und Halluzinatore, sondern auch Gewandschneider von Ruf und Ansehen sind.

Und inzwischen, während die Emigration der Altgläubigen immer rascher in Gang kommt, saugt Münster wie ein trockener Schwamm aus weiter und naher Umgebung alles an sich, was von der gleichen Psychose befallen ist. Siehe, es kommt allerlei Gesindel, und es erreichen unter allerlei

Fährlichkeiten, wie etwa der Gograf Heinrich Krechting[6], auch Männer von Stande den Berg Zions — es kommen fortgelaufene Landsknechte und Landstreicher, es kommt aber auch ehrbares Volk, und es kommen schöne und ehrbare Frauen, wie jene Hille Feicken, die aus Friesland zu uns herwandert und im Bischof Franz den großen Holofernes haßt und für sich selbst, nicht ohne Erfolg, wie wir sehen werden, die Rolle der heldischen Judith herbeisehnt. Aus nah und fern kommen sie und kommen nicht zuletzt aus den Niederlanden, mit leeren und mit gefüllten Taschen und mit Weib und Kind und vollgepackten Wagen, und ihr langer Zug ist ein schauriger Beweis für die brausende Flamme des Wahnsinns, der in dieser Nordwestecke Deutschlands nun wütet und, nach eben erst überstandener Bauernnot, nun zum zweitenmal dem alten schwarzgoldenen Reich der Salier und der Staufer Verderben droht.

Später, im Sommer, werden ihrer noch mehr kommen, und es werden unter ihnen wiederum Männer mit altangesehenen Namen, wie Scheiffert von Merode, sein, *,des jederman, der ine gekant, ein gross verwundern'*, schreibt über diesen täuferischen Edelmann ein klevischer Beamter. Die Zahl der Zugereisten aber ist bei weitem größer als die der Emigranten, und es ist ganz natürlich, daß wir für sie die leerstehenden Wohnungen dieser Emigranten und auch das gründlich von uns ausgeplünderte Niesing-Kloster in Anspruch nehmen, und schwer und frühzeitig lastet auf unserem Herzen nur eben eine andere Sorge ...

Ja, ihre Zahl überschreitet bei weitem die der Emigranten, und wie soll man sie wohl alle atzen können, diese unermeßlich vielen neuen Esser?

Noch ist in Münster jene Duliöhstimmung, die jeder Revolution folgt ... jene Euphorie, deren wir alle uns ja wohl noch aus dem Deutschland der Jahreswende von 1918 zu 1919 erinnern.

Und inzwischen steigt das Fieber, und es löst die alten Begriffe und die alte Zucht auf, und es lösen sich damit nicht zuletzt die Bande, die Eltern mit den Kindern, Geschwister und Gatten untereinander verbinden. Die Familie derer von der Recke zum Beispiel trägt doch sonst einen leidlich guten Namen, leidet aber eben unter dem Übelstande, daß es in ihr ein paar überspannte und verdrehte Frauenzimmer gibt und daß diese verdrehten Frauenzimmer sozusagen prima vista auf die Propheten Zions hineinfallen. Dergestalt nämlich, daß die eine dieser Damen, bislang Nonne in Überwasser, aus dem Kloster fortläuft, ihre daheim lebende Mutter und Schwester ebenfalls zur Taufe bestimmt und daß die drei Frauen sich in corpore in das Haus des lieben Rothmanns begeben. Als der Gatte und Vater Johann von der Recke sie dortselbst abholen will, schreien sie ihn an, er sei weder ihr Gatte noch ihr Vater mehr. Als er nach dem Niederbruche Zions seine drei leicht ramponierten Damen endlich in Empfang nehmen kann und beim Bischof eine

---

[6]   Der andere Krechting (Bernhard K.) ist schon 1533 in Münster als Prädikant nachweisbar.

hohe Kaution für sic und ihr künftiges Wohlverhalten erlegt, läuft die eine Tochter, die der Psychose rettungslos verfallen ist, erneut davon, um sich in einer der in Niederdeutschland noch fort- vegetierenden Wiedertäufersekten für immer zu verlieren.

Inzwischen ist in Münster ja wohl auch Fastnacht herangerückt, und die neuen Herren der Stadt schicken sich an, sie gebührend zu feiern. Karnevalsgruppcn, die den Bischof nebst seinen Kapitelherren darstellen, durchziehen auf Wagen die Stadt, ein baumlanger Kerl wird in Mönchskutte vor einen Pflug gespannt, und in Hiltrup, also etwa zwölf Kilometer vor der damaligen Stadtgrenze, trägt man, Psalmen plärrend und Kirchenfahnen schwenkend, unter Glockengeläute ein übelbeleumdetes Frauenzimmer um den Friedhof.

Daß es unter diesen Umständen in Münster zur Zerstörung der alten Kathedralen, dieser reinsten Manifestation des deutschen Geistes kommt, ist beinahe schon eine Selbstverständlichkeit — immer wird die Canaille das hassen, was ihrer Gorillastirn nicht eingeht, immer wird der einmal losgelassene Pöbel mit seinem Plattfuß das zertreten, was den eigenen plumpen Fingern nicht gelingen konnte. Schon um den dreiundzwanzigsten Februar hat es damit begonnen, daß man aus den unterschiedlichen Klosterkirchen die vorhandenen Kleinodien fortschleppt, die Meßgewänder an Straßendirnen verschenkt, die Wertpapiere (ganz wie 1789 in Frankreich) raubt und verbrennt. Verwüstet und verbrannt wird in diesen Tagen das außerhalb der Stadt gelegene St. Mauritius-Stift, ausgeplündert wird das Niesing-Kloster, und was wir auf diese Weise an Platz gewinnen, das diene zur Unterkunft für alle die Brüder, die uns von allenthalben aus der Ferne Zuströmen.

Unter diesen Umständen ist die Bahn ja wohl auch frei für die Zerstörung des im Zentrum der Altstadt gelegenen Domes. Der Name des Helden, der diese Orgie inszeniert, ist überliefert: an der Spitze einer Horde von Strolchen bricht Bernhard Mumme in die Kathedrale ein, um inneu nachgerade wie ein Aschantineger zu hausen. Das Allerheiligste wird nach den altbewährten Rezepten aller Einbrecher verunreinigt, die Glasfenster eingeschlagen, und auf die Uhr, auf deren kunstvollen Bau ein unbekannter Meister sein ganzes Leben verwendet hat, schlägt man mit Schmiedehämmern ein. Mit Menschenkot besudelt man die Dombibliolhek, verbrannt wird in den nächsten Tagen auch die von Herrn Rudolph von Langen aus Italien zusammengetragene Inkunabeln- und Stichesammlung. Die von Meister Franke gemalten Altarbilder werden zu Abtrittbrettern zersägt, der romanische Taufstein zerbirst unter Hammerschlägen. Mit Hämmern und Äxten schlägt man auf Holz- und Steinplastiken ein, die Orgel wird sorgfältig Pfeife für Pfeife zerstört. Weint denn nun, ihr Heiligen, und rauft den Bart, ihr gotischen Könige, die ihr fromm um Christi Krippe standet: vorüber ist eure Zeit ...

Vorüber die Zeit der Dombaumeister, die stumm und namenlos zurücktraten hinter ihren gottgeweihten Werken, vorüber die Zeit, da man demütig auf ihre Grabplatten das hallende ‚Gott gnade' schrieb. Vorüber ist die Zeit, da die Domglocken klangen, wenn auf geduldigen Ochsengespannen des Heiligen Reiches Kaiser durch klirrende Winternächte zogen, vorüber die christlich Unität, vorbei die Zeit, da dem kaiserlichen Herrn der sichtbaren Welt aufgegeben ward, in der Idee des alten Reiches und im Unsichtbaren die große heilige Formel der Versöhnung unter den Völkern und des Friedens auf Erden zu finden. Ach, wir wußten, daß es eine solche Formel nicht gab auf dieser blutbespritzten Erde, und wußten es und suchten sie dennoch, und aus diesem unserem Suchen, dem nie ein Finden beschert sein konnte, kamen uns die heiligen Gewölbe und jener ewige Kampf mit dem Engel und zum Schluß auf unseren Grabsteinen das fromme *‚Got hat syn sel'* *(Ü.d.H.: Gott hat seine Seele).*

Der Bischof wird wohl von der Schändung seines Gotteshauses hören, er wird kommen mit Landsknechten und grobem Geschütz und Henkerstricken — glaubt deswegen nicht, ihr hölzernen Heiligen, daß es für euch noch einmal eine Urständ geben wird. Die Menschheit, ihr lieben stammelnden Kinder des mittelalterlichen Geistes, ist über Nacht anders geworden, sie ist nun gebissen von der Schlange der Vernünftelei und wird jahrhundertelang siechen in dem vergifteten Fieberwahn, der da Gleichheit aller Menschen heißt. Es wird Zeiten geben, da ihr nur mehr Museumsstücke sein werdet, ihr werdet Schacherobjekte sein, und niemand wird mehr wissen, wo ihr einst Gott wolltet dienen, und es wird die Zeit kommen, da wird der Metzgerbursche mit seinem Hintern sich auf den Thron der deutschen Kaiser setzen, wenn man ihn im Museum daran vorüberführt.

Einmal, nach Jahrhunderten, da werden die Menschen, wie die Renaissance sie gebar, erwachen aus dem vermessenen Traum, ohne Götter leben zu wollen, einmal wird zum zweiten Male Märtyrerblut spritzen, und zum zweiten Male wird der schlummernde Gott erwachen bei dem Wehgeschrei seiner Kinder ...

Ja, einmal mag es wieder so werden. Bis dahin aber werden zahllose Geschlechter kommen und gehen, und bis dahin werdet ihr auf Kornböden und in Remisen herumstehen, und der Menschen Hand wird damit beschäftigt sein, taube Eisenautomaten zu bauen und sie an eure Stelle zu setzen. Freut euch, wenn ihr der Raritätenkammer entgeht, preist euch glücklich, wenn nun in diesen Karnevalstagen euch der Hammer der Troglodyten zersplittert, und zerfliegt ruhig in Scherben und Rauch: es ist besser so. Gute Nacht, liebe alte fromme Welt, gute Nacht, altes heiliges Reich, gute Nacht, Welt der Gottsucher und Dombauer, gute Nacht, gute Nacht.

‚Der Dom is also verwoestet, datter nu nich mer ein lovelich gotzhus dan ein ungestalt verdorben gebauw antosehn. Der gliken ale kerken, gotz-

huser und cloister der stadt erbarmlich spoliert und versturt, so dat nu
gantz und gar Gotz wort und sacramente nedergelacht und dat wesen dar
bynnen mer einen vehischen dan menschligen leven und wesen so vergli-
ken[7], heißt es in einem an den westfälischen Landtag gehenden Bericht.
Denn nach getaner Arbeit, muß man wissen, feiern unter den heiligen Gewölben die Herrschaften ausgiebig, fressen und saufen mit ihren Damen
sich ausgiebig toll und voll, entleeren sich auf alten Grabplatten und benüt-
zen Weihwasserkessel als Nachtgeschirre und zerkratzen an der Wand die
uralten Fresken ...

Und nur dem neuen Rat ist nicht gar so übermäßig wohl zumute dabei.
Wenig wohl zumute war schon in den letzten Tagen ihres Regimes den beiden damaligen Bürgermeistern Judefeldt und Tilbeck, und sie haben wegen
der eingerissenen Zustände sich brieflich beim Bischof entschuldigt, und
Tilbeck, Muster aller Zuverlässigkeit und Wahrhaftigkeit, hat den Bischof
angelogen und die Nachricht von seiner inzwischen erfolgten Taufe tapfer
dementiert.

Der Bischof aber, der sonst etwas weichmütige Herr, hat den Herren
höchst reserviert geantwortet, und jetzt kommt dem neugewählten Rat gar
eine Nachricht, die über die bischöflichen Absichten keine Zweifel mehr
bestehen läßt: Syndikus Wieck wurde, als er sich aus der Stadt herausbegab,
auf bischöflichen Befehl vom Amtmann Moring in Fürstenau festgenom-
men. Moring hat ihn zwar in der Haft eher als Gastfreund denn als Gefangenen behandelt, der Bischof aber hat mit dem Vollstreckungsbefehl den
Scharfrichter gerade in dem Augenblick geschickt, als die beiden Herren,
Häftling und Kerkermeister, nach dem Frühstück in aller Gemütsruhe beim
Schach saßen. Und Wieck[8] ist unbarmherzig geköpft worden ...

Was aber ist gar mit unserem Prädikanten Roll geschehen, der doch als
einer der Urväter des neuen Zion gelten kann? Den haben wir nämlich, weil
wir seit dem Jahresende kriegerischen Unrat wittern, mit dem Auftrag ausgesandt, Truppen zu werben und Stimmung zu machen für die Stadt, just so,
wie wir den Hufschmied Jacob als Propagandisten aussandten ins Jülicher
Land.

---

[7] Ü.d.H.: Der Dom ist so sehr verwüstet, daß er nun nicht mehr ein liebliches Gotteshaus denn als ein
    ungestaltetes verdorbenes Gebäude anzusehen ist. Desgöeocjem sind alle Kirchen, Gotteshäuser
    und Kloster der Stadt erbärmlich beraubt und zerstört, so daß nun Gottes Wort und Sakramente nie-
    dergelacht wurden und die darin waren mehr einem viehischen als einem menschlichen Wesen zu
    vergleichen sind.
[8] Wieck ist offenbar vom Typ des intellektuellen Räsonneurs gewesen. Er hat zur geistigen Zerrüttung
    Münsters viel beigetragen, hatte sich dann mit dem Neuen nicht befreunden können und verließ die
    Stadt. Als dann, in Gestalt des bischöflichen Scharfrichters, der Tod zu ihm kam, starb er unrühmlich
    genug. Er hat gejammert und geklagt und zuvor abgeschworen.

Was also ist mit Roll geschehen? Zu Maastricht hat man Roll verhaftet und verbrannt! Und was unseren Meister Jacob angeht, so hat man ihn peinlich, sehr peinlich verhört, und nie werden wir auch ihn Wiedersehen.

Werde dir also darüber klar, Stadt Münster, daß du in dem großen Meer, das da Heilig-Römisches Reich heißt, nur ein klein Inselchen bist, werde dir klar darüber, daß das Inselchen das große gewaltige Meer schwer herausgefordert hat, werde dir darüber klar, daß dieses große Reich mit seinem gewichtigen Apparat von kaiserlicher Gewalt und landesfürstlichem Geltungsbedürfnis grimmig sich wehren wird, wenn es sich einmal herausgefordert sieht durch eine kleine Schar von Häretikern, die hinterm Zaune geboren sind und mit denen der letzte kaiserliche Troßknecht sich nicht auf eine Bank setzte ...

Du bist, Stadt Münster, auf der deutschen Landkarte zwar nur ein kleiner, aber du bist ein recht wichtiger Fleck, und wer dich hat, der hat ganz Westfalen, und wer Westfalen hat — hat der nicht am Ende den ganzen niedersächsischen Kreis? Und wer den erst hat, bricht der nicht dem Kaiser einen hellen Edelstein aus der alten Krone?

Auf dich schauen nun alle die weltlichen und geistlichen Landesherren, der Kaiser selbst schaut auf dich, und es tuschelt und raunt in den holländischen Provinzen, in Oberdeutschland, in Frankreich und hinter der Ostsee selbst im kimmerischen Livland, wo die hellen Nächte des Sommers die Menschen sowieso in seltsame und käuzische Ideen hineintreiben. Glaubst du aber, daß du, die sich ausgesondert hat aus dem Reich der Deutschen und die du im stillen und auch laut allen Herren und Fürsten den Tod schwörst und alles gleichmachen willst vor deinem strengen und eifernden Gott: ja, glaubst du denn wirklich, daß du ungestraft deine Apostel im Lande herumschicken darfst und daß der Kaiser das Feuer unzertreten lassen wird, bis die Funken, die aus deiner Glut sprühen, zu Flammen werden und das ganze Haus der Deutschen verbrennen?

Höre, Stadt Münster: es wird der leidenschaftliche Gedanke über Nacht oft zum scharfen Schwert, es ist der leidenschaftlich gehegte Wunsch, wofern der Wünschende die Erfüllung mit dem Leben zu zahlen bereit ist, oft schon des Wunsches Erfüllung. Knapp zweihundert Jahre nach deinem Amoklauf wird es eine Handvoll Männer geben, die man Enzyklopädisten nennt und die mit ihren Gedanken ... lediglich mit diesen wispernden Gedanken den ganzen damals gültigen Weltbau von Barockkönigen und Theokratien und ständischen Institutionen zerstören wollen ...

Und es stehen diese acht oder zehn Männer dem König von Frankreich und dem Deutschen Kaiser und der großen Kirche Petri und Millionen und aber Millionen von Menschen gegenüber, für die aus dem Donner noch immer Gottes zürnende Stimme spricht und die den frommen Glauben noch nicht verloren haben, daß in der heiligen Christnacht Gottes Hand der stummen Kreatur die Zunge löst und daß in dieser Stunde auch ihr gegeben ist, mit der Menschen Stimme den Erlöser zu preisen.

Acht oder zehn Männer also werden dann gegen eine ganze mächtige Welt stehen und werden nur fünfzig Jahre benötigen, um mit ihren wispernden Gedanken die ganze mächtige Welt samt der Krone der französischen Könige in den Staub zu werfen und in St. Denis die Gebeine dieser Könige in alle Winde zu zerstreuen, in Reims ihre heilige Oriflamme zu verbrennen und auf den Altar unserer Lieben Frau von Paris, ganz nach deinem westfälischen Muster, eine nackte Hure an die Stelle der zerbrochenen Gnadenbilder zu setzen.

Der Gedanke, du Stadt der aufbegehrenden Visionen ... der also gehegte Gedanke ist eine beinahe unbrechbare Macht, und die Kriegsleute verachten ihn nur solange, bis sie zu spät einsehen, daß er ihre Heere erweichen, daß er ihre Waffen gegen die eigenen Träger richten kann.

Alles wagend, kannst du noch immer gewinnen, dein Haus sauber haltend, kannst du mit deiner häretischen Fackel die ganze aus der gotischen Enge sich befreiende Welt entflammen. Verzage also nicht vorzeitig und tue nur das eine nicht, daß du den Kopf in den Sand steckst. In Wolbeck, in Bevergern ersäufen und verbrennen sie deine externen Anhänger, der Bischof wirbt indessen Volk zu Roß und zu Fuß, der ergrimmte Bischof zahlt gut und hat scheinbar volle Goldtruhen und verteilt in seinen Kriegsartikeln deine zu plündernde Habe schon jetzt zwischen sich und seinen Regimentern.

Höre, Münster, Seine Gnaden hat nun die Unterstützung des Erzbischofs von Köln, des Herzogs von Kleve, der Grafen von Bentheim und Lippe, und der Landgraf von Hessen, der sich bisher immer um eine friedliche Vermittelung zwischen Protestanten und Katholiken bemühte, der ist auch dabei und schickt samt ‚Kraut' und Belagerungsmaschinen die beiden großen Feuerschlünde, die da ‚de duiwel' und ‚sin mar' heißen.

Und wenn die freundlichen Nachbarn sich für ihre Hilfe auch hohe Gelder und für ihre Kanonen grimmige Leihgebühren zahlen lassen und wenn sie ins bischöfliche Lager auch ihre Kommissare schicken, ohne deren Zustimmung Seine Gnaden keine selbständige Handlung unternehmen darf — siehe, auch Stadt Deventer und Stadt Bielefeld und vor allem die Regentin Maria von Brabant ist dabei, und was du vor deinen Wällen, wenn du fein hinhorchst, rumoren hörst, das sind des Bischofs pochende Pulvermühlen.

Ja, er zahlt gut, der Bischof, er nimmt den Gemeinden ihre heiligen Kleinodien fort und zwingt sie, sie wieder zurückzukaufen, und von den also erzielten Schätzen zahlt er den Hauptleuten von Büren und Mengersen je einhundertundfünfzig Goldgulden im Monat, und Gerhard von Morien und Johann von Raesfeld werden ihn für achtmonatliche Feldherrndienste zusammen 1300 Gulden kosten, und was für den von der Recke, den Stedinck und Kuritzer und Iselmude und für alle die zahllosen anderen Führer und gar für die teuere Artillerie draufgeht: läßt es sich überhaupt ausdenken?

Du, Münster, bist's ihm wert, und mit seinen Landsknechten hat er schon vereinbart, daß sie deine Propheten und Prädikanten nach erfolgtem Sturm beileibe nicht töten, sondern beileibe lebend ihm ausliefern: warum wohl, du münsterverwüstendes Münster?

Und von der Osterwoche an war Münster samt seinem Zionsreich abgeschnitten von den wärmenden und nährenden Adern des übrigen Reiches.

URBS DEI *(Die Gottesstadt)*

> *Eyn Christen hoert gein gelt tho hebben / et sei silver oder golt /*
> *et hoert dem einen sowol wie dem anderen.*[9]
>
> **Aus einer Predigt Rothmanns.**

Der Schmied Jakob, den die Reiter der westfälischen Landstände aufge-
griffen haben, wird, ehe man ihn in der zeitüblichen Weise zu Tode bringt,
gründlich verhört, erweist sich angesichts des Todes als trutziger und aufrechter Mann, bereut an seinen täuferischen Lehren auch nicht ein einziges
Wort, nennt den Papst stramm den Antichristen und die Kindertaufe ein
Greuel und enthüllt bei seinem Verhör ein gut Teil von der seltsamen Häre-
tikerwelt, die nun hinter den münsterischen Mauern die Herzen bewegt.

Sie haben da ‚nach der Prophetie des Zacharias' die Stadt in drei Teile
geteilt, sie beginnen nun die alte Zeit auszutilgen, indem sie die Straßen um-
benennen, sie haben auch, vorerst ganz im Hintergrund, einen Propheten[10]
aus Leyden, dessen Namen der Meister aber nicht kennt ... jedenfalls aber
ist dieser Prophet ‚ausgesandt wie Enoch ...'

Er selbst, Meister Jakob, ist aus der Stadt gelaufen, weil er seltsame Gesichte gehabt, von denen er nun hier außerhalb der Stadtmauern Kunde geben wollte, und alle in der Stadt haben solche Gesichte, und von den Kan-
zeln herab verkünden die Propheten, es komme nun die Zeit, da werde
Münster so volkreich sein, daß man bald den Domplatz bebauen, ja, daß
man in den leeren Kirchen selbst Häuser errichten werde, nachdem man die
Wohnungen der Emigranten natürlich längst beschlagnahmt habe.

Denn es sind, ihr Herren, die Gottlosen und alle die Anhänger Roms und
Luthers von uns gewichen, mit Mühe und Not hat Knipperdolling verhindert, daß der geheimnisvolle Prophet aus Leyden sie nebst Weibern und
Säuglingen durch das Schwert ausrottete ‚als eine üble Ansteckung'. Nun
aber, am Freitag nach Invocavit, hat man sie aus der Stadt getrieben, und
nur wenige haben sich im allerletzten Augenblick durch reichlich verspätete
Annahme der Taufe das Recht zum Bleiben erkauft.

‚Es ist', ergänzt später Meister Gresbeck aus Münster als Augenzeuge,
‚ein bister wedder gewest von regen und sehnigen, man sol up denselben
fridagh nit einen hunt uth der stat gejagt hebben.'[11] Und rings herum stand
der Mob von Münster und schrie in Gresbecks Wiedergabe: *‚Heruth gy got-*

---

9   Übers. d. Hrsg: Für einen Christen gehört es sich nicht Geld zu haben, sei es Silber oder Gold. Es
     gehört dem einen sowohl wie dem anderen.
10   Gemeint ist Jan Matthys, der bis zu seinem bald darauf erfolgten Tod und bis zur Nachfolgerschaft
     Bockelsons der maßgebende Prophet und damit der Herr der Stadt war.
11   Ü.d.H: ein bitteres Wetter gewesen von Regen und Schee, man soll auf denselben Freitag nicht ei-
     nen Hund aus der Stadt gejagt haben.

losen, Got wil einmail up wacken un iw straffen. '[12] Wobei denn der Leydener Prophet einer der Hauptschreier gewesen ist.

Dies aber ist wirklich ein übler Auszug gewesen, es waren gebrechliche
Alte und kleine, jämmerlich weinende Kinder dabei, es regnete Püffe und
Hiebe, es haben schwangere Frauen vor den Mauern im Schnee geboren.
Man hat den Trägern der alten und allbekannten Patriziernamen die Kleider
vom Leibe gerissen und sie nicht viel anders als nackt ziehen lassen, und
dem greisen Probst Dungel, einem alten, ehrwürdigen Manne, hat der Prophet Matthys einen Speer auf den Leib gesetzt, ihn ‚einen alten Possenreißer
und Betrüger‘ genannt, ihn nach Kreuz und Faden ausgeplündert und ihn so
ziehen lassen.

So also ist's inzwischen in Münster gegangen. Das aber, Meister Jakob,
wissen wir hier draußen längst, da ja die also Vertriebenen inzwischen kla-
gend und berichtend zu Seiner Bischöflichen Gnaden gekommen sind. Wie
aber sieht es in euch selbst, will sagen in euren Herzen aus, und welch Teufel regiert nun euer Hirn, daß ihr, gestern noch fleißige und ehrbare Bürger,
nun bei solchem Greuel angelangt seid?

Und Meister Jakob, also gefragt, beginnt zu reden. Von dem Strafgericht, das zwischen Fasten und Ostern — also erschrecklich bald, ihr Herren! — über die ganze Welt kommen werde, und nicht der zehnte Mensch
werde hier draußen ihm entgehn, und nur Münster, Gottes eigene Stadt,
werde verschont bleiben ...

‚Der Prophet regiert das Volk und lehrt es Gottes Wort und lehrt es in
Tugend zu leben und prophezeit, wie die Welt gestraft werden soll.‘ So der
Schmiedemeister, ehe man ihn, sozusagen in allen Ehren, mit glühenden
Zangen zu Tode zwickt. Wir haben aus späteren Zeiten ausführlichere und
gelehrtere Ideologien des Gottesstaates, wir wollen gleichwohl bei diesem
ersten Dokument verweilen. Gericht, Strafe, Buße, Weltuntergang, Tugend,
Gute Werke ... ja, steckt denn in diesem Betonen des irdischen Wandels und
in dem Verschweigen der Erlösung im Tode nicht die Synagoge mit Geset-
zestafel und Jawehs roten Posaunen und einem trostlosen Gehenna? Und ist
denn wirklich über dieser Täuferwelt mit ihrem gestrengen Belohnungs-
und Straftarif unser gotisches Ringen um die Erlösung in Christus vergessen
und ist es am Ende kein Zufall, was Kerssenbroch von der Zerstörung der
Münsterer Kathedralen berichtet; daß man dabei alle Christusbilder zerstörte, während man alle Bilder von Juden und jüdischen Königen verschonte?

Es ist kein Zufall. Es sind 1534 noch keine sechzig Jahre her, daß der
unbekannte Meister des Peringstörffer Altars die Vision des Heiligen Ber-
nardus malte, und auf den Knien vor dem Gekreuzigten lag die sündige
Kreatur und schrie und rang mit dem gemarterten Gott, bis er dennoch vom
Kreuz sich löste und niedersank in die fleischernen Arme des Menschen.

---

[12] Ü.d.H.: Heraus ihr Gottlosen, Gott wird einmal aufwachen und euch strafen.

Dies ist, wie gesagt, noch nicht ganz sechzig Jahre her, und diese sechzig Jahre überbrücken eine ähnlich umwälzende Zeitwende, wie die Zeit um 1789 eine ist oder — wie wir sie, die Renaissance abschließend, eben mit ganz anderen Zielen und anderer Willensbildung erleben. Die Gotik hatte ein Kollektiv, aus dem die Dome wuchsen, und dieses Kollektiv ging um Gott — der Renaissancemensch, von der höheren Hand für vierhundert Jahre zum Herrn des Erdballs bestimmt, gründet sich auf die eigene Diesseitigkeit, und auf diesem Boden wächst alles, was wir hier erleben: die ideologische Notwelt der ‚guten Werke‘, jene vereiste Tugendhaftigkeit, die wir gleichzeitig bei dem Zeitgenossen Calvin, und zweihundertfünfzig Jahre später bei Calvins jüngstem Nachfahren finden, der da Robespierre heißt und schließlich paradoxerweise um der Tugend willen das Leben selbst vernichten wird. Das alttestamentlich verbrämte Kollektiv von

Münster, aus der Abkehr von der deutschen Mystik geboren, zeigt frühzeitig alle jene Symptome, die sich aus der Verdiesseitigung des Lebens ergeben. Nicht zuletzt auch den terroristischen Machtanspruch des Massenmenschen, nicht zuletzt die ihm eigene Geistesfeindlichkeit und den herostratischen Haß gegen alle Tatsachen, die sich seinem Machtanspruch und der Unfehlbarkeitslehre des Magen-DarmKanals entziehen. Der Abstand, der jenen geheimnisvollen Peringstörffer Meister von den münsterischen Täufern trennt, ist, obwohl zwischen ihm und ihnen nur wenige Jahrzehnte liegen, ungleich gewaltiger, als der vierhundertjährige, der sich zwischen dem münsterischen und dem moskauischen Zion mit seiner Besboschnitschestwo[13] spannt. Als die Täufer das Diktat der guten Werke und der Tugendhaftigkeit aussprachen und an die Stelle des Meister Eckhart das Buch der Richter setzten, da verleugneten sie jenen heldisch-frommen Mut zum Torso und zum Evangelium des Unvollendbaren, das gerade in den prangendsten Früchten des mittelalterlichen Geistes immer als Kern gefunden werden wird. Wir aber mußten wohl zweihundert Jahre durch die Lauge des Enzyklopädismus waten, ehe von neuem uns diese Erkenntnis zu dämmern begann.

So also verhält es sich damals in Münster. Da die Stadt sich nicht wie ein gleichgültiger Stein herausheben läßt aus den damals im Grunde noch immer gotischen Mauern des Reiches, so holt das Reich zum Schlage aus, und da man von den Stadtmauern aus seine drohend erhobene Faust sieht, so wappnet man sich eifrig. Als wir aus den geplünderten Kirchen die Märtyrergebeine auf die Friedhöfe schleppten und für den Staatsschatz die goldenen Geräte beschlagnahmten, da holten wir uns zur Panzerung der Bastionen auch die Grabplatten der toten Bischöfe, da gossen wir—genau wie 1793 die Schänder der Königsgruft von St. Denis — ihre bleiernen Särge zu Kugeln um, da gruben wir auch — genau wie später die Pariser Sansculot-

---

13   Besboschnitschestwo = die bolschewistische Gottlosigkeit.

ten — in den Friedhöfen und Ställen und Abortgruben nach Salpeter, da bauten wir endlich in den leeren Kirchen Pulvermühlen und Geschützgießereien und fertigten Kriegsmaschinerien selbst in jenen schönen Häusern am Prinzipalmarkt, wo unsere Richter und Propheten wohnen und unser Jan Bockelson — der zweite Heilige nächst Matthys — vom Hause des Herrn Melchior von Büren Besitz ergriffen hat.

Denn es ballen sich nun vor unseren Mauern des Bischofs Gewalthaufen, und mit so schweren Kriegssteuern schröpft er nun seine Hintersassen, daß es im August in Bocholt zu Unruhen kommen wird. Er beginnt die Belagerung, indem er rings um die Wälle sozusagen eine zweite Festung errichtet, und zuerst fünf, später gar sieben Gegenwerke mit Geschütz und Bastionen anlegt. Seine Landsknechte, die keineswegs gut diszipliniert sind und aus purem Mutwillen beim Anmarsch zwei Plettenbergische — also feudale! — Familiengüter verbrennen, lachen beim Anmarsch über das kleine Münster und meinen wohl etwas voreilig, ‚es sei ein solch klein Dörflein doch nicht soviel Kriegsmaschinen und solch mageres Süpplein doch nicht soviel Feuer wert‘... sie sahen's und haben sich doch ein wenig verrechnet, die frommen Knechte: gleich in den allerersten Tagen gibts einen blutigen Ausfall, bei dem sie auf dem Felde viele Tote und in der Städter Hand einen ihrer Trommler lassen, dessen abgehauener Kopf dann nebst seinem Instrument prompt auf dem Walle erscheint ...

Noch gibt es zwischen hüben und drüben alle die etwas derben und doch beinahe jungenhaften Begrüßungszeremonien, mit denen das Mittelalter solche langen Belagerungen gern begann — Münster hat ein sorgfältig verpichtes Weinfaß nicht etwa mit Wein, sondern mit ganz anderer und wenig appetitlicher Ware gefüllt und es wohl verspundet, es schickt nun das Angebinde, sozusagen mit einem schönen Gruß, ins bischöfliche Lager hinüber ...

Wo man denn das Faß, begierig auf den Wein, zerschlägt und vor der ‚Blume‘ sich tagelang hinterher die Nase zuhalten muß.

Innen aber, in den Mauern der Heiligen Stadt, da geht es freilich sehr viel ernsthafter zu, und Münster bläst gewaltig die Backen auf. Es wird wohl eine harte Katzbalgerei geben mit diesen rabiaten Heiligen. Kibbenbrock und Knipperdolling haben eine gewaltige Rede gehalten und haben dabei vorerst weniger an die täuferische Ideologie, als eben an den münsterischen Lokalpatriotismus und vor allem an die der Zeit bereits eigene Abneigung gegen ‚große Hansen‘ appelliert.

Denn wer ist schon dieser Bischof? Wie alle seines Zeichens ein feudaler Herr, der die Ahnenprobe bestanden, in der Wiege schon Städtertum und städtische Freiheiten gehaßt hat und kaum nur um der Lehre willen zu Felde zieht, und, wie alle seiner Art, ja doch nur an eure Freiheiten tasten will ...

Man kann wohl sagen, daß diese bürgermeisterlichen Reden just so wirken, wie die, die in ganz ähnlicher Lage 1792 in Paris gehalten werden, als auf den Vogesenpässen die Preußen stehn. Münster organisiert seine Heerhaufen, wählt Hauptleute und Fähndriche, es verbittet sich, nachdem es in seinem rabiaten Puritanismus schon vorher alle Flöten und Geigen und Lauten und Lottospiele und Pochbretter zerbrochen hat, allen Ernstes bei seinen Truppen die gottlosen Pfeifen und Trommeln, und erst durch sachgemäße Zitierung des Alten Testamentes und einen ernsthaften Hinweis auf Davids Harfe und die Posaunen von Jericho gelingt es den Behörden, den städtischen Gewalthaufen ihre Feldmusiken zu erhalten. Münster gibt, wie einst schon Karthago, in diesen Tagen auf seinem winzigen Bezirk ein erstes Beispiel für den ‚totalen Krieg', indem es die Knaben und sogar die Weiber zu Schießübungen heranzieht, die Mädchen im Sieden von Pech und Herabschütten von ungelöschtem Kalk unterweist und der ganzen Bevölkerung, klein und groß und alt und jung, Alarmplätze auf den Wällen anweist und jedweden Ungehorsam mit dem Tode bedroht.

Wir haben nun einen Feuerlöschdienst, dem niemand sich entziehen darf, wir haben als Vorläuferin der Pariser Lärmkanone auf unseren Wällen eine vom Feinde leider recht häufig angeschossene Alarmglocke riesigen Ausmaßes, wir halten auch öffentliche Belobigungen bereit für die Erfindung neuer Kriegsmaschinen und haben leider nur mit einer solchen Neuerung, einem Mittelding zwischen Lasso und Wurfmaschine, rechtes Malheur: die Bischöflichen nämlich, als das Ding zum ersten Male geschleudert wird, sind, statt sich zu fürchten, unverschämt genug, auf dem Lasso, das sie doch fangen sollte, mit ihren gottlosen Füßen herumzutreten und uns außerdem noch auszulachen.

Inzwischen, während wir Schanzen bauen, fordern wir die Bürger auf, eifrig auf Verräter in ihrer Mitte und auf Feinde des Gottesreiches zu achten, und als wir inzwischen alle

Wappen und Gedenktafeln und alle sonstigen Erinnerungen an die alte Zeit zerhämmert und endlich auch die gottlose Dombibliothek nebst allen erreichbaren alten Urkunden verbrannt haben, da erläßt der von Gott selbst zu uns gesandte Prophet Jan Matthys — ‚ein groet langh man un hadde einen groten swarten bart un was ein Hollender'[14] , nach Gresbeck ... item, da erläßt also unser Hohepriester eine Verordnung, die zum Umsturz aller gewohnten Begriffe nachgerade noch gefehlt hat: er beschlagnahmt alles in Privathänden befindliche Edelmetall und auch alles gemünzte Geld. Und bei dieser Maßnahme gibt es zum ersten Male so etwas wie ein Aufbegehren in der Heiligen Stadt.

Irgendein Schmied, der bei den berichtenden Zeitgenossen hie und da Truteling, meist aber Hupert Rüscher genannt wird, hat sich lange über die

---

[14] Ü.d.H.: ein großer langer Mann, der einen schwarzen Bart hatte und ein Holländer war

ewigen Plackereien beim täglichen Wachtdienst geärgert, hat, nachdem er früher den Bischof ankrakeelt hat, die nunmehrige Beschneidung der persönlichen Freiheit benörgelt und dabei schamloserweise behauptet, unser Prophet sei, wenn überhaupt einer, so jedenfalls ein ‚propheta cacans' ... ein Scheißprophet zu Deutsch, und es möge an ihn, einen unwissenden Bäckergesellen aus Holland, glauben, wer da wolle, er, der Schmied, glaube jedenfalls nicht an ihn ...

Diese Äußerung fällt beim Kartenspiel in der Wachtstube, die es hören, schweigen betreten, und da unter ihnen natürlich ein paar gesinnungstüchtige Denunzianten sind, erfahrt es innerhalb vierundzwanzig Stunden ‚de langhe man mit den swarten bart', den man eben so beschimpft hat. Und da steht es denn freilich schlecht um unseren Schmied.

Denn wohin soll es auch führen, wenn in dem neuen Zion der von Gott selbst gesandte Prophet mit solchen Worten apostrophiert wird und man ihn ungestraft einen Scheißpropheten nennen darf? Der Schmied also wird verhaftet und krumm geschlossen, der Prophet hält auf dem Domplatz vor einer Versammlung der ganzen Gemeinde eine furchtbare Strafpredigt, läßt den Gefesselten, der jämmerlich zittert, in die Mitte des Versammlungsringes schleifen, nennt ihn einen Gottlosen und Friedensstörer und Brecher des Heiligen Bundes, der ausgerottet werden müsse.

Was das bedeutet, ahnt wohl jeder, der neulich neben der Trommel den Kopf des gefangenen Landsknechtes auf den Wällen sah ... er ahnt es, zumal nun auch Bockelson, vorerst der zweite Heilige, zu schreien beginnt und mit einer Hellebarde herumfuchtelt. Tilbeck und Redeker, in denen nun wohl endlich ein wenig münsterische Lokalopposition gegen die beiden hergelaufenen Holländer erwacht, legen sich ins Mittel, werden aber, da mittlerweile auch der Prophet selber einen neuen Wut- und Schreianfall bekommt, von Matthys' Tappedürs, ohne die der streitbare Mann sich selten zeigt, ihrerseits verhaftet und abgeführt. Da nun aber die Bahn frei ist für weitere Entladungen, sticht Bockelson mit seiner Hellebarde tapfer auf den Gefesselten ein, kann ihn zu seinem Leidwesen nicht recht durchbohren, nimmt die Büchse, schreit ‚daß die Gnadentür geschlossen sei', nimmt eine Hakenbüchse und schießt dem Mann, der jämmerlich schreit und um sein Leben bittet, durch den Leib.

Tödlich verwundet wird der Schmied in sein Haus gebracht, bei dem Propheten selbst aber schlägt nach diesen Ejakulationen der Roheit und des Blutdurstes die Stimmung plötzlich um. Bockelson nämlich besieht sich den Verwundeten, ruft plötzlich, als habe er eine neue Eingebung: *Er genest'*, und schenkt ihm daraufhin großmütig das Leben. *Aber'*, berichtet Gresbeck, *in dem achten dage war der borger doed.'*

Das aber, liebe Brüder, ist erst der Anfang des Terrors. In Münster wagt seither niemand mehr, zu murren und aufzubegehren. Und die verlassenen

Häuser der Emigranten haben wir natürlich längst beschlagnahmt, samt allem Geschmeide und zurückgelassenem Hausrat ... nun aber, wo den unglücklichen Schmied unser Blitz getroffen hat und wir auch den in der Stadt Verbliebenen die Ablieferung ihres Bargeldes und ihres Edelmetalls zumuten, nun bekommen wir in unserem im Rathaus aufgestapelten Staatsschatz tatsächlich so ziemlich alles zusammen, was an wirklichen Werten in der Stadt liegt. Will es aber dem Menschen von heute nur schwer eingehen, daß ein hergelaufener Unterweltler von heute auf morgen und ohne Widerspruch eine wohlhabende Stadt ausplündern konnte und daß dies alles am Ausgange der mittelalterlichen Welt mit ihren strengen Unterschieden zwischen mein und dein und der für den simplen Diebstahl bereitgehaltenen Todesstrafe geschah, so bedanke man, daß zweihundert Jahre zuvor, wenngleich ohne Zion und ohne Propheten, in Nürnberg sich ganz ähnliche Zustände anbahnten. daß man auch dort die Großbürger vor die Stadt trieb, daß innerhalb der Mauern von der Armut der ersten Christen und auch der alte Irrwahn von der Gleichheit aller Menschen gepredigt wurde. Und daß Nürnberg damals so etwas wie eine christlich fundierte Generalprobe zur Pariser Kommune war und daß es einer mehr oder minder getarnten Reichsexekution bedurfte, um die alten Zustände der städtischen Oligarchie wieder herzustellen. War es also in Münster nicht genau so, daß hier in einer wirren und turbulenten Zeit nur etwas an die Oberfläche drängte, was unter ihr zu allen Zeiten geschlummert hat?

Hier geht jedenfalls nach dem Tode des Schmiedes — der übrigens bei dem berühmten Telgter Überfall auf den Bischof einer der Hauptschreier gewesen sein soll! — alles glatt, und selbst die goldenen, mit Emaille verzierten Knöpfe, die man damals an den Gewändern trug, werden erfaßt. ‚Knöpff ab den mentlen, ring ab den krägen‘, heißt es in einem alten Akt. ‚Auch kunden sie nichts verborgen halten / denn es waren zwey medlin (=Mädchen) da, vom Teuffel besessen / die verrieten / was man verborgen hatte.‘ Und Gresbeck, der solche ungemütlichen Zustände von der neuen Religion sicherlich nicht erwartet hatte, vollendet diesen empörten Bericht: ‚Wo sie einen wies konden werden / der sein gelt / silver oder golt / hadde beholden / den strafden und heven irer ein deil die kepf af / dat do niemante nicht beholden dorfte.‘[15]

Im übrigen hat der Prophet Gesichte und Visionen, in denen Gottes Stimme ihn als den berufenen Verwalter des also zusammengetragenen Schatzes bezeichnet, und da es Gott dem Allmächtigen außerdem gefällt, durch die gleiche Befehlsübermittelung die Bürger Kohues, Grueter, Kruse und Reyninck namentlich aufzurufen, so sehen wir fortan die genannten Herren als Diakonen des Amtes walten, die Bedürftigen besuchen und sie aus dem Überfluß der geflüchteten Reichen versorgen. Welche anfänglich

---

[15] Ü.d.H.: Wo sie jemand entdecken konnten, der sein Geld, Silber oder Gold behalten hatte, den straften sie und einem Teil hauten Sie die Köpfe ab, da niemand etwas behalten durfte.

sehr eifrige Fürsorge ja leider nicht von Dauer ist, da die Bürger, des göttlichen Auftrags vergessend, allmählich in ihrem Eifer erlahmen und es mit den Stadtarmen bald ebenso jämmerlich steht wie zuvor.

Im übrigen aber wird fleißig rationiert im neuen Zion. Nun haben wir auch eine strenge Bestandsaufnahme der vorhandenen Nahrungsmittel angeordnet, die alle Butter, alle Speckseiten, alle Rinder, Schweine und Hühner sogar erfaßt, leider aber von keiner Reglementierung des Verbrauches gefolgt ist, da wir als geborene niederdeutsche Fleischesser schon im ersten Jahre unseres Gottesreiches über tausend Rinder nebst den entsprechenden Massen an Fett, Butter und Eiern vertilgen, da außerdem die Wallbesatzungen die guten, wenn ja leider auch etwas übelriechenden Salzheringe fortzuwerfen belieben, was sie später bitterlich bereuen werden. *‚Met der tid‘*, berichtet Gresbeck, *‚hedden sie den heringk wol getten / den sie irst nicht mochten.‘*[16] Und weil im ersten Jahr aus dem vollen gelebt wird, so sind auch die Tische unserer gemeinsamen Liebesmahle, von denen bald die Rede sein wird, bald etwas dürftig besetzt, und *‚do moist ein jeder tho huiss gain etten / der wat hadde. Mehr tho huiss hedden die nicht viel. Sie hedden ein jeder das sein genommen und konden nicht widderkriegen / do der hunger begunnt tho kommen.*[17]

So verhielt es sich mit der Lebensmittelrationierung und mit den gemeinsamen Mahlzeiten, die unter grünen Bäumen eingenommen werden und bei denen dann ein Kind ein Kapitel aus dem Testament, aus dem alten natürlich, verlesen muß. Mäkler werden nicht geduldet und Säufer schon ganz und gar nicht. Als zum Beispiel der Hauptmann ‚Gert de Smoker‘, der von den Bischöflichen zu uns übergelaufen ist und seinen Beinamen von den ersten Zigarren hat, die er raucht und die vor vierzig Jahren Kolumbus in Amerika — sie waren damals beinahe ellenlang und gut und gern zweifingerdick — vorgefunden hat ... item als dieser an sich schon etwas schwer zu bändigende Hauptmann in einer Kneipe über den frühen Schankschluß krakeelt und die Wirtin gar eine Hure nennt und dem Wirt mit dem Bierkrug auf den Schädel schlägt, da fesseln wir ihn nebst seinen Saufkumpanen an die Linde auf dem Domplatz und erschießen ihn. Ordnung muß eben sein, so will es der Prophet mit dem langen schwarzen Bart, und so wollen es die zwölf Ältesten, die wir inzwischen als Senat gewählt haben und die im Rathaus nie tagen, ohne daß auf dem Tische das Testament, natürlich das alte, auf- geschlagen liegt: diese zwölf Gewaltigen, unter denen nun auch schon unser Jan Bockelson und der ebenfalls aus der Fremde zu uns gewanderte Heinrich Krechting sind.

---

16 Ü.d.H.: Mit der Zeit hätten sie den Hering wohl gegessen, den sie erst nicht mochten.
17 Ü.d.H.: da musste ein jeder zu Hause essen gehen, der etwas hatte. Aber zu Hause hatten sie nicht viel. Man hatte von jedem das seine genommen und sie konnten es nicht wiederkriegen, als der Hunger zu kommen begann.

Ein strenger Rat, Gott weiß es! daß niemand hinfort sich noch unterstehe, seine Haustür nachts abzuschließen — darf es denn etwa solch ein Ding wie Mißtrauen geben unter den Kindern Gottes? Und daß niemand es wage, auch nur einen einzigen Band zurückzubehalten, als wir im März alle Bücher, mit Ausnahme der Bibel, beschlagnahmen und sie öffentlich auf dem Markt verbrennen — darf es denn noch eine andere Lektüre geben als die der Heiligen Schrift, und ist nicht jedes andere Buch[18] Teufelswerk? Und wie, ihr Männer, lieben Brüder, steht es eigentlich mit denen unter uns, die nicht aus freien Stücken, sondern erst nach Antritt unserer Herrschaft und unter unserem Druck und nur in ihrer erbärmlichen Angst um ihr Gut und Leben sich haben taufen lassen?

Die also sperren wir in die Lambertikirche, wo Jan Matthys ihnen furchtbar den Kopf wäscht, den nur aus Zwang Getauften Gottes Zorn und grimmen Tod ankündigt für den Fall, daß Gott ihnen nicht vergeben sollte, was er dem Bäckermeister aus Harlem in einiger Zeit persönlich mitteilen wird ...

Mit welcher Mitteilung der Prophet sich denn wieder empfiehlt, die Kirchentür von außen verschließt und die Leute für sechs Stunden in entsetzlicher Todesangst allein läßt: Schreien und Heulen ist in der Kirche. Als aber nach sechs Stunden Matthys mit seinen Tappedürs wiederkommt, wirft er sich nieder, konferiert einige Minuten mit Gott, springt auf und kündigt den Zitternden die Vergebung des Vaters an.

Noch, solange der schreckliche Schwarzbart lebt, ist es wenigstens ein halbwegs sauberes Gebilde, der Embryo einer modernen Räterepublik auf puritanischer Basis, mit der, wäre die Lehre von der Wiedertaufe nicht gewesen, auch ein Mann wie Calvin vielleicht ganz einverstanden gewesen wäre. Vor allem aber: ein Knallgasgebläse von guten Werken und von Trefflichkeit, ein mons sacer von guter Gesinnung und Humorlosigkeit, obwohl Luther doch gerade in jenen Jahren gesteht, daß er mit einem lieben Gott, der nicht auch Spaß verstünde, nichts wolle zu tun haben und obwohl doch auch ein Mann wie Matthys einmal als Kind in einer Wiege gelegen und nach einem Sonnenkringel gehascht hat. Vielleicht aber ist Humor wirklich nur eine Pflanze, die nur in fetten und satten Staaten gedeiht, nicht aber in einer Stadt der Häresien, gegen die nun das halbe Reich zu Felde zieht ...

Münster aber glaubt keineswegs an einen Gott, der Spaß versteht, der seine haust in den Wolken des Sinai und straft der Väter Sünden bis ins dritte und vierte Glied, und da Münster so tugendhaft ist und an Tugendhaftigkeit seinen Gott womöglich noch zu überbieten sucht, so erwartet es mit der Strafe nicht erst das dritte und vierte Glied, sondern fängt gleich beim ersten

---

[18] Münster scheint, gemessen an der Zeit, immerhin recht zahlreiche Bibliophile beherbergt zu haben, da Kerssenbroch den Wert der damals verbrannten Bücher auf 20000 Goldgulden bemißt.

und bei den in flagranti ertappten Sündern selbst an und ernennt in einer seiner seltsamen Launen—damit hoch niedrig werde und der Patrizier und Bürgermeister das Handwerk des Henkers auf sich nehme — Knipperdolling zum Staatsscharfrichter und stattet ihn mit der Vollmacht aus, alle auf frischer Tat Ertappten ohne Gericht sofort zu köpfen: da also sieht man ihn, begleitet von vier Gewaltigen, mit geschultertem Schwert durch die Straßen ziehen und nach Opfern suchen.

An Opfern aber wird es ihm bestimmt nicht fehlen, da wir unsere Bürger nunmehr mit einer wahren Stichflamme von Gesetzen und Verordnungen beglücken. Denn die Ephoren und Ältesten, die wir im Februar wählten, die haben nunmehr den Codex veröffentlicht, nach dem der Bürger des Gottesstaates zu leben hat, und weit besser als aus den über die Mauer ins feindliche Lager geworfenen Traktätchen kann man aus ihm die wunderliche Welt erkennen, die man hier hinter den Stadtmauern sich geschaffen hat. Auf Gotteslästerung also steht Todesstrafe, und Todesstrafe demgemäß, da es sich ja um von Gott selbst berufene Beamte handelt, auf Kritik, die man an den Behörden übt. Den Kopf verliert, wer den Eltern nicht gehorcht, den Kopf verliert der ungehorsame Hausknecht und die maulende Köchin. Der Teufel holt den, der ‚mit einem Trick' fischt, er holt ihn sogar, wenn er ein anderes als das in Münster übliche Gewand anlegt, und wer etwa bei der Erhebung der Lebensmittelvorräte eine Mandel Eier verschweigt, soll Knipperdollings Hand auf seiner Schulter fühlen. Das Schwert bedroht den Ehebrecher, das Schwert wartet auf alle, die nicht peinlich jene ein wenig heiklen hygienischen Gebote des Alten Testamentes über die Beziehungen der beiden Geschlechter befolgen, das Schwert trifft die alte Klatschbase und das Marktweib, das über die schlechten Zeiten mit der Nachbarin herumraunzt. Und fassungslos mag man fragen, wer nach Einführung dieses Straftarifes in Münster überhaupt noch am Leben blieb und die Tore wieder offen und den Frühling sah, ohne daß die Menschen sich selbst peinigten mit ihren Sorgen um einen Gott, der am Ende auch ohne solchen Strafkatalog auszukommen gewillt ist ...

‚Wer sich nun mit diesen und ähnlichen, den heilsamen und gesunden Lehren Jesu Christi widrigen Sünden befleckt, der soll mit Bann und Schwert durch die von Gott gesetzte Obrigkeit aus dem Volke Gottes ausgerottet werden. Offenbarung XXII, Selig sind, die seine Gebote halten und zu den Toren eingehen in die Stadt, draußen aber sind die Hunde und die Zauberer und die Hurer und die Totschläger und die Abgöttischen und alle, die die Sünde liehen und tun.' Das steht unter der Verordnung. Denn Bibelsprüche und himmlische Visionen haben wir ja immer zur Hand, um unsere Maßnahmen zu begründen, wenn sie auch aus einer alten behäbigen Stadt das letzte Restchen an Lebensfreude und an unbefangenem Lachen austilgen ... steht etwas von Lachen und Lebensfreude in den eifernden und blutigen Schriften, die wir zum Staatsgrundgesetz gemacht haben?

So steht es mit Münster, als der ‚große Mann mit dem schwarzen Bart' sein Prophet ist. Es rechte, wer da mag ... es rechte, wer da will, auch mit den Paroxysmen und den Greueln des Bauernkrieges just so, wie jemand mit den Phantasien eines Fieberkranken rechten mag.

Es hat doch der Himmel seine unabänderlichen Gewitter, es bebt, wenn es gerade so sein muß, selbst die festgegründete dauernde Erde — sollen wir es da erwarten, daß die Völker ihre Schicksalswenden erleben ohne Fieberdelirien und Raserei?

Es ist just uns bestimmt worden, den Ablauf jenes Renaissance' genannten Prozesses zu sehen, der damals begann, es ist heute uns bestimmt, zurückzuschauen auf einen grandiosen Versuch der Menschen, ohne Götter leben zu wollen, und vier

Jahrhunderte erfüllten sie mit Getöse, und jetzt erst sehen wir, wie die Nachdenklichsten unter uns sich abkehren von diesem Versuch und zurückkehren zu den frommen Geboten ihrer alten Erde.

Da es nun so ist und da in solchem Aspekt unsere Augen sich so weit geöffnet haben: müssen nicht gerade wir ermessen, wie furchtbar die Deutschen in Fieber rasen mußten, als sie vor vierhundert Jahren hervortraten aus ihren Wunderwäldern und es müde waren, Dome zu bauen, die keines Menschen Hand vollenden konnte?

GLADIUS (Der Tod)

Mit unserem schwarzbärtigen düsteren Propheten aber nimmt es ja nun leider ein vorzeitiges und nicht sehr seliges Ende. Als Gast auf einer Hochzeit nämlich wird er gerade da, als der Braten aufgetragen werden soll, vom Geiste erfaßt, wirft sich der Länge nach über den Tisch, schlägt mit Händen und Haupt auf die Tischplatte, *recht, wie dat hei sterven sol* (*Ü.d.H.: gerade so, wie wenn er sterben sollte*). Aber *hei stervt (=stirbt)* heute noch nicht, hat eben nur gerade einmal eine seiner gelegentlichen Unterhaltungen mit Gottvater und sagt, als der Anfall zu Ende ist, *nicht wie ich, sondern wie du es willst*.

Dann sagt er noch *Gottes Frieden mit euch allen* und empfiehlt sich nebst seiner Gattin und geht. Am anderen Tage äußert er noch die Absicht, mit einem kleinen Häuflein und schwacher Kraft wie David den goliathstarken Feind zu vertreiben, nimmt sich zehn oder zwölf seiner Getreuen mit, verläßt die Stadt durch das Ludgeritor und geht auf die Bischöflichen los. Die aber haben nicht das geringste Verständnis für diesen davidischen Heldenmut, greifen an und zersprengen die kleine Schar völlig. Den Propheten durchbohrt zunächst ein Spieß, Hellebarden zerhacken ihn dann völlig. Der Kopf wird ihm abgeschlagen. Den Rumpf zersäbeln die Landsknechte des Bischofs in hundert Stücke und *schmeten (=beschmissen) sich damit* und rufen dabei den auf dem Walle stehenden Städtern zu, sie sollen sich gefälligst ihren Bürgermeister wieder zusammensuchen — denn sie wußten es nicht, daß sie den Vertrauten Gottes selbst getötet hatten. So endet Jan Matthys, Bäckermeister zu Harlem und Prophet zu Münster, und seine Geschlechtsteile nageln in der Nacht die Landsknechte ans Ägiditor.

Das ist ja nun ein schwerer Verlust, denn *es hielten die Holländers, Freesen, Prädikanten und Wiederdoepers von diesem Matthys mehr / denn von Got*. Unersetzbar aber ist der Verlust doch schließlich nicht, da wir ja in unserer Mitte den uns seinerzeit von Matthys selbst gesandten Mann namens Bockelson haben. Woher er kam, ist hier schon gesagt, wie er lebte und wohin es mit ihm ging, wird noch gesagt werden, und festgestellt darf zunächst sein, daß sofort mit seinem ersten Auftreten als repräsentativer erster Prophet die Massenhysterie wieder sich regt und fortan zu Paroxysmen sich steigert, wie sie nicht einmal im Februar konnten verzeichnet werden.

Seine erste Ansprache an die Gemeinde hält sich keineswegs an das übliche Schema von der Ausrottung aller Gottlosen und der alleinigen Berufung der Heiligen Stadt Münster. Er arbeitet mit einem kräftigeren Mittel: ihm, Bockelson, sei schon acht Tage vor dem eigentlichen Ereignis Jan Matthys' Tod offenbart worden, der Tote — und damals eben noch Lebende! — sei ihm mit seinem aufgeschlitzten Leibe in Begleitung eines Bewaffneten erschienen, der Bewaffnete aber habe ihm offenbart, er solle sich nicht fürchten und auch nicht erschrecken, wenn Matthys binnen kurzem so aussehen würde und stürbe ...

Er solle dann vielmehr sein Nachfolger werden und auch Matthys hinterlassenes Weib heiraten. Er, Bockelson, habe sich einigermaßen gewundert, weil er ja ein rechtmäßiges Weib schon daheim in Leyden sitzen habe, trotzdem werde nun ja wohl nichts anderes übrigbleiben als der Stimme Gottes, die zu ihm gesprochen, nachzugeben.

Also Bockelson. Gleichzeitig beruft er sich auf Knipperdolling, dem er diese Vision damals, also acht Tage vor Matthys' Tode, mitgeteilt habe, gleichzeitig bestätigt ihm Knipperdolling vor der erstaunten Gemeinde dies alles[19]. Der Erfolg der Rede aber ist jedenfalls ungeheuerlich, er ist in diesem Ausmaße von dem toten Matthys nie erzielt worden. Mit dem üblichen Geschrei ‚O Vater, gib, gib' beginnt man auf dem Friedhof der Grauen Mönche, wo diese Rede gehalten worden ist, zu tanzen, die Männer ziehen ihre Schwerter, die Weiber lösen ihr Haar auf und entblößen den Oberkörper ... alles beginnt, in die Hände zu klatschen und nach dem Takt des Geschreis zu tanzen. daß dabei am Himmel für alle Anwesenden Gottvater zu sehen ist, wie er sich von dem rhetorischen Erfolg seines Propheten überzeugt, ist beinahe schon selbstverständlich. Und ‚dieselven frouwen und megde, die so gedantzet hebben, die waren so bleich und so wiet in ihr angesicht / wo dat sie weren dodet gewest. So hedden sie sich ensat in dat angesicht, gliek wie doten.'[20]

Seither also ist Bockelson der repräsentative, von Gott gesandte Prophet und Herr der Stadt, er wird, wie Kerssenbroch berichtet, noch tiefer verehrt als Matthys selbst. Und da es nun zur Abwechslung an Knipperdolling ist, Visionen zu haben, so befiehlt anfangs April Gottvater ihm, dem Staatshenker, es seien, damit alles Hohe erniedrigt werde, sofort sämtliche Kirchturmspitzen der Stadt abzutragen. Was denn mit Hilfe von geschickten Zimmerleuten und unter Anwendung von Winden nach vorheriger Durchsägung des Gebälkes auch gelingt: mit gewaltigem Getöse sausen die kupfer- und bleigedeckten Turmspitzen in die Tiefe und zerschellen in ungeheuren Staubwolken, und widerspenstig ist nur der Martiniturm, wo das Werk nicht recht vorwärts kommt. Die Spitze biegt sich nur ein wenig aus der Lotrechten heraus, hängt gefährlich über der Kirche und der Stadt, und ein Zimmermeister, ebenfalls von göttlicher Eingebung bestimmt, macht sich anheischig, das Werk zu vollenden. Mit Steigeisen in dem weichen Kupferbelag der Turmspitze sich festkrallend, klettert der Mann, um ein Zugseil an der

---

[19] Angeblich, nach Kerssenbroch, widerruft er später auf der Folter diese Bestätigung und gibt an, er habe damals gelogen. So Kerssenbroch. Ich habe in den Vernehmungsprotokollen einen solchen Widerruf nicht gefunden.

[20] Ü.d.H.:dieselben Frauen und Mägde, die so getanzt haben, die waren so bleich und weiß im Gesicht, als wären sie tot gewesen. So hatten sie sich in das Angesicht vertieft wie Tote.

äußersten Spitze zu befestigen, das steile Dach hinan, saust aber mit dem plötzlich nachgebenden Oberbau in die Tiefe. Die Turmpyramide fällt auf das Kirchenschiff, durchschlägt das Gewölbe, begräbt unter ihren Trümmern auch den von Gott heimgesuchten Meister, und erst nach Einnahme der Stadt wird sein Skelett, noch mit den Steigeisen an den Fußknochen, im Kircheninnern gefunden.

Inzwischen aber wird es Ernst mit der Belagerung, und man fühlt die beginnende Abschnürung und beginnt, dieser kleinen isolierten Stadtwelt ihren Ausnahmezustand zu schaffen. Vergegenwärtigt man sich diese Maßnahmen, liest man gleichzeitig die Druckschriften, die die Stadt damals zur propagandistischen Zersetzung der bischöflichen Söldner drucken ließ und ins feindliche Lager schmuggelte, so scheint zunächst, daß der bescheidene Vorrat an Vernunft, der nach dem Ausbruch dieser Massenpsychose noch übrigblieb, sich restlos in diesen Propagandaschriften verbrauchte und daß der Rest sektiererische Verschrobenheit und Amoklauf war.

Aber es scheint eben nur so, und de facto wird dahinter ein sehr zielbewußter Wille sichtbar, der die Massenhysterie sich zunutze machte und einem hergelaufenen Schneider die Herrschaft nicht nur über Münster, sondern womöglich über das ganze Reich sichern wollte. Vorerst sind es sozusagen die Maßnahmen des ‚totalen Krieges‘, auf die wir stoßen. Die Handwerker der Stadt — für jeden Gewerkszweig namentlich aufgeführt — werden sozusagen zu beamteten Kriegslieferantenerklärt, niemand außer den staatlich approbierten Fischmeistern Kerkerinck und Hermann Redeker darf fischen, Gewandschneider sind Bernhard tor Moer, Bernhard Glandorp, Heinrich Edelboit. Als Wallmeister fungieren Wordemann und Deventer, als Tierärzte Johann Krechting und Eberhard Folien ... Heinrich Mollenhecke und Bernhard Gewandschneider sind unsere Büchsenmacher, Menncken ist Chef über die Gewürze, Krechting verwaltet neben seinen tierärztlichen Obliegenheiten noch die ‚Kriegsstelle für Öle und Fette‘; Stephan Kupperschlaeger aber den lieben Alkohol ...

Niemand soll Schwangeren Fischnahrung verweigern, niemand zerrissen oder zerschnitten Gewand tragen, niemand darf fremde Tracht anlegen, niemand sich mit den in die Stadt kommenden Überläufern in ein Gespräch einlassen, er hat sie vielmehr sofort zum Verhör vor unseren Scharfrichter und Gerichtsherrn Knipperdolling zu bringen. Und im übrigen soll jeder münsterische Israelit, denn diesen Volksnamen haben wir in toto uns zugelegt, die Schriften streng befolgen, und demgemäß sind alle diese Verordnungen, in denen nachgerade noch eine Vorschrift über das Hundeflöhen fehlt, mit Bibelstellen eingeleitet und mit Bibelstellen beschlossen, und Bibelstellen begründen allenthalben, weswegen derjenige den Kopf durch Schwertes Gewalt verlieren soll, der unsere Obrigkeit bekrittelt oder an den Vorgesetzten Speisen der gemeinsamen Mahlzeiten herummäkelt. Man sieht, es ist ein seltsames Gemisch von Altem Testament und Kriegswirtschaft ex 1916, es ist ein bißchen Calvin und vorweggenommener Cromwell dabei, es ist alles das verrührt mit Angst vor dem Bischof und münsterischem Lokalpatriotismus, und allenthalben blitzt im Hintergründe Knipperdollings Richtschwert über allen, die nicht mitmachen wollen.

Es ist, mit den Augen der Machthaber gesehen, auch durchaus notwendig, daß es so ist, da die Absperrung nun doch schon fühlbar wird. Der Bischof hat zwar, da seine Herren Landsknechte die Lebensmitteltransporte auszuplündern belieben, Mangel in seinem Lager, nicht wenige laufen über in ‚Gods own city', und er hat, um diesem Unfug zu steuern, Galgen errichten lassen müssen. Aber die Blockhäuser und Lager sind nun durch Erdwerke verbunden und noch schwerer bestückt als zuvor ... wie soll es eigentlich werden, wenn Zion alle seine Öchslein und Schweindln, sein Mehl und seinen guten westfälischen Speck wird aufgezehrt haben?

Ja, wie soll es werden — ist es nicht am Ende besser, solch traurige Gedanken nicht einmal aufkommen zu lassen? Vorerst ist es ja auch noch ein halbwegs gemütlicher Grabenkrieg mit gegenseitiger Neckerei. In der Stadt feiert man den Karfreitag, allen christlichen Gebräuchen entgegen, mit Glockengeläute und einem Ulk, bei dem man eine alte Stute, der man die von Philipp von Hessen erst im Vorjahr erwirkten protestantischen Privilegien an den Schwanz bindet, ins gegnerische Lager treibt und einen zweiten Gaul, auf dem mit Bischofsmütze und Ornat eine Strohpuppe sitzt, hinterherjagt. Die Landsknechte aber halten die Strohpuppe für ihren bischöflichen obersten Kriegsherrn und *,da was der man up dem pert nur ein gemaksel von stro und hosen und wambs und da worden die landsknechte tornich und up der porten standen die predicanten und propheten und hebben gelachet ...* [21]

Was vielleicht insofern doch erfreulich ist, als es doch wenigstens von Restbeständen des im Gottesreich ansonst zu kurz gekommenen Humors zeugt. Außerdem aber steht man hüben und drüben schimpfend auf den beiderseitigen Wällen, und die Soldaten revanchieren sich, indem sie, mit

herabgelassenen Hosen und mit dem blanken Allerwertesten fernhin leuchtend, in niederträchtiger Nachahmung münsterischen Prophetenjargons ‚Vater, mich begehrt nach deinem Fleische' rufen. Bis es den Heiligen auf der Mauer zu bunt wird und sie auf einen Jungen, der ihnen mit solch unziemlichem Geschrei wieder einmal den Hintern zeigt, ihr Kanonenfeuer richten ...

Worauf der Junge von einem Volltreffer so arg zerrissen wird, daß man seine allenthalben verstreuten Glieder nicht mehr zusammenlesen kann.

---

[21] Ü.d.H.: da war der Mann auf dem Pferd nur ein Machwerk aus Stroh, Hosen und Wams, und die Landsknechte wurden zornig und oben auf den Toren standen die Predikanten und Propheten und haben gelacht ...

Wofür die Bischöflichen dann bei passender Gelegenheit den münsterischen Kaminkehrer Bastwilhelm — Infunibulorum rasor heißt in Kerssenbrochs mittelalterlichem Latein dieser sonst in der Antike nicht vorgesehene Beruf — erwischen, als er — auch er übrigens auf Geheiß einer göttlichen, in der Nacht gehörten Stimme — nach Wolbeck geschlichen ist, um dort eines der bischöflichen Munitionsdepots anzuzünden. Es brennt in Wolbeck ganz hübsch, es wird der Brand aber gottlob rechtzeitig gelöscht. Den Kaminkehrer aber brennt man dafür mit der gleichen raffinierten Henkertechnik zu Asche, mit der die Ritter vor zehn Jahren den Jäcklein Rorbach, den Hauptträdelsführer bei der Ermordung des Grafen von Helffenstein, zu Tode brachten: indem man ihn an kurzer Kette an einen Pfahl bindet und in gemessenem Abstand Holzklafter anzündet. Das Opfer läuft nämlich dann, langsam geröstet, im Flammenkreis herum, bis es eben zu Tode gebraten ist, und in diesem Falle künden noch alte Verse von Tat und Sühne:

Bast Wilhelm heft dat stedlein Wolbeck angestecken Got moste davon seine live trecken.
He is verbrandt und heft sinen lohn entfaen Danach als hei hedde dem stedtlcin Wolbeck gedaen.[22]

Und über die Absichten, die der Bischof auch für die übrigen Bürger der Heiligen Stadt im Busen hegt, kann jedenfalls kein Zweifel mehr bestehen, und weil es so ist und weil schließlich alle diese frommen Fouriere und Proviantmeister auf die Dauer nichts mehr werden zu verwalten haben, deswegen besinnt sich Münster auf das einzige Mittel, das auf lange Sicht helfen kann. Die Nachbarn, das platte Land, vielleicht die holländischen Provinzen, vielleicht gar das ganze Reich und vor allem die Soldaten des Bischofs von der Gerechtigkeit der eigenen Sache zu überzeugen. Propagandistische[23] Zersetzung des Gegners heißt also das Mittel.

Allen Völkern, die Münster, Gottes allerchristlichste Stadt bedrohen. Milde und Erbarmen und Friede von Gottvater durch der Welt Erlöser Jesus Christus wünschen wir allen Frommen, Wohlgesinnten und denen, die die christliche Wahrheit lieben.

Höret ihr Völker, vernehmt ihr Jungen und ihr Greise, die ihr unsere Stadt umzingelt habt: da wir nicht nur Friede, sondern auch Bruderliebe in Christus von ganzem Herzen wünschen, wie wollt ihr es da vor den Frommen, geschweige denn vor Gott verantworten, daß wir gegen das geschriebene Gesetz ohne Kriegserklärung von euch mit gewalttätiger Belagerung bedrängt und von euch hingeschlachtet werden? Den Ge-

---

22 Bast Wilhelm hat das Städtchen Wolbeck angesteckt / Gott musste deswegen sein Leben nehmen / Er ist verbrannt und hat seinen Lohn erhalten / So wie er es dem Städtchen Wolbeck angetan.

23 Die hier nachfolgende Druckschrift ist auszugsweise wiedergegeben.

rechten hilft Gott! daß wir euch dieses Schreiben schicken,
das geschieht, merkts euch, aus folgendem Grunde. Wir hof-
fen nämlich, daß unter euch viele sind, die Gott und ihren
Schöpfer liehen und die lieber den Tod leiden, als daß sie
ohne Kriegserklärung und ohne Recht, ohne Gott und ohne
die geliebte Wahrheit um des lieben Geldes willen Krieg füh-
ren! Wir glauben, daß es unter euch Männer gibt, die, durch
Lügen verführt, unsere Feinde geworden sind und nun glau-
ben, sie täten, indem sie die Waffen gegen uns führen, ein
Gott wohlgefällig Werk. Damit aber ein jeder von euch genau
wisse, was er damit anrichtet, wollen wir euch kurz über un-
sern Glauben unterrichten und auch über unser Leben. Unser
Glauben gehört dem einen lebendigen Gott, Schöpfer Him-
mels und der Erden, wie das die Heilige Schrift ja des langen
und breiten auseinandersetzt. Wir wissen also und glauben:
es liebt der ewige Gott, die ihn fürchten und auf seinen We-
gen wandeln, wie er alle Übeltäter erschrecklich haßt. Da
wir also an Gott glauben und wissen, daß er die belohnt, die
ihn suchen und auf seinen Wegen wandeln, so halten wir es
mit unserem Leben vor Gott also, daß wir keinen Übeltäter in
unserer Mitte ungestraft lassen und noch viel weniger solch
ungeheuerliche Freveltaten, wie man über uns zusammenlügt,
nachsehn und geschehn ließen. Darüber hinaus wollen wir
gern das Vierfache ersetzen, wenn wir je einen anderen als
den Teufel und sein Gefolge betrogen hätten. So ist unser
Glaube, so unser Gesetz, so unser Leben. Unsere Zuversicht
ist Gott, er ist unser Schutz und Schild, wir wollen seinem
Willen gehorchen im Leben wie im Sterben. Deswegen fürch-
ten wir auch nicht den Antichrist und seine Pfaffen, die Mön-
che und die List des Teufels samt seiner ganzen Kohorte. Un-
ser in Christus begründetes Leben beginnt erst dort, wo die-
ses sterbliche Fleisch seine Sterblichkeit ablegt. Dann eben
werden diese Feinde, die nun wider Christus und seinen Sta-
chel locken, geschlagen und verworfen werden.

Deswegen also bekehrt Euch und erkennt, solange es noch
Zeit ist, Eure Irrtümer, damit Ihr nicht selbst in die Grube
fahrt. Wir wünschen aller Menschen Einkehr, damit sie samt
uns geheiligt werden. Darüber aber, was die Menschen uns
wünschen, mag Gott als Richter befinden. Nehmt denn dies
hin als eine freundlich gemeinte Ermahnung und hütet Euch,
unseren wohlgeübten alten Führer zu reizen. Alle Feinde
Gottes nämlich achten wir nicht anders denn Spreu und
Staub, und sicherlich wirds ihnen schwer werden, wider den

Stachel zu locken, und sie werden hineingezogen in Gottes Gericht.

Wenn Ihr dieses unser Glaubensbekanntnis für unwahr haltet, wollen wirs gern erlauben, daß eine von Euch zu bestimmende Menge der Euern, wie Ihr sie auserwählen mögt, herüberkomme, und die prüfe.

Denn Gott allein weiß, wie wir nur sein Reich wünschen.

Geschrieben zu Münster, in des höchsten Gottes Stadt, am achten April 1534 nach Christi Geburt.

*Die Ältesten
und Christi gesamte Gemeinde und Bruderschaft, versammelt zu Münster.*

Solche Traktätchen fliegen, an Pfeile und Schleudersteine gebunden, nun täglich ins bischöfliche Lager und verfehlen ihre Wirkung keineswegs. Denn nicht wenig fromme Knechte lassen sich davon überzeugen, daß drüben hinter Münsters Mauern so etwas wie ‚Gods own country‘ zu finden sei und laufen einfach über. Mit der leichten Einnahme des ‚Dörfleins‘ ist es nichts, und lieber heute als morgen zöge aus den bischöflichen Laufgräben der gemeine Mann wieder davon. Und das Schlimmste ist vielleicht, daß das alles so lange andauert und auch so schrecklich viel Geld kostet, und daß draußen im Lande die Bürger den Landsknechten, die Seiner Gnaden zuziehen wollen, ein ganz furchtbares Wort zurufen, wie es einmal der Droste von der Hecke zufällig hört und sofort amtlich weitergibt: *‚Wat wultu dem amechtigen (=machtlosen) und luzigen biskope deinen de lieft gin gelde.‘*[24] Und wie war es denn in unseren eigenen Tagen? Versammelte sich nicht anno 1919 gegen genau solch aufbegehrenden und dem lieben Münster nicht ganz unähnlichen Staat mit all ihren Kriegsmaschinen die halbe Welt ... stand damals nicht Denikin nur einhundertundfünfzig Kilometer vor Moskau und stieg nicht schon Koltschak die Uralhänge hinab, und wurden dann nicht alle diese Heere hinter dem Rücken der Führer vergiftet durch eben diesen Trank, der da Propaganda heißt?

Die drinnen merken's natürlich, wie es beim Belagerungsheer steht und zücken es noch oft, das papierne Schwert.

Kann aber dieses Schwert nicht zum Zauberstab werden, der Berge versetzt, kann es für die Ohren der draußen Stehenden nicht den Schlachthof zum Blumengarten, die Galeere zum sonnigen Ruheplatz, den Hurenstall zur Gelehrtenklause umlügen? Wodurch siegte das Frankreich von 1794 und wer schmuggelte ostwärts über den Rhein jenes uniformlose Heer von Libertinern, das bis vor kurzem auf unserem Boden stand und so elegant

---

[24] Ü.d.H.: Was willst du dem machtlosen und lausigen Bischoff dienen, der hat kein Geld.

und so geräuschlos alles verdarb, was auf diesem Boden sich den ein wenig schal, ein wenig verstaubt, ein wenig vermottet gewordenen Ideen Rousseaus noch widersetzte?

Was damals in Münster gedruckt wird, ist durchaus darauf berechnet, alle die Blocksbergsorgien der Heiligen Stadt als ‚halb so schlimm‘ und die Tanzenden als im Grunde ganz biedere Leute erscheinen zu lassen, und nur um diese Propaganda und die Tatsachen miteinander zu vergleichen, wollen wir, ein wenig nur, hineinleuchten in diese Blätter ...

‚Wir glauben und bekennen, daß Jesus Christus der wahrhaftige Sohn Gottes sei ... wir erkennen ihn als unseren Herrn, wir wollen es lieber mit der ganzen Welt als mit ihm verderben und lieber uns alle schlachten lassen, als daß wir mit ihm brechen ...‘

So ungefähr in kürzestem Exzerpt. Sehr schön, ihr lieben Männer von Münster, wir hier draußen verstehen eben dann nur nicht, warum ihr alle seine Bilder zerstört habt im Dom, wo ihr doch alle alttestamentlichen Propheten und Richter und Urväter stehen ließet ... wir verstehen erst recht nicht, weswegen ihr dann euren Leuten immer nur mit dem Alten Testament und nie mit Gottes eingeborenem Sohn daherkommt. Aber weiter ...

‚Wir glauben nicht, daß er von Maria irdisch Fleisch hat übernommen.‘ Das aber sollt ihr mit den zünftigen Theologen disputieren — uns interessiert das heute gerade soviel wie die Frage, ob ihr euch auf die Taufe der Erwachsenen versteift oder nicht ... uns liegt heute etwas ganz anderes am Herzen, und es ist die Frage aller sündigen Kreatur: ja, wie haltet ihr es eigentlich mit der Erlösung und mit der Vergebung unserer Sünden?

‚Es gefällt uns keineswegs, was die Lutheraner und Papisten von den Werken, diesen Früchten des Glaubens, sagen. Die Papisten nämlich machen wenig Aufhebens von dem einen und von dem andern und denken nur an jene erlogenen guten Werke, die ihr Götze, nämlich der römische Antichrist, getan haben soll. Die Lutherischen aber reden zu viel von ihrem Glauben und denken zu wenig an die guten Werke, und Früchte werden bei ihnen nicht gefunden, sondern Hurerei, Saufen, Fressen und was sonst des Fleisches ist.‘

Könnte so nicht auch Calvin gepredigt, könnte nicht eine ähnliche, wenn auch mit dem Wortfeucr von 1793 geheizte Stichflamme der Trefflichkeit auch dessen letzter Nachfahr Robespierre auf den Convent losgelassen haben? Aber weiter, immer weiter ...

‚Wir wissen, daß wir Kinder des Zornes sind und daß wir nur
gerechtfertigt werden können durch den Glauben an Jesum
Christum. Aber mit dem Glauben, er sei für uns gestorben, ist
noch nichts getan und gar so leicht läßt sich Gottes Reich
nun einmal nicht erobern, und geschrieben steht: ‚Das Reich
der Himmel leidet Gewalt und die Gewaltigen nehmen es.‘

Hört man nicht hier, sei es auch aus dem Grabe, die Stimme jenes gewalttätigen Propheten Matthys, der im Februar, wäre er nicht daran gehindert worden, am liebsten alle Altgläubigen in Münster, Lutheraner wie Katholiken, geköpft hätte?

‚Es ist wahr, daß wir durch den Glauben an Christus Verge-
bung der Sünden erlangen, aber eben doch nur so, daß wir
hinfort nicht mehr sündigen. Denn kehren wir uns nach er-
kannter Wahrheit wieder der Sünde zu, so wäre es ärger als
das erstemal und wäre es besser, daß wir die Wahrheit nie
erkannt hätten. Darum wird mit Fleiß bei uns darauf gesehn,
daß keine Sünde geschehe. Geschieht es aber dennoch, daß
Jemand in Sünde verfällt, so wird er nach der Schrift gestraft
und gerichtet.‘

Gewiß, und deswegen stellt ihr den armen Smoeker, der sich das Leben
bei euch sicherlich gemütlicher vorgestellt hatte, wegen einer betrunkenen
Szene gleich an die Wand, deswegen habt ihr den Schmied Rüscher, der euern Propheten unfreundlich kritisierte, unbarmherzig mit der Hakenbüchse
durch den Leih geschossen, und deswegen bedroht ihr Quisquillien, sei es
auch nur eine alberne Mäkelei, mit dem Tode.

Und verschweigt mit all euern sonstigen biederen Grundsätzen über Ehe
und häusliches Leben, daß ihr, um die Herrschaft von Moses und die Propheten zu sichern, weit weniger mit der Bibel als eben mit dem Richtschwert regiert, und verschweigt eure Heldentaten im Dom und verschweigt
jenes Böotiertum, mit dem ihr alles vernichten wollt, woran in Freuden des
Menschen Herz hängt. Einmal waren doch auch eure Propheten Kinder, einmal wußten sie, daß es auch so etwas wie Jauchzen und Lachen gibt und
daß die Welt noch etwas anderes ist, als eine Hohe Schule der Trefflichkeit
und daß ihr Schöpfer das Lachen seiner Kreatur eigentlich doch gern hört
und daß er sie gern straucheln und fallen läßt, damit sie sehen, wie hoch er
selbst thront und damit sie sich nach seinen Höhen sehnen.

Gewußt haben sie das alle doch einmal, diese düsteren Propheten. Aber
sie haben es vergessen, und sie wurden hochgetragen von einer Welle der
Massenhysterie, und nun soll nach ihrem Willen die ganze Welt solch grau-
es sinaitisches Narrenhaus werden wie Münster. *‚Wer da sagt, er kenne*
Gott und hält seine Gebote nicht, der ist ein Lügner, und in solchen ist kei-

ne Wahrheit', steht als Motto unter der eben zitierten Täuferschrift. Aber, ihr armen Eintagsfliegen, kennt ihr denn Gott wirklich so genau und seid ihr gar so sicher, daß er immer nur der strenge und eifernde Gott des Sinai sein will und daß er gar so wohl sich fühlte in eurer trübseligen Trefflichkeit? So aber, in euem Monomanien, druckt ihr Traktat auf Traktat und sendet's hinaus in den lachenden Frühling 1534 und stellt den Bischof als Friedensstörer hin und verschweigt geflissentlich, daß ihr, wäre dieser Belagerungsring wirklich je durch euch gesprengt worden, kaum stille sitzengeblieben wäret auf euerm münsterischen Berg Zion ...

Sondern es wäre eure Welt übergeschwappt wie eine Schüssel schwerer Galle, und siehe, sie hätte damit das ganze Reich überflutet.

Die Lage des Bischofs in diesem Sommer 1534 erinnert an die der deutschen Heere im Spätherbst 1870 vor Paris, und beide sind sie ständig bedroht durch das Gespenst der Revolution ringsum, und beide lernen sie begreifen, was in der Geschichte so oft übersehen wird: daß jede Revolution, sei es auch ein Aufstand des Alten Testamentes, zur Expansion drängt, daß sie ein Feuerbrand ist, der leicht die Nachbardächer anzündet. Es kann so nicht weitergehen mit einer gemütlichen Belagerung, es drängt zur Entscheidung. Und im Mai endlich wird Generalsturm geblasen gegen die teuflische Stadt.

Kleine Kämpfe aber hat es schon im April gegeben, vornehme Herren aus des Bischofs Heer wurden von diesen ruppigen Täufern gefangengenommen und schreiben nun mißvergnügte Briefe aus der Stadt, und wir hier auf des Bischofs Seite haben auch die Wälle verstärken müssen gegen die ewigen Ausfälle, und wir sind dabei auf sehr wenig Gegenliebe gestoßen bei den Bauern, die wir zu den Erdarbeiten kommandierten. Nun ist genug gewartet, und wir haben grob Geschütz in Stellung gebracht, und seit dem Freitag vor Pfingsten donnert es gegen Münsters Wälle und Schanzen. Dieses Münster aber ist ein Teufelsnest und weiß sich zu wehren. Vor kurzem hat es in Scharen das Abendmahl genommen, nun steht es in Scharen auf den Wällen und bessert mit Erde und Kuhmist die von unserem Geschütz gerissenen Breschen aus. Zu früh freuen sich bei uns die Landsknechte auf die erhoffte Beute, allzu reich zecht man im Lager der geldrischen Haufen vor dem Sturm *,ut neque discrimen dierum neque vespertini neque matutini temporis haberent rationem'* ... daß also die Herren dortselbst den Abend vom Morgen nicht mehr unterscheiden können, und in diesem Zustande, wahrscheinlich um den andern beim Plündern zuvorzukommen, gehen diese Herren aus Geldern allzufrühe die Stadt an, die um ihr Leben kämpft.

Die anderen Haufen sehen das allzufrühe Vorpreschen der Geldrischen und greifen ihrerseits ins Gefecht ein, können aber an der Verwirrung und dem unglücklichen Ausgang dieses Tages nichts mehr ändern. Diese elenden Täufer, denen Überläufer den Sturm verraten haben, beklagen angeblich nur zwei Tote, während es bei uns zweihundert sind. daß man im bischöflichen Lager auf Verräterei sich hinausredet, ändert am Ausgange nichts, und etwas niedergeschlagene Briefe schreiben am nächsten Tag die anwesenden Herren Kriegskommissäre an ihre Herren nach Kleve und Kassel und Köln. Und nun schwillt denen in Münster der Kamm, und göttliche Stimmen befehlen ihnen, des Bischofs Kanonen zu vernageln und zu diesem Zwecke auszufallen aus der Stadt ...

Rothmann ist es, der dieses Mal Freiwillige auf den Domhof beruft, und *,derselve Stutenbernd kont so reden, dat sine glicken nicht was mit behendigkeit'*[25], und da es ja wieder einmal Gott selbst ist, der diesen Ausfall anbefiehlt, so drängen sich die Freiwilligen, Täufer und bischöfliche Überläufer und alle diese tagtäglich aus Friesland und Holland auf Schleichwegen in die Stadt strömenden Zuzügler — auf die Meister Gresbeck am wenigsten gut zu sprechen ist! — zu dem Unternehmen. In einem quer durch den Wall beim Judefelder Tor getriebenen Geheimgang drängt der Gewalthaufe ins Freie, überrascht, da ein Ausfalltor sich ja nicht geöffnet hat, die gerade mit Trinken und Würfelspiel beschäftigten Belagerer völlig, schlachtet die Wachen bei den Geschützen ab. Die Zündlöcher werden vernagelt, die Lafetten mit Beilen zerhauen, das Schießpulver wird auf die Erde gestreut. Als die Landsknechte endlich sich zur Gegenwehr sammeln, haben die Täufer, die sich schleunigst zurückziehen, bei dem verstreuten Pulver Lunten entzündet, und als die Krieger die Stelle passieren, flammt es auf, und die Soldaten Se. Gnaden verbrennen elend. Hüben schreit es kläglich, drüben stehen diese pestigen Städter und lachen wieder einmal. Vierzehn, nach einem anderen Bericht gar sechsundzwanzig Geschütze hat man dem Bischof vernagelt und dazu *,by zwei donnen (=Fässern) bolver angestochen'*, und daß sich hinterher ein Kunstfertiger findet, der die vernagelten Kanonen wieder in Ordnung bringt, ist bei dem sonst katastrophalen Artillerieverlust ein wahres Glück. Ein Gefecht bei dem Mühlberg von Sanct Mauritz, das für die Bischöflichen etwas weniger unglücklich ausgeht und bei dem Hauptmann Corytzer ein Auge verliert, ist nur ein schwacher Trost in diesem Meer von Trübsal. Dies alles ist um Pfingsten geschehen.

Wie aber soll es weitergehen, wenn Münster nicht fällt und dieses wiedertäuferische Krebsgeschwür sich immer tiefer hineinfrißt in den Leib des Reiches? Während wir hier die Heilige Stadt vergeblich berennen, zucken allenthalben in deutschen Landen die Flammen aus dem Boden, in Mähren, im Werratal, in Erfurt benutzen die Täufer geschickt das soziale Aufbegehren der unteren Schichten, in Augsburg wird sehr bald, wenn auch in weniger gewalttätiger Inkarnation, ein zweiter Wiedertäuferprophet und -könig auftauchen. In Straßburg warten sie nur auf den Augenblick, wo Melchior Hofmann in der Gloriole des Himmels den Kerker verlassen wird. In den

---

[25] Ü.d.H.: derselbe Stutenbernd konnte sagen, daß sein Glücken nicht auf Behendigkeit beruht

Niederlanden aber, in dieser Wiege unserer Propheten und Gewaltigen, dort ist die Bewegung so machtvoll, daß sie auch dort ... und dort noch weit mehr als im inneren Reich, die Staatsmacht bedroht. Was aber soll hier vor Münster werden, wenn sie gar die Überhand gewinnt und als Interventionsmacht sich zwischen die Stadtwälle und die kanonenbewehrten Forts des Bischofs schiebt?

In Neuß, wo man schon im Frühjahr sich über die Mittel und die Durchführung dieser Belagerung ausgesprochen hat, tagt im Juni der Kriegsrat zum zweiten Male, der Bischof erhält neue Mittel, neue Versprechungen. Freilich müssen die Landstände bürgen für die vierzigtausend Goldgulden, die Kleve und Köln vorstrecken, sie wissen nur eben, daß, wenn Münster sich hält, noch mancher Dom ... ja, daß dann das ganze Reich brennen wird, und was geschehen kann, um den neuen Gottesstaat abzuwürgen, wird hier jedenfalls nach Kräften vorbereitet. Da wir aber innerhalb der Stadtmauern turmhoch die Gefahr sich aufrecken sehen, da wir ferner so firm sind in der alttestamentlichen Heldenlegende und jeder von uns sich hineingeträumt in eine Davidrolle, weswegen soll sich denn da in unserer Mitte nicht auch jene Judith vorfinden, die den Holofernes vor den Mauern erwürgt und das bedrängte Bethulien befreit?

Wir wissen nicht, wie Hille Feicken aussah, und kein Porträtist kam, im Kerker ihre Züge festzuhalten — so wie der Pariser Maler David die Züge der schöncn Charlotte Corday einst festhalten wird. Wir wissen aus ihrem Bekenntnis, daß sie aus Friesland kam, verheiratet war und einen Mann hatte, der auf den nicht alltäglichen und wohl täuferisch auffrisierten Namen Psalmus hörte, wir wissen, daß das junge Ehepaar auf die vielen Gerüchte hin, die über das münsterische Gottesreich im Lande kursierten, in die Stadt gelaufen war und daß es dortselbst sich hatte taufen lassen.

Diese von allen Zeitgenossen als außerordentlich schön bezeichnete Frau also hat von Gottes Stimme den Auftrag erhalten, ins feindliche Lager zu gehen und dortselbst den Bischof just wie den Holofernes, und gegebenenfalls mit der gleichen Weibertechnik, zu ermorden, es ist ihr sonderlich aufgetragen, das bischöfliche Lager nicht bei Nacht und Nebel, sondern am hellichten Tag zu betreten. Und nur insoferne weicht sie von Judith ab, als sie nicht ein Schwert zum Köpfen, sondern ein selbstgefertigtes und mit Gold und Silber durchwirktes, leider aber vergiftetes ... ein wahres Nessushemd mitgebracht hat, das Se. Gnaden beim Souper zu zweien anziehen soll.

Dies ist der äußerst poetische Plan, und die Ausführung leider erheblich prosaischer. Nach einigen Berichten wird sie sofort beim Betreten des Lagers abgefaßt, nach anderen verhindert nur ein Münsterer Überläufer, daß sie vor den Bischof gelassen wird. Dieser Überläufer aber ist kein anderer, als ebenjener Hermann Ramert, bei dem Bockelson im Herbst 1533 gewohnt hat, und der nun, irre geworden am Narrenhause Münster, aus der Stadt flieht und den ihm bekannt gewordenen Anschlag verrät.

Was ja wohl eigentlich darauf schließen läßt, daß der Anschlag in der Stadt vorbereitet wurde und mit Wissen der Propheten und Ältesten erfolgte. Johann Klopriss, der Prädikant, bleibt zwar im späteren Folterverhör hartnäckig bei der Bekundung, „Judith' sei gegen den ausdrücklichen Rat der maßgebenden Täufer aus der Stadt gegangen, Hille selbst aber bekennt am 27. Juni, sie sei von Knipperdolling mit Geld und Wegzehrung ausgestattet worden. Was Knipperdolling übrigens später *‚beim peinlichen Verhör'* seinerseits bestätigt. Er war eben weit rabiater als der mit allen Wassern gewaschene und in solchem Falle bedächtigere Bockelson, er war ein Mann, dem der Haß gegen die Altgläubigen leicht ‚rote Funken vor den Augen' tanzen ließ, und so mag er es gewesen sein, der im stillen diesen etwas phantastischen Plan gutgeheißen und unterstützt hatte.

Wie dem auch sei, die schöne Hille wird gefaßt und sagt auf der Folter aus, Gott habe ihr Tag und Nacht mit diesem Auftrag keine Ruhe gelassen ... *‚haedde ze dat nicht gedaen, ze hedde Gott darmedde vertoernt'*.[26]

In Bervergen, wohin man sie überführt, wird sie in der üblich grausigen Weise hingerichtet. Dies, nachdem sie zuvor dem Henker ins Angesicht gesagt, sie könne beim besten Willen keine Schuld an sich finden. Die Wiedertäufer aber, die von ihrem Ende gehört haben, zwingen einen von ihnen gefangenen bischöflichen Landsknecht namens Marschalk zu einem Brief, in dem er bitter sein Los beklagt und flehentlich bittet, man möge ihn doch einlösen. Gegen wen übrigens? Natürlich gegen Hermann Ramert, der ja eben übergelaufen ist und den Anschlag der ‚Judith' verraten hat ...

Sie stehen, als es dieserhalb einiges Hin und Her zwischen Parteien gibt, auf dem Wall und rufen Ramert zu: *‚Komm sofort zurück'*.

Was Ramert leider nicht tut. Die Herren von Münster waren in manchen Dingen, bei aller Schlauheit, naiver als die Genesis selbst naiv ist.

---

26 Ü.d.H.: hätte sie es nicht getan, hätte sie Gott dadurch erzürnt.

DETERRIMA CUNNUS
(Verelendetes Weib)

„Aber der villcr weibcr lust wegen / dargegen weren alle Predicanten in Mün-
ster mit der gantzen gemeinden. Aber der Kuningk bewiese ihnen das mit der
Schriften und zwange sie darzu / daß sie solches halten mussten.'[27]
Aus dem Folterbekenntnis des Prädikanten Klopriss.

Die Rechtsprechung eines Volkes ergibt sich, wie sein gesamter staatli-
cher Bau samt seinem Brauchtum, seiner Erkenntnismethode und seinem
Schatz an Ausdrucksmitteln aus seiner Landschaft. Wird also nach dem alten Sachsenspiegel einem Hofhund, der beim Überfall eines Einödhofes das
Nahen der Diebe nicht durch pflichtgemäßes Bellen anzeigte, öffentlich der
Prozeß gemacht und wird dieser Hund nach Vernehmung von Zeugen und
Plaidoyers von Ankläger und Verteidiger getötet: so hängt das mit der dä-
monenreichen Landschaft nördlich des Limes romanus und ihren mannigfachen Funktionen ebenso innig zusammen wie etwa die Tatsache, daß erstmalig die nordische Mathematik hinausstrebte über die doch noch körper-
lich vorstellbare Funktion a^3, und daß sie erstmalig mit der unvorstellbaren
Irrationalen a^4 zu rechnen begann.

Man wird das Ziel dieser scheinbaren Abschweifung bald begreifen.
Viele der in Münster geschehenen Dinge, und nicht zuletzt das Auftauchen
der Polygamie in diesem sonst beinahe prüden Lande, erscheinen uns schier
unfaßbar, und immer wieder fragen wir uns, wie dies alles wohl geschehen
konnte. Löst sich aber ein Volk, wie die Deutschen um 1500 doch taten, von
seiner Landschaft, so verfällt mit dem landschaftsgebundenen Recht naturgemäß auch die landschaftsgebundene Soziologie und das landschaftsgebundene Brauchtum. Der Zusammenbruch der alten Vorstellungen aber er-
zeugt dann zunächst immer eine tiefe Ratlosigkeit und schwere Erschütterungen, und folgerichtig sehen wir die Massenpsychosen der Völker immer
in ihren ‚Wechseljahren' und etwa den Pugatschowschen Aufstand in Rußland als Quittung auf die zwangsmäßige Europäisierung unter Peter dem
Großen erscheinen. Wird nicht die ganze Täuferei, samt Zion, Bockel' son-
schem Königtum und Polygamie, so beinahe selbstverständlich?

Der Gedanke der Polygamie, die doch die ‚Peinliche Halsgerichtsord-
nung' des alten Reiches noch mit dem Tode bestrafte, wird um 1520 beinahe Mode in Deutschland. Gibt es aber etwas Rätselhafteres als den Ursprung einer, sei es auch gedanklichen, ‚Mode', und stehen wir vor den
Kleidern, die wir 1900 sehr schön fanden, nicht ebenso fassungslos wie vor

---

[27] Ü.d.H.: Aber wegen der Unlust vieler Weiber, waren alle Prädikanten in Münster mitsamt der ganzen
Gemeinde dagegen. Aber der König bewies es ihnen mit den Schriften und zwang sie dazu, daß sie
sich daran halten mussten.

der Tatsache, daß damals zu gut und gern drei Vierteilen die deutsche Geistigkeit etwa auf die Häckelschen Welträtsel hineingefallen ist? Der Gedanke an die Polygamie also lag um 1530 in der Zeit. Wir wissen, daß unter nachdrücklichem Hinweis auf die Schrift nicht wenige Luther-Jünger an den Meister mit dem Ansinnen herangetreten sind, er möge die Vielehe sanktionieren, wir wissen, daß Luther damals, geschmeidig ausweichend, mit einem achselzuckenden Hinweis auf die gültigen Landesgesetze antwortete, und wir wissen, daß er selbst, was seinem Freunde Melanchthon schier das sensiblere Herz brechen wollte, sechs Jahre nach den münsterischen Wirren die Doppelehe eines deutschen Reichsfürsten sozusagen gesegnet hat: die Doppelehe eben jenes Philipp von Hessen, der für die Belagerung Münsters seine beiden schweren Kartaunen ‚de duiwel‘ und ‚sin sar‘ hergeliehen hatte.

Kerssenbroch, immer aus der Perspektive der beleidigten patrizischen Wohlanständigkeit, erzählt uns über die Uranfänge der münsterischen Polygamie eine Schauergeschichte, und wenn man ihm glauben wollte, so hätte ein übergelaufener Landsknecht, den man als Katecheten der Täuferei in Knipperdollings Haus gebracht hatte, dortselbst den offiziellen Staatspropheten Bockelson nachts dabei ertappt, wie der Mann Gottes sich in die Kammer der Knipperdollingschen Magd schlich, obwohl er doch so etwas wie ein Heiland war, und, was in Münster jeder wußte, in Leyden ja bereits eine legitime Ehefrau sitzen hatte.

Item, der Landsknecht sei an der Heiligkeit des Mannes irre geworden und habe die Sache weitererzählt. Der Prophet habe ihn wohl mit schönen Worten zum Schweigen gebracht, doch sei der Vorfall ruchbar geworden, und Bockelson habe daraufhin mit den Prädikanten, die selbst einem lockeren Lebenswandel sich nicht verschlossen, Rat gepflogen. Und es sei dann von diesen theologisch geschulten Männern beschlossen worden, zur Bemäntelung des Skandals die Vielweiberei aus der Schrift öffentlich herzuleiten und sie de jure et de lege als Bestand der städtischen Gesetzgebung zu verkünden. Drei Tage lang hätten daraufhin die Prädikanten über das heikle Thema gepredigt, hätten dargelegt, daß der Mann sowieso polygam sei und hätten daraus und aus dem ‚Seid fruchtbar und mehret euch‘ der Genesis die Polygamie als Gottesgebot erwiesen und vor der gesamten Gemeinde am 23. Juni auch als solches in aller Form verkündet.

So Kerssenbroch. Der aber hat neben mancherlei wertvollen Einzelheiten auch manche erfundene Greuelnachricht in seine Chronik übernommen. Wie er denn ja auch bei diesem an sich schon recht trüben Kapitel uns glauben machen will, es sei später, in den Blütezeiten dieser münsterischen Insel der Seligen, in Bockelsons Wohnung vor einem größeren Menschenkreis Genesis I verlesen worden, und es seien dann bei dem Worte ‚Seid fruchtbar und mehret euch‘ die Lichter verlöscht und es habe sich alles weitere dann in einer doch vielleicht übertrieben wortgetreuen und auch übertrieben beschleunigten Befolgung dieses höheren Befehls vollzogen ...

So also Kerssenbroch. Das aber, was in Münster tatsächlich passiert ist, ist, innerhalb dieses schwerblütigen niederdeutschen Menschenschlages, auch ohne ergänzende Ausschmückung schon ein starkes Stück, und wir wollen uns lieber befleißigen, die Dinge auf ihre heute bekannte Substanz zu beschränken. Mit seiner Ehe aber hatte cs schon der selige und unselige Matthys nicht so genau genommen, da wir doch von ihm wissen, daß auch er in Leyden, von wo er zuletzt kam, ein rechtmäßig angetrautes Eheweib sitzen hatte, während wir ihn in Münster ja an der Seite einer ganz anderen Frau, der hier noch öfter zu erwähnenden Divara, antreffen. Was aber seinen Schüler und Nachfolger Bockelson angeht, so haben wir ja schon gehört, daß er aus höherem Munde die Aufforderung erhalten habe, Matthys Nachfolge anzutreten und sofort die — damals schwangere Divara zu heiraten ...

Was denn Bockelson auch notgedrungen und als gehorsamer Befolger all seiner inneren Stimmen und Gesichte sofort getan hatte, und schon eingangs habe ich festgestellt, daß diese damals in Münster gehörten ‚inneren Stimmen' die angenehme Eigenschaft hatten, all den unterschiedlichen Propheten immer nur das jeweils Gewünschte und Begehrte, nie aber das Widrige und Unwillkommene aufzutragen ...

Mit einem Wort: die Vielweiberei in Münster ist aus der leider ja etwas zu sinnenfroh geratenen Wunschwelt des Mannes gekommen, der zudem zur Verwirklichung seiner mannigfachen Pläne den Terror bereithielt und Bockelson hieß und ein hergelaufener Schneider und Kneipenwirt aus Leyden war. Sieht man aber wohl, wieweit die Massenpsychose gediehen sein mußte, wenn eine so behäbige und vernünftige und bislang doch jedenfalls nicht gerade nach den Klubregeln des Venusberges regierte Stadt sich den Wünschen eines solchen Mannes beugte und auf dem intimsten Lebensgebiet sozusagen über Nacht alle ihre gewohnten Begriffe und Normen vernichten ließ?

So einfach, wie Kerssenbroch sich es vorstellt, ist es bei der Einführung der Vielweiberei nun keineswegs zugegangen. Wir wissen aus den Folterbekenntnissen gefangener Wiedertäufer, daß anfangs der Widerstand der Prädikanten heftig war, und wir haben keinen Grund, an den Bekenntnissen dieser Männer, die auch auf der Folter standhaft geblieben sind, zu zweifeln[28]. Hält man sich an Dorp, der ja gewissermaßen einen für Luther selbst bestimmten Bericht über die Vorgänge gegeben hat, so haben die Prädikanten durch volle acht Tage Bockelson, als der die Vielweiberei ernsthaft in

---

[28] Vergleiche auch das am Anfang dieses Kapitels zitierte Bekenntnis des Prädikanten Klopriss. Allerdings findet er, ebenso wie sein Amtsbruder Vinne, auch Verteidigungsworte für die Polygamie. Dies immer unter Berufung auf das ‚Seid fruchtbar und mehret Euch' der Schrift.

Vorschlag gebracht hatte, heftig opponiert, und Knipperdolling behauptet später bei einem Verhör sogar, daß sie ‚ehm fenglich setten wolden‘[29], und einen Umschlag gibt es erst, als Bockelson die berühmten zwölf Ältesten zitiert und, wieder einmal, von einer göttlichen Aufforderung zum Einführen der Vielweiberei redet. Es gehört wohl zu den gewichtigsten

Symptomen dieser Massenpsychose von Münster, daß der Hinweis auf die angeblich aus Gottes Mund erteilte Weisung jeden Widerstand auch bei den tollsten Verrücktheiten zu brechen pflegte und daß diese Männer bei solchem Hinweis auch den Versuch gemacht hätten, auf den Mond zu klettern.

Item, nach dieser Mitteilung Bockelsons gibt es im Ältestenrat ein Halten nicht mehr, sondern man wirft sich auf das Neue hinfort mit einer Inbrunst, deren vielleicht nur diese niederdeutschen Menschen, wenn ihre angeborene Bedächtigkeit einmal erst schweigt, fähig sind. Drei Tage predigen auf dem Domplatz über das heikle Thema die Prädikanten vor der ganzen münsterischen Gemeinde, und als diese Missionspredigten beendet sind, da ist die Stadt denn wirklich reif für alle die Unfaßlichkeiten, mit denen sie bis zum Niederbruch Zions die kommenden zwölf Monate anfüllt.

Die klare Formulierung der neu entstehenden Ehegesetze geht bei allen Zeitgenossen, die darüber berichten, naturgemäß unter in den ausführlichen Schilderungen der Folgen und der sonstigen Begleitumstände. Schält man sich das, was damals in Münster ‚Staatsgesetz‘ wurde, heraus, so ergibt sich folgendes:

1. Sämtliche vorher geschlossenen Ehen sind behangen mit der Sündenlast der alten Zustände und mithin ungültig.

2. Alle Frauen sind verpflichtet, Männer zu nehmen, auf Verweigerung der Ehe steht die Todesstrafe. Diese Bestimmung gilt auch für die Frauen von Männern, die gerade für längere Zeit abwesend sind, so daß der rückkehrende Mann vor gänzlich unerwartete Tatsachen gestellt werden dürfte. Die Bestimmung gilt, wie wir sehen werden, selbst für alte und nicht mehr gebärfähige Frauen insofern, als sie fortan sich einen ‚Schutzpatron‘ zu küren haben, der die Fürsorge für sie übernimmt. Wovon noch zu reden sein wird.

3. Ist eine Ehe unfruchtbar, so wird sie ohne Rücksicht auf eine etwaige Neigung der beiden Eheleute geschieden, ‚die Frau wird dann zu einem anderen Manne gelegt‘.

4. Wird eine Frau schwanger und ist damit der Zweck der Eheschließung erreicht, so ist der Mann berechtigt, eine zweite Frau, und wenn auch sie sich gesegneten Leibes fühlt, eine dritte und vierte zu nehmen ... die Zahl ist theoretisch unbegrenzt.

---

[29] Ü.d.H.: ihn gefangen setzen wollten

5. Eine Scheidung ist möglich, sowie der eine Ehegatte diesen Willen behördlich protokollieren läßt. Was es damit auf sich hat, werden wir später sehen.

6. Diesen Bestimmungen unterliegen auch die gerade zufällig in der Stadt sich aufhaltenden Auswärtigen, Männer wie Frauen.

7. Über etwaige Streitigkeiten unter den Ehegatten entscheidet das aus Prädikanten und Ältesten sich zusammensetzende Ehegericht.

8. Widerstand gegen diese Gesetze wird, ebenso wie die ‚hartnäckige Verweigerung der ehelichen Pflicht' durch die Frau, nach vorheriger Verwarnung mit dem Tode bestraft, desgleichen jeder Ungehorsam der Frau gegen den Willen des Ehemannes.

Das heißt in praxi:

1. daß alte Ehen auseinandergerissen werden.

2. daß etwa eine Frau, deren Mann langwährend bei den damaligen Verkehrsmitteln! — abwesend ist, urplötzlich von Haus und Kind fort in das Haus und zu Tisch und Bett eines anderen wildfremden Mannes muß.

3. daß in den Ehen, wo wegen der Schwangerschaft der ersten Frau nun urplötzlich eine zweite, dritte und vierte erscheint, Mord und Totschlag herrscht.

4. daß die barbarischen Strafen, die immer auf Knipperdollings Richtschwert hinauslaufen, es dem Ehemann äußerst leicht machen, sich einer lästigen Frau zu entledigen.

5. daß die Schirmherren der ‚alten Frauen', die von heute auf morgen sich zum Unterhalt eines gebrechlichen alten Wesens, gezwungen sehen, erst recht nach einer Gelegenheit suchen, sich dieser Bürde zu entledigen.

6. daß alle diese erzwungenen Ehen zur Tragödie werden.

So ist das. Im einzelnen werden wir noch sehen, wie die weiteren Folgen gewesen sind. Und da diese ungeheuerlichen Gesetze alle Rechtsbegriffe, alle bisherigen bürgerlichen Normen umwerfen, da sie den Familienbestand in praxi auflösen und in ihren letzten Konsequenzen naturgemäß auch allen Wohlstand, alle Dispositionen der Familie und des Familienoberhauptes bedrohen, so setzt frühzeitig der Widerstand ein.

So nämlich, wie in Münster die Prophetengabe und der täuferische Paroxysmus sich an das Schneidergewerbe hängt, so scheint mit dem Schmiedehandwerk aller Geist des Aufruhrs und der Widersetzlichkeit verbunden zu sein, und wiederum, wie im Frühling, ist's ein Schmied, der dieses Mal zu einem ernsthaften, höchst gefährlichen Widerstand gegen die prophetische Oligarchie oder besser gesagt Autokratie seine Gesinnungsgenossen sammelt. Wir sind dem Schmiede Mollenhecke flüchtig schon begegnet, als die Ältesten ihn zum Waffenmeister über das Geschütz und die Arkebusen beriefen, und es mag diese Verfügung über die städtischen Arsenale gewesen sein, die ihm die nötigen Waffen lieferte. Der Mann hat hinter sich zweihundert Bürger, die, empört über die neuen Gesetze und verstärkt durch die von Münster grimmig enttäuschten Überläufer des Bischofs, sich nachts versammeln und das ganze Propheten- und Prädikantennest, Bockelson, Knipperdolling, Rothmann, Schlachtschuf, Klopriss, Vinne und die übrigen, gefangen nehmen und im Rathaus festsetzen. So steht es kurz und nur einer kommentiert höchst ergötzlich die eine dieser Verhaftungen. Der Prädikant Schlachtschaf nämlich wird von den Aufrührern in einer recht heiklen Situation erwischt, und als man ihn in den Kotter des Rathauses gesperrt hat, erscheinen vor den Gittern die empörten Weiber, bewerfen den geistlichen Herrn mit Steinen und Straßenkot, speien ihn an und fragen ihn, ,ob hei och noch mehr frowen wollte hebben / were hei nicht genoich hedde an einer'.[30]

So ergeht es dem armen Schlachtschaf, den man im tete-à-tete gleich mit zwei Damen erwischt hat, und leider fehlt uns jede Nachricht darüber, wie es sonst bei dieser Verhaftung zuging und wie bei dieser Gelegenheit sich die anderen Herren benahmen, die, sonst doch an schrankenlose Willkür gewöhnt, urplötzlich mit sehr, sehr üblen Möglichkeiten sich vertraut machen mußten.

Denn Mollenhecke und seine Leute haben einen perfiden Plan. Sie wollen als Reiniger des ganzen Augiasstalles und Beseitiger von unerträglich gewordenen Zuständen den Bischof in die Stadt rufen, sie wollen ihm das Ludgeritor öffnen und so dem Terror, dem Tschekistenregime, dem Wüten einer biblisch maskierten Henkeroligarchie ein Ende machen. Das wollen sie und könnten's auch ausführen. Ich aber wüßte nicht, in welcher Revolution dieses ,Beinahe' und ,Hätte' und ,Wenn nicht' und jene berühmten ,beiden Kompagnien' fehlen, mit denen man die ganze Revolution ,hätte' zum Teufel jagen können. Es war so beim Bastillesturm und beim Sturm auf die Tuilerien, es kehrte wieder im Berliner März 1848, und immer vergaßen die rückwärts schauenden Betrachter, daß Revolutionen in der Geschichte die gleiche Rolle spielen wie in der Geologie die Vulkane: daß diese für den Überdruck der Lavamassen, jene aber für den Innendruck des angestauten sozialen und seelischen Eiters die Sicherheitsventile bilden und daß ihre Ausbrüche brechbar sind erst nach Wiederherstellung des inneren Gleichgewichtes. daß Ludwig XVI. auf seiner Flucht nach Varennes die Vedetten des zu seiner Aufnahme aufgestellten Regimentes Royal allemand nicht erreichte, ist scheinbar das Produkt einer Reihe von Zufällen, ist aber im Plan der Geschichte, wie leider immer erst dem Enkel klar wird, so notwendig

---

[30] Ü.d.H.: ob er auch noch mehr Frauen haben wollte / war es ihm nicht genug eine zu haben

wie die Tatsache, daß hier der Schmied Mollenhecke, der noch in dieser Nacht Herr der Stadt ist, mit seinem Putsch scheitert.

Täuscht nicht alles, so scheiterte er, weil die Herren, die übergelaufenen Landsknechte an der Spitze, sich zunächst in den Schatzkammern des Rathauses, wo die beschlagnahmten Vermögenswerte und Gelder lagen, gehörig die Taschen füllten, dann aber an den Weinvorräten sich toll und voll soffen und darüber das Wichtigste vergaßen: dem Bischof die Tore zu öffnen.

Als es Tag wird, ist es damit zu spät. Als sie mit dröhnenden Schädeln und verklebten Augen auf dem Markt erscheinen, um den Putsch der Gemeinde mundgerecht zu machen, hat es dort bereits einigen Krawall gegeben, und im entscheidenden Augenblick kommt unser alter Freund Redeker[31] und schreit in die Menge hinein, daß, was diese Menge scheinbar noch nicht weiß, daß die ganze Gemeinde der Heiligen gefangen ist, Bockelson und Knipperdolling und der liebe Rothmann und alle die übrigen Männer des Glaubens. Da unter der Menge doch auch zahlreiche überzeugte Täufer sind, wird die Stimmung plötzlich unsicher, und plötzlich — irgend jemand muß den Plan wohl verraten haben— kommt auch die Nachricht, daß Wälle und Tore besetzt sind und daß es für ein gemeinsames Operieren mit dem Bischof zu spät ist. Die Stimmung schlägt vollends um, die Menge schiebt sich murrend vor, sie drängt die Mollenheckschen ins Rathaus, wo sie sich im Obergeschoß verbarrikadieren. Nicht alle Damen Münsters aber sind gar so unzufrieden mit der pikanten neuen Gesetzgebung, und da es nicht wenige unter ihnen gibt, die sich im heiligen Venusberg eigentlich ganz wohl fühlen, so spannen sie sich als Vorläuferinnen der Théroigné de Mericourt ex 1789 vor die im Arsenal stehenden Kanonen, schleppen das Geschütz auf den Markt, wo man aus Handwaffen das Feuer auf die Rathausfenster inzwischen auch schon eröffnet hat. So bricht die wieder völlig umgestimmte und plötzlich wieder gut täuferisch gesinnte Menge die Rathaustüren auf, befreit die gefesselt im Keller liegenden heiligen Männer, schießt mit Arkebusen durch die Decke nach den Putschisten, bringt draußen grob Geschütz in Stellung und zündet die Lunten an.

Worauf die Mollenheckschen auf ihrem Dachboden zum Zeichen der Kapitulation einen alten Hut aus dem Fenster stecken und endgültig sich ergeben. Gnade aber fänden sie hier, wo inzwischen durch ein paar bange Stunden die Gebieter der Stadt über die Möglichkeit eines Höllensturzes haben nachdenken müssen, wohl eher bei einer Kobra. Gegen hundertundzwanzig — denn der Rest hat sich verlaufen — holt man vom Dachboden herab, gegen vierzig werden begnadigt, gegen achtzig erbarmungslos hingerichtet. Nicht gar so rasch und mit dem simplen Willen zum Auslöschen des

---

31 Nach Gresbeck war es der Exbürgermeister Tilbeck, auf den G. freilich besonders schlecht zu sprechen ist.

Gegners. Sondern es tagen die heiligen Männer lange und beraten wie Sioux-indianer über die Martern. Es geht damit noch glimpflich ab, und das Schlimmste, was man ihnen antut, ist die seelische Qual des Wartens. Auf dem Domplatz wird zunächst ganz gemächlich eine große Grube ausgehoben, darin sie verscharrt werden sollen. Einen, der sich hierbei befreit und sich daheim bei Weib und Kind versteckt, reißt man aus den Armen der Seinen, zerhackt ihn mit Hellebarden, und die Stücke trägt der Pöbel, genau wie er es 1792 mit der schönen Prinzessin Lamballe tat, auf seinen Piken durch die Gassen. Von den übrigen holt sich der Staatsscharfrichter Knipperdolling nach Belieben heute zehn und morgen sieben heraus und köpft sie sozusagen zum Frühstück. Er ist aber der einzige Henker in diesen Tagen nicht. *‚Wer lusten hedde / einen doid zu schlain (=totzuschlagen)‘*, berichtet der Augenzeuge Gresbeck, *‚der moichte einen nemmen und schlain den doit.‘* Vier Tage hört die Stadt das Wehegeheul der Delinquenten, und draußen hört es das bischöfliche Heer, und ein paar Tage darauf berichten die klevischen Kriegskommissare ihrem Landesherrn, wie sie *‚groiss rumor und zwitracht in der Stadt auch buissen (=büßen) gehört‘*. Der Anschlag auf die Stadt gelingt ein Jahr später fast auf ähnliche Weise, wie er hier geplant war. Augenblicklich war die Zeit eben noch nicht reif.

Sie ist so wenig reif wie in Paris vier Monate vor dem Thermidor, und ähnlich wie das Frankreich von 1794 vor dem tugendhaften Advokaten von Arras, so duckt Münster sich vor dem Schneidermeister aus Leyden. Einen Widerstand gibt's nach dem Abenteuer des Schmiedes Mollenhecke nicht mehr, und die zwei ‚Erbmänner‘ Heinrich v. Arnheim und Hermann Bisping, die, wenn auch nur ideologisch, hinterher noch zu opponieren wagen, machen sehr bald mit Knipperdollings Zweihänder sich bekannt. *‚Sie hebben dat volck in groten dwanck gehat und na der tiet dorfte niematz dairtegen seggen, dat der ehestant unrecht were / und al dat sie deden / dat moiste recht sein.‘*[32]

Es mußte recht sein, es war nur eben nicht recht. Die Stadt, die nicht laut klagen darf, windet und krümmt sich, und hinter den schönen gotischen Fassaden am Prinzipalmarkt spielen sich Trauerspiele ab. Dem, der zur täuferischen gentry gehört und sein Herz siebenfach gepanzert trägt gegen Tränen und Kummer — ihm geht's freilich gut. *‚So hebben die Holländers / Freesen un all die rechte wederdoepers ock mehr frowen genommen to der irsten frowen‘*, berichtet Gresbeck, und da, nach seinem Bericht, die Herrschaften viel zu bequem und zu paschahaft sind, um sich die zweite, dritte, vierte und fünfte selbst zu suchen, *‚so hebben sie ir erste fraw dartho gezwungen / dat sie moste gain und hollen dem man ein ander fraw‘*. Sie kommen auf diese Weise zu einem stattlichen Harem, und der Bockelsons umfaßt gegen Ende der Täuferherrlichkeit sechzehn Damen, der liebe Roth-

---

[32] Ü.d.H.: Sie haben das Volk in großem Zwang gehabt und nach der Zeit durfte niemand etwas dagegen sagen, daß der Ehestand unrecht wäre und alles was sie taten, das mußte recht sein.

mann bringt es nach und nach immerhin auf neun, Knipperdolling, der düstere Mann, der hinter dem Prophetenthron steht, begnügt sich samt den Prädikanten mit zweien oder dreien, während ein Jahr später der zwölfjährige Sohn des hingeschlachteten Mollenhecke ihnen noch mehr zuschreibt, und am Schluß seiner von den bischöflichen Räten protokollierten Aussage heißt es vielsagend: *„Viel mehr sein irer / dan ich war irer aller zu schreiben verdrossen.'* Was verständlich ist, da unter diesen Frauen sich ja Trägerinnen alter und klingender Namen, Edelfrauen und Patrizierinnen und nicht zuletzt die Nonnen des Überwasserklosters befinden. Das Seltsame ist, daß diese im Wege der Hundehochzeit zustande gekommenen Ehen ziemlich unfruchtbar bleiben. Im Frauenhaus Bockelsons werden im Laufe eines vollen Jahres, wie wir noch sehen werden, nur zwei Kinder geboren, von denen das eine, da Dame Divara, des seligen Mutthys' Witwe, ja in gesegnetem Zustande geheiratet wurde, nicht einmal Bockelsons leiblich Kind ist. Gresbeck, zu schlagkräftigen und probaten Kommentaren immer bereit, findet die Erklärung hierzu auf seine Weise. *„Dieselven wiederdoepers / die viel frowen hedden / sie kriegen aldermindest kinder. Up dat leste sint sie dem fleisch abgestorven und sie weren nicht anders / denn huit (=Haut) und beine so weren sie verschmachtet / dat sie do alle wiever verlietten.'* [33]

Noch aber sind die Speisekammern leidlich gefüllt, noch ist kein Hunger in Zion, noch sind die Männer in ihrer Mehrzahl zufrieden mit dem neuen Ehestand. Eine Heirat vollzieht sich nun in ihren Formalitäten ziemlich rasch, und da sich Vater Gresbecks Schilderung der neuen Trauungszeremonie in allzuviel verschollenen Worten bewegt, wollen wir's übersetzen: ‚Wenn ein Paar sich wollte zusammengeben lassen, die gaben sie keineswegs wie früher durch die Prediger zusammen. Sondern wer mit dem andern eine Ehe schloß, der brachte einen oder auch zwei Freunde mit, und sie hielten dann Umzug miteinander und hielten dabei einander bei der Hand. Damit waren sie Mann und Frau.' Man sieht, es kommt im wesentlichen, wie übrigens auch die Scheidung, auf die standesamtliche Protokollierung im kürzesten Wege, ohne Ausbietung und ohne jede Feierlichkeit und ohne Prüfung der beiden Ehegatten hinaus — just so wie heute in einem osteuropäischen Staat, der ja nicht wenig Ähnlichkeiten aufweist mit Münster, der Heiligen Stadt Zion.

So steht es. Für die Männer, wie gesagt, ziemlich bequem, weniger ersprießlich für die Frauen. Für die Frauen mit ihrer Sehnsucht, ihre Gefühle zu verewigen, mit ihrem horror vor dem Fortwischen und Fortgewischtwerden. ‚Es waren einmal ein Mann und eine Frau, die wünschten sich wohl ein Kind, kriegten aber keines.' Was aber gelten uns hier noch die Märchen mit den alten frommen Worten der verklungenen Zeit? Fühlst du dich also ge-

---

33 Ü.d.H.: Dieselben Wiedertäufer, die viel Frauen hatten, bekamen die allerwenigsten Kinder. Am Ende sind sie alle verhungert gestorben, sie waren nicht anders als Haut und Knochen, so waren sie verschmachtet, dass sie somit alle Weiber verließen.

segneten Leibes, so verheimliche es, sonst zieht die zweite und nach ihr die dritte und die vierte Frau ein in deiner doch von dir so treulich gehüteten kleinen Welt, und wenn du dann nicht mehr die Herrin bist im eigenen Hause und du begehrst auf, dann wirft man dich bis zu deiner Einkehr in den düsteren Rosentaler Turm, und wenn du den Widerstand auch dann nicht aufgibst, kommst du vor das Prädikantengericht, und das Prädikantengericht kennt nur den einen Spruch, der sich mit dem Namen Knipperdolling und seinem Richtschwert verbindet. Und wie dir, so geht es den Frauen, deren rechtmäßiger Gatte in der Fremde ist und die nun durch eine neue Verbindung ihr Leben retten können, und so wie dir, so geht es denen, denen der Mann mit seinen Nebenfrauen nun verekelt ist. Und es geht nicht anders den Mädchen, die in eine unerwünschte Ehe gezwungen werden. Es gibt aus jener Zeit ein böses Wort, die Chronisten berichten es, und draußen die bischöflichen Landsknechte rufen es, wie wir ja schon hörten, höhnend den auf der Mauer stehenden Täufern zu, und es heißt: *,Mein Geist begehrt deines Fleisches.'* Es ist das Sesamwort, das jeden weiblichen Willen brechen soll, wir wollens hoffen, daß es Erfindung ist und daß es nicht so war, wie die Chronisten es behaupten. daß nämlich dieses Zauberwort jedes weibliche Wesen, soweit es nicht schon gebunden war, herbeizwang in den Willen des Mannes ...

Wir wollens nicht hoffen, daß die Form so zynisch war. Die Praxis aber war so, und so, wie gesagt, bedroht der Richttod die, die sich dem Manne entziehn. So geht es den Ungehorsamen, so geht es denen, die die alleinige Herrin im Hause bleiben, so geht es denen, die gegebenes Treuewort halten wollen. Ja selbst den armen Weibern, die von der gesetzlichen Möglichkeit der Scheidung Gebrauch machen wollen, geht es so, da ihr Scheidungswille wohl zu Protokoll genommen, ihnen aber hinterher von den Prädikanten erklärt wird, ,sie seien verflucht an Leib und Seele' und weil auch hinter diesem Wort der Henker steht. Ja sogar den alten Weiblein, die mit ihrem ,Schirmherrn', dem erwähnten Schutzpatron, unzufrieden sind, geht es nicht anders, und auch sie bekommen nötigenfalls um den Hals den roten Schmuck, nicht breiter als eines Messers Schneide.

Der Geist des Selbstmordes geht um unter diesen armen Weibern, die Aa schwemmt ihre Leichen an, die man eilends verscharrt. Und da die Gier der Männer auch vor Kindern nicht haltmacht und selbst die Zwölfjährige dem Ehegesetze untersteht, so muß die Heilige Stadt die ,Meestersche Knuppers', eine Ärztin nach damaligem Begriff, bereitstellen, um die an Leib und Seele Verdorbenen zu kurieren. So ist es. Und um diesen Zustand zu erhalten und den Terror nicht erkalten zu lassen, wird neben all den Selbstmorden fleißig hingerichtet, und auch Bockelson selbst verschmäht es nicht mehr, das Richtschwert selbst zu schwingen. ,So haben Johann von Leyden und Knipperdolling mit ihren eigenen Händen manchen frommen Mann und manche fromme Frau zu Tode gebracht und manchen zu Tode schmachten lassen und ihm das Seine genommen und jämmerlich ihn von den Seinen gejagt und manchen arm und elend gemacht, daß es Gott erbarme. Und alles, was sie taten, das mußte also geschehen, und a l l e s w a r G o t t e s W i l l e.' Ja gewiß, Meister Gresbeck, es ist manchmal so Gottes Wille, daß er die Augen schließt und Satan walten läßt, und es scheiden sich in solchen Zeiten nach seinem Willen die, die sich zu Gott, und die, die sich zum Satan bekennen.

Der Satan aber, Meister Gresbeck, ist ein Herr von ungeheurer Realität, und wenn er von der Kette kommt, verfaulen über Nacht die Stützen der Menschenhäuser, und es verfaulen die Menschenherzen. Und es verrät das Weib den Mann, und es verrät, wenn nur ein bescheidener Vorteil winkt, die Tochter an die Tscheka von Münster den eigenen Vater. Und es herrscht, was aus Müll und Kehricht gemacht ist und Jauche in den Adern hat, und es leidet und stirbt, was die Kraft hat, den Tod zu überwinden, und behält, da nichts so siebenfach Erz bricht als der Getreuen Leiden und Sterben: siehe da, es behält recht, Meister Gresbeck. Komme nur, Tod. Komme doch nur, du Knecht Gottes.

Hier aber verhandeln wir ein irdisch Ding und verhandeln eine Zeit, da war der Teufel wirklich von der Kette gekommen, und ungewiß waren in seinem Zeichen der Menschen Herzen geworden.

Es war eben eine herrliche Zeit, es ging uns gut, und die Propheten und Heiligen Münsters *hedden al dat gelt wech / sülver und golt / und setten in ire huiser of oer güder und wolden datho hebben tehen oder twelf frowen* [34]. So war das. Und dann kommt ein weiterer Satz, und der Satz soll dir unvergessen bleiben:

Do hebben sie iren willen gehat, und da hat der duvel gelacht. [35]

Es war noch ein volles Jahr in Münster zu hören, dieses Lachen.

---

[34] Ü.d.H.: hatten all das Geld weggenommen, Silber und Gold, und saßen in ihren Häusern oder ihren Gütern und wollten dazu zehn oder zwölf Frauen haben

[35] Ü.d.H. Da haben sie ihren Willen gehabt und da hat der Teufel gelacht.

REX CACANS (Der Scheißkönig)

Item ock bekant / dat Herr Bernt Rothmann in einer geselschap und gasterei gesagt / dat alle konninge und churfürsten und alle von adel des konnings Bockelson underdanen und emtlude solten sin und alle konninginnen und fürstinnen und greisinnen und frowen von adel sollten der konningin underdaen und megdinnen sin.[36]

Aus dem Bekenntnis des Täufers Scheiffert von Merode.

Soll es denn aber in alle Ewigkeit so weitergehn mit dieser satanischen Stadt und soll sie etwa, während doch schon die Niederlande und die ganze friesische Küste und selbst in Oberdeutschland weite Strecken verseucht sind von läuferischen Geist ... soll da nun diese Beule der Häresie etwa ganz Deutschland vergiften, das ganze Reich mit ihren Schwären bedecken und zuletzt alles untergehen in dieser von ein paar manischen Landfremden eingeschleppten Raserei?

Im August will zum zweiten Male das Feuer des Krieges auf die Stadt fallen, im August tagt im Lager von Münster großer Kriegsrat, und da nun alle die hohen Alliierten mit Troß und Reisigen und ihren Kriegskommissaren hier zusammenströmen, so hat es bei solcher Bewegung im feindlichen Lager Bockelson leicht, den Sinn dieses Kriegsrates sich zu deuten und seinen Leuten weiszumachen, es habe ihm Gottvater selbst für die nächste Zeit einen erneuten Ansturm auf Münster angekündigt.

Am 24. August treten im bischöflichen Lager fast alle die erlauchten Angrenzer des Münsterlandes zusammen — der Erzbischof von Köln, die Grafen Schauenburg, Isenburg, Nassau, Waldeck, Neuenahr, Bentheim und Wied. Nicht zu vergessen die Hohen Kriegskommissare von Hessen, Kleve, Brabant und den Herzog von Grubenhagen. Denn auch solch einen Herzog gab es damals im vielstimmigen Chor der Reichsfürsten. Das, wie gesagt, war am 24. August.

Und beschlossen wird dieses, es begebe sich, ehe wir erneut unsere Feuerschlünde ‚Duiwel' und ‚sin mar' und alle die anderen großen und kleinen Donnerer des Artillerieparkes reden lassen, in die Stadt eine Gesandtschaft und fordere sie gehörig zur Übergabe auf. Gewähren aber wollen wir dir, Stadt Münster, alle Sicherheit vor Kosten und vor Blutvergießen, gewähren wollen wir selbst den Abzug für deine Propheten, wofern du nur ein Ende machst mit deinen wiedertäuferischen Teufelstänzen und wieder Se. bischöflichen Gnaden gehorsame Stadt willst sein. Willst du es aber nicht, so sieh dich vor! Unsere Kanonen sind gerichtet und geladen, und bereit stehn

---

[36] Ü.d.H.: Ebenso ist auch bekannt, daß Herr Rothmann in einer Gesellschaft und Gastlichkeit gesagt habe, daß alle Könige, Kurfürsten und alle von Adel des Königs Bockelson Untertanen seien und die Amtsleute, alle Königinnen, Fürstinnen, Greisinnen und Frauen von Adel würden Untertanen der Königin und ihrer Mägde sein.

unsere Sturmkolonnen. Es ist die letzte Stunde unserer Gnade, und wenn du auch die versäumst, so wundere dich nicht, wenn Feuer und Schwefel und Donner auf deine Dächer fallen.'

So ungefähr. Und mit solchem Auftrag begeben sich die Gesandten, nachdem zuvor ein dreistündiger Waffenstillstand verabredet worden ist, in die Stadt, die sie schon störrisch genug empfängt. Niemand spricht mit ihnen, stumm weichen die wenigen aus, die sich auf den verödeten Straßen noch blicken lassen: jedem Bürger nämlich ist strenge verboten, mit einem von der Gesandtschaft zu sprechen, und wer das Verbot zu brechen gedenkt, weiß ja wohl, was ihm blüht ...

Auch der Empfang bei Bockelson selbst enttäuscht die Herren gründlich. Offensichtlich verhandelt damals schon der Prophet mit den Gesinnungsgenossen in Holland wegen einer Intervention, offensichtlich verläßt er sich auf die Wirksamkeit seiner Propaganda, deren Saat ja in diesen Monaten auch wirklich gebührend aufgeht. Seine Sprache jedenfalls ist so selbstbewußt wie möglich: auf des Bischofs Gnade pfeife er und wisse schon, was es damit auf sich habe. Gottlos sei nicht die Stadt, gottlos sei der Bischof selbst, und kurz und gut, er denke nicht im mindesten daran, sie zu übergeben ...

Mit welchem Bescheid die Herren sich denn wohl oder übel entfernen. Da man aber, wohl mit Recht, annimmt, daß in Münster der gemeine Mann von dem hochherzigen Angebot nichts erfahren habe, so wird der Inhalt des bischöflichen Friedensangebotes in den nächsten Tagen an unzähligen Pfeilen auf kleinen Zetteln in die Stadt hinübergeschossen, und nur das ist fatal, daß hinter den Wällen niemand, bei sofortiger Todesstrafe, die Zettel aufheben und lesen darf. War die Begeisterung am Ende doch schon etwas erkaltet, daß solch Verbot notwendig war?

Bockelson ist auf der Hut, reitet Tag und Nacht durch die Straßen, erzählt von seiner göttlichen Offenbarung, ermahnt zu fleißigem Gebet und fleißigem Fasten und noch fleißigerer Wachsamkeit, läßt auch eine Stammrolle der gesinnungsgetreuen Bevölkerung anlegen. Kerssenbroch hat ein Exemplar dieser interessanten Stammrolle in die Hand bekommen und betont augenzwinkernd, daß er es ‚non sine causa' ... nicht ohne guten Grund auf bewahre. Was sich wohl an die Adresse derer richtet, die nach dem Fall der Stadt sich gut bischöflich ausgaben, obwohl ihre Namen in der Liste enthalten waren. Auf uns ist es leider nicht überkommen, dieses Verzeichnis.

Die der Stadt gesetzte Frist ist am 28. August jedenfalls verstrichen, und pünktlich bricht das Donnerwetter los. Es mag wohl, gemessen an den Mitteln der Zeit, ein stattliches Trommelfeuer gewesen sein, da tagelang die Sonne hinter dem Pulverqualm sich verbirgt und, wofern man Kerssenbroch glauben darf, in den Nachbardörfern alle Fensterscheiben bersten. So fällt von vier Seiten, vornehmlich aber gegen die Tore gerichtet, Eisenhagel auf die Stadt, durchlöchert das Dach des Überwasserklosters, legt auch in die Tore Bresche, kann aber den Wällen, deren Fundamente aus gutem heimischen Gestein bestehen, nicht viel anhaben. Dort nämlich stehen, zum Teil durch den Terror in den Feuerbereich getrieben, einschließlich der Alten und Gebrechlichen und auch der Weiber so ziemlich alle Münsterer, füllen nachts mit Mist und Erde die Löcher, und die Damen halten zur Abwehr des erwarteten Sturmes heißen Kalk, Pechkränze und noch andere, weniger appetitliche Wurfgeschosse bereit. Die Weiber werden zwar in allen diesen Donnernächten ein wenig müde, halten sich aber ausgezeichnet. Knaben schießen mit Armbrüsten, durch die Gassen hinter den Wällen aber reitet der Mann, den eine Kapitulation mit schimpflichem Tod bedrohen würde. Von Tor zu Tor reitet er, dirigiert seine Reserven an die bedrohten Stellen und benimmt sich in diesen Tagen durchaus umsichtig und tapfer. Am einunddreißigsten bricht der Sturm los.

Der „Duiwel" des Landgrafen von Hessen schießt zu seinem Beginn den Signalschuß, das Ungewitter bricht von sechs Seiten zugleich los und entlädt sich diesmal am heftigsten am Judefelder und am Kreuztor. Bedauerlicherweise aber wehrt sich auch dieses Mal ,das Dörflein' mit Klauen und Zähnen. Denn nun geht es ja wohl, nach abgelehntem Friedensangebot, um den Hals, und jedenfalls ward dem Angriff so ,grausam und dapffer begegnet / daß die / so entlauffen mochten / fro waren und sich bedankten'. Und als der Sturm, der nicht allzu lange angedauert haben mag, zu Ende ist, da stehen die Täufer, Männer und Weiber, höhnend auf den Wällen, rufen den Bischöflichen zu, sie mögen doch gefälligst wieder kommen, ein ordentlicher Sturm habe doch wenigstens den ganzen Tag über zu währen.

,Wär Gott nicht mit uns zu dieser Zeit,
Wir hätten müssen verzagen'

singt man an diesem Tage als Siegeschoral in den Mauern, und durch die Gassen reitet Bockelson und fragt lachend seine Leute, ob sie nicht einen starken Gott hätten. Es ist die Stunde, in der er bereits mit einer neuen Herausforderung des alten Reiches umgeht.

Die Niederlage des Bischofs ist noch schwerer als die erste. Aus seinem Lager hört man die ganze Nacht hindurch das Geheul der jäh verwitweten Soldatenweibcr. ,Do ist eine große menge volcks / edel und unedel / umpracht (=umgebracht). Derglaichen etlich kriegsvolck der stat zugefallen und eingelaufcn', meldet ein zeitgenössisches Flugblatt. Tatsächlich sind 42 erprobte Offiziere und Hunderte von Leuten des Bischofs tot, tatsächlich hat es in Münster, wie später der Prädikant Klopriss auf der Folter angibt, nur 15 oder 16 Tote gegeben. So ist die Stadt nach dem Sturm stärker denn je.

Sie ist vor allem zuversichtlicher denn je, und es ist kein Wunder, daß des Bischofs Heer auseinanderläuft und zerbröckelt, und das einzig Tröstliche in dieser Prüfung ist das, was in diesen Tagen ein städtischer Überläufer meldet: daß man nämlich in Münster dem Brotmehl bereits Gerste zusetze und daß es an Früchten und Öl, vor allem auch an Wurzelwerk und Gemüse zu mangeln beginne ...

Wir hören ja wohl zwei Monate später, als wir die im Oktober aus Münster ausgesandten Wanderprediger ausfragen, auch das Gegenteil, wir werden dann hören, daß Münster noch für gut und gern zwei Jahre verproviantiert ist, immerhin aber wirkt die Auskunft dieses Überläufers doch etwas als Herzensstärkung. Mit Sturm und blutiger Belagerung ist der Teufelstadt ja doch nicht beizukommen, hungern wir sie also aus, indem wir sie hermetisch abschließen von der Welt.

Und während der Bischof zu diesem Zweck seine Schanzen verstärkt und neue Blockhäuser vor den Toren errichtet, feiert Münster Siegesfeste, und ist, da diesem Bockelson ja alle seine Weissagungen so sichtbarlich in Erfüllung gehen, bereit, sich neuen Abenteuern hinzugeben. Was den Goldschmied Dusentschnuer aus Warendorf angeht, so ist er nur ein armer Krüppel, hat aber ein gewaltiges Mundwerk und *,konde dat volck so verschrecken und do mackeden sie in für einen propheten'*[37]. Auf den gemeinen Mann macht es immer einen tiefen Eindruck, wenn man immer Ach und Weh über die Verderbnis der Zeit schreit und immer das Höllenfeuer schürt, und eben das versteht dieser neue Prophet ausgezeichnet, und wenn er — was er nach Gresbeck recht oft tut — lügt, so *,plag (=pflegte) hei to seggen „Got heft tho my gesprocken'"*. Durch solche Befehlsübermittlung hat Gott ihm unter anderem denn auch gesagt, daß ein christlicher Bruder nicht mehr als einen Rock, zwei Paar Hosen, zwei Wämser und drei Hemden haben dürfe, und wer mehr davon hat, der möge es gefälligst an die Diakonen für die fremden Bedürftigen, für die aus der Fremde uns zugezogenen Brüder abliefern ...

Beschlagnahmungen aber stehen bekanntlich hoch im Kurs überall dort und bei allen denen, bei denen es nichts zu beschlagnahmen gibt, und da das nun einmal so ist und da er außerdem Bockelsons Gunst zu genießen scheint, so gilt das Wort dieses hinkenden Propheten bald sehr viel in Münster. Und so läuft er eines Tages im September, als alles noch in Siegesstimmung ist, auf den Markt und schreit, daß Gottes heiliger Mann Johann Bockelson fortan als König ... nicht nur von Münster, sondern als König über die ganze Welt und über sämtliche Reichsfürsten und natürlich auch über Kaiser Carolus anzusehen sei.

Das verkündet er, läßt sich von den herbeigerufenen Ältesten ein Schwert geben, reicht es Bockelson, *,auf daß ers führe, bis Gott die Herrschaft wieder von ihm nehme'*...

---

[37] Ü.d.H.: konnte das Volk so verschrecken und da machten sie ihn zu einem Propheten

Nimmt auch Chrysamöl, salbt ‚auf Befehl des Vaters' den Schneider und ruft ihn als ‚Erben auf Davids Stuhl' zum König von Zion aus. Und hier wollen wir ein wenig verweilen.

Keine dreihundert Jahre werden vergehen, da wird über die Erde der Enzyklopädismus gegangen sein mit seinen Dreigroschenerkenntnissen und dem unerschütterlichen Nachweis, daß auch Könige verdauen und im Grab verwesen ‚just wie andere Menschen' ... keine dreihundert Jahre werden vergangen sein, da werden alle die frommen Mythen um die von Gott verliehene Krone zerstört sein und es wird Napoleon aus Metzgern und Bäckern Herzöge, aus einem Kommis einen König, aus den Königen der alten Dynastien aber Bettler machen.

So wird es um 1800 sein. Noch aber schreiben wir 1534, noch sind die Erinnerungen an die herrlichen staufischen Ungetüme so wenig verblaßt, daß noch zehn Jahre zuvor im Bauernkrieg die schwäbischen Haufen die alte wurmstichige Burg des Staufergeschlechtes, das doch immer den Bauern geschützt hatte, nicht verbrennen[38] wollten. Noch lebt damals in den Herzen die Erinnerung an den Luxemburger Karl und an den ersten Maximilian, und wenn wir heute gar die um 1450 geschriebenen Berichte der Kammerfrau Helene Kottaner über die Krönung des doch erst vier Wochen alten Ungarnkönigs Ladislaus hören, so brausen bis in unsere Tage die Hymnen auf die Mystik der mittelalterlichen Krone.

Hier aber geschieht es, daß ein sozusagen im Straßengraben Geborener nach der Krone greift — einen ‚Theaterkönig und Hurenoberst' beliebt Kerssenbroch ihn zu nennen — und daß er damit nachgerade alles herausfordert, was unausgesprochen in den Herzen seiner Zeitgenossen liegt. Er selbst hat später zugegeben, was auf der Folter schon im Herbst des Jahres 1534 der Prädikant Beckmann aussagt: daß diese ganze Königsproklamation ein vorher mit Dusentschnuer, mit Knipperdolling, mit den Prädikanten verabredetes Theater war, und wer daran noch zweifelt, mag die Frage beantworten, wie denn eigentlich bei dieser spontanen Eingebung des Dusentschnuer sofort ein Staatsschwert und eine Büchse Chrysam zur Stelle sein konnten. Theater ist die Proklamation, und Theater ist das Verhalten Bockelsons, der sich mit dem Gesicht auf die Erde wirft, sich zu jung für die Bürde eines königlichen Amtes nennt, schließlich aber sicher ist, daß Gott ihm helfen und seine Unzulänglichkeiten ausgleichen werde. So nimmt er die Krone an.

Als er dann mit seiner altbewährten Prophetentechnik behauptet, er habe dies alles seit langem schon gewußt, und als er etwaigen Widersachern die Schärfe des Staatsschwertes ankündigt, beginnt freilich die völlig überrumpelte Menge zu murren, und als die neugebackene Majestät dieses Murren

---

[38]   Die süddeutschen Bauern zögerten mit der Einäscherung. Angeblich war es ein Emissär des mitteldeutschen Münzerschen Haufens, der auf dieser Einäscherung bestand und sie durchsetzte.

hört, beginnt unter ausschweifenden Gebärden ein neuer hysterischer Ausbruch, der sich wieder in Drohungen mit dem Terror erschöpft. Da also schweigt natürlich der Widerspruch und *,do hebben sie upgehaven (=aufgehört) und hebben gesungen einen deutschen salm „Aleine Got in der hoegde (=Höhe) sei ehr" und ein jeder is do widder tho huis gegain'*. Es blieb ihnen ja wirklich nichts anderes übrig, als sich mit dem neuen Königtum abzufinden, und hinterher bearbeiten die Prädikanten durch volle drei Tage das Volk, indem sie auf Jeremias XXIII und Hesekiel XXXVII aufmerksam machen. Dusentschnuer aber, der da weiß, daß aus vollem Magen und aus luxuriösem Leben am ehesten Opposition und hochmütige Nörgelei erwachsen, predigt erneut gegen Völlerei und erreicht es schließlich, daß ein ganzer Wagenzug abgelieferter Sachen in die Hofhaltung des neuen Königs geschickt wird.

Es ist mit neugebackenen Königen aber genau so wie mit neugebackenen Edelleuten: der papierne Edelmann von gestern wird gut tun, sich nicht sofort hinter einer Parforcemeute zu zeigen, und jede junge Dynastie mag sich Napoleons erinnern, der bei seiner zweiten Heirat mit Marie Louise von seinem kaiserlichen Schwiegervater eine ganze Kiste mit Papieren zum Nachweis seiner königlichen Abstammung bekam, die Kiste aber mit dem Bemerken zurücksandte, daß sein Königtum sozusagen von Montenotte und der Lodibrücke herrühre ...

Die Majestät von Münster aber vernachlässigt diese empfehlenswerte Spielregel gänzlich, und im Herbst 1534 ist es zunächst ein möglichst prunkvolles Hoflager, auf das sie ihre Zeit und ihre Mittel verwendet. So hören wir von einer sofortigen Beschlagnahmung aller in Münster noch vorhandenen Rösser für die Hofhaltung, wir hören sofort von Reiterspielen und auch von einem ziemlich umfangreichen Hofkalender. Der ist mit seinen 135 Namen — ungerechnet die sechzehn Frauen Se. Majestät — sogar phantastisch zu nennen, wenn man bedenkt, daß dieses Königreich die Ausmaße der heutigen münsterischen Altstadt nur unwesentlich überschritt und daß jenseits der Grenzen der Feind stand. daß Knipperdolling zum Statthalter, Rothmann zum Kanzler avanciert und daß wir unter den Räten und hohen Staatsfunktionären die altbekannten Täufernamen Gert tom Kloster und Redeker und Krechting finden, ist selbstverständlich. Was es aber da sonst an königlichen Vorschneidern, Kellermeistern, Mundköchen, Zapfmeistern, Trabanten, Hofmetzgern, Büchsenspannern, Lakaien, Garderobiers, Hofjuwelieren, Trabanten und Küchenchefs ,über die fette' und ,über die magere Kost' gibt, ist nicht auszudenken. Wobei bedacht werden soll, daß der Hofstaat der sechzehn königlichen Frauen in der Liste überhaupt noch nicht angeführt ist.

Interessant aber ist es, die Liste auf Namen durchzusehen, deren Trägern eine Stellung im Gefolge eines Schneidermeisters an der Wiege kaum gesungen war[39]. Der Name Krechting ist — in hoher Stellung! — zweimal vertreten, der der Bispings und Spees erscheint je einmal auf der Trabantenliste, wohingegen die Bussches dreimal, einmal unter den königlichen Ofenheizern, einmal in der Liste der königlichen Frauen, einmal aber auch unter den Lakaien des königlichen Harems, erscheinen. Und was soll es wohl, daß diese Liste auch einen Christoph von Waldeck, einen Namensvetter des bischöflichen Erzfeindes von Zion, anführt? Es ist, man staune, sogar ein leiblicher Sohn Se. bischöflichen Gnaden, der von den Täufern gefangen wurde und sich nun leider gezwungen sieht, den königlichen Schneider bei den Allerhöchsten Ausritten zu begleiten[40].

So also kann der ehemalige Kneipenwirt und ‚Rederyker‘ in seinem Hofalmanach den Träger eines uralten deutschen Geschlechternamens als Pagen benennen, bei einem norddeutschen Edelfräulein schlafen und sich von ihrem Herrn Vetter den Ofen heizen lassen. Da aber nun einmal zum Königtum Krone, Szepter, Reichsschwert, Hermelinmantel, Reichsapfel und Siegel und alle jene Attribute gehören, mit denen nach allgemeiner Vorstellung ein König dauernd behängt ist, so haben in den nächsten Wochen die Hofjuweliere zu schaffen! Dieses Königs Krone besteht gleich aus zwei und nach anderen Nachrichten gar aus drei Teilkronen, die, übereinandergeschmiedet, eine Art Tiara gebildet haben mögen, sie sind aus reinstem Dukatengold gefertigt und umschließen einen schwarzen Samthut. Außerdem aber *,hadde der konningk ein gulden ketten / in derselven ketten dair hadde hei innen hangen die werlt (=Weltkugel) glick als sein wappen mit einem golden runden appel und boven (=oben) auf dem appel ein golden creutze stecken‘* [41]. Diesem Aufwand an Gold entsprechen goldene Sporen, ein goldbeschlagener Sattel, ein Staatsschwert[42] mit goldbeschlagener Scheide,

---

39 Dort, wo die Namen sich mit denen von namensgebenden Sitzen decken, besteht natürlich immerhin die Möglichkeit, daß es sich um simple Herkunftsbezeichnungen und um Leute handelte, die aus den betreffenden Orten in die Stadt gelaufen waren. Nicht überall freilich besteht eine solche Möglichkeit, und in einzelnen Fällen beweist das unzweifelhafte Auftauchen des eingesessenen Adels in niederer Stellung hierselbst nur die schauerliche Macht der Massenpsychose.

40 Christoph von Waldeck, der unter den königlichen Pagen genannt wird, ist dann am 2. Juni 1535 die Flucht aus der Stadt gelungen.

41 Ü.d.H.: »hatte der König eine goldene Kette, an derselben Kette hatte er innen die Weltkugel hängen, gleich als sein Wappen mit einem goldenen runden Apfel und oben auf dem Apfel ein goldenes Kreuz stecken«
Die Echtheit der beiden in zwei westfälischen Adelsfamilien aufbewahrten ‚Bockelsonketten‘ wird angezweifelt.

42 Die Waffen des Königs wurden etwa zwanzig Jahre nach dem Sturz des Bockelsonschen Königtums von dem bischöflichen Kanzler v. Elen der Stadt vermacht. Wovon noch eine beglaubigte Abschrift des Testamentes zeugt.
Die Waffen sind noch bis zum Beginn des Dreißigjährigen Krieges als städtisches Eigentum nachweisbar: 1619 noch quittiert ein Münsterer Schwertfeger dem Rat über den für die Reinigung der Waffen empfangenen Betrag. Neuerdings ist ein im Münsterer Rathaus aufbewahrter, durch seine außerordentliche Schlankheit auffallender Panzer durch den Direktor des westfälischen Landesmuseums zu Münster, Professor Geisberg, als der des Königs angesprochen worden.

ein von drei goldenen Reifen umgebenes Szepter und, nach der Sitte der Zeit, Fingerringe[43] an sämtlichen Fingern. Tizian hat den fünften Karl nur wenige Jahre später in einem einfachen schwarzen Gewand mit dem Goldenen Vließ als dem einzigen Schmuck gemalt — dieser König trägt, nach Kerssenhroch wenigstens, meist ein scharlachrotes, oft aber auch ein mit Gold und Silber reich geziertes oder ein in allen Farben schillerndes und mit figürlichen Mustern reich durchwirktes Wams, und nach Gresbeck war es eben des Vaters Wille, *,dat hei sick so rüsten solle. Der gemein man konde nicht wieder kriegen von seinem gelt offe von seinem silver oder golt / aver der konningk und die rede droegent und heddent under handen*[44], und in der Tat hat es wegen dieses Aufwandes mancherlei Murren gegeben in Münster[45].

Dem Kleiderluxus entspricht die ureigentliche Hofhaltung. daß es in der Königlichen Wohnung, der ehedem an der Stelle des jetzigen Postgebäudes gestandenen Buerenschen Kurie, eine Hofkapelle, eine Hausorgel, einen Hoforganisten gab, daß der königlichen Tafel auch die in der Stadt längst verschwundenen Leckerbissen zur Verfügung standen, versteht sich beinahe von selbst, und von selbst versteht es sich auch, daß die sechzehn königlichen Frauen ein nicht minder üppiges Leben führen. Die königliche Wohnung verbindet ein eigens hergestellter Durchbruch direkt mit dem unmittelbar daneben gelegenen Frauenhaus, wo Divara[46], des seligen Matthys hinterlassene und von Bockelson auf Gottes eigenen Befehl geehelichte Witwe gebietet. Sie ist nach zeitgenössischen Presseschilderungen eine außerordentlich schöne Frau, sie ist die einzige unter diesen sechzehn, die zur ,Königin' erhoben ist und als solche auftritt. Unter den weiteren vierzehn erscheint einmal der Name Kibbenbrock, einmal der Name Kerkerinck, zweimal der Knipperdollings. Wobei freilich bemerkt werden muß, daß es sich in einem Falle möglicherweise nur um Knipperdollings Magd gehandelt hat, während Clara Knipperdolling, der Tochter des Statthalters, der Umgang mit dem Könige so miserabel bekam, daß, nach Kerssenbroch, auch in diesem Falle die ,Meestersche' Knupper in Funktion treten mußte. Kerssenbroch berichtet noch mancherlei Einzelheiten aus diesem Harem — Einzel-

---

[43] Der Ring mit dem Staatssiegel zeigte den Reichsapfel mit dem Kreuz, durchbohrt von zwei Schwertern. Das Siegelbild war umgeben von der Umschrift ,De konningk in dem nien — neuen — tempel fort dit vor ein exempel'. Der Bischof schenkte nach der Einnahme der Stadt auch diesen Ring an Dietrich v. Elen, der ihn dann bei seinem Tode samt den schon erwähnten Waffen der Stadt vermachte. Der Ring wurde später vom Rat an den münsterischen Goldschmied Knop verkauft. Sein weiteres Schicksal ist unbekannt.

[44] Ü.d.H.: dass er sich so rüsten sollte. Der gemeine Mann konnte nichts wieder kriegen von seinem Geld noch von seinem Silber oder Gold, aber der der König und die Räte trugen es und hatten es in den Händen

[45] Die Folterbekenntnisse der gefangenen ,Apostel' schildern Johanns Anzug zwar schlichter, immerhin aber noch prunkend genug. Die königlichen Trabanten trugen übrigens die königlichen Wappenfarben Rot und Grau, dazu auf den Ärmeln die bekannte, von Schwertern durchbohrte Weltenkugel.

[46] Richtiger wohl in der Schreibweise der holländischen Zeitung ,Differe'. Sie stammte aus Harlem.

heiten, die das Peinliche streifen. Wichtiger erscheint die schon einmal erwähnte und von Gresbeck so derb kommentierte Tatsache, daß im Laufe der nächsten zwölf Monate in diesem ganzen königlichen Harem nur zwei Kinder — eines von Divara selbst und eines von Margarethe Moderson — geboren werden. Übrigens hält der König darauf, daß ihm jede in der Stadt vorgekommene Geburt stracks gemeldet wird. Das Kind der Divara, das ja noch von dem toten Matthys empfangen wurde, erhält, um seine etwas heikle Stellung innerhalb der königlichen Nachkommenschaft zu bemänteln, den Namen ‚Kind Neugeboren‘.

So die Hofhaltung des Königs, nach der sich der Bischof bei allen inzwischen gefangenen Täufern höchst eingehend erkundigt. Bockelsons Auftreten als Staatsoberhaupt, zumal als oberster Richter des Gottesreiches, entspricht diesem Aufwand. Mit Teppichen bedeckt steht auf dem Markt zwischen den für den Hof bestimmten Bänken auf einer Empore von drei Stufen der Thron und Richterstuhl, und dreimal in der Woche vernehmen wir hier auf unsere mannigfachen Klagen und Beschwerden aus dem Munde des Königs den Wahrspruch. Dann betritt den Markt ein feierlicher und pomphafter Aufzug: ein Hofmeister mit weißem Stab und nachfolgenden Trabanten eröffnet, es folgen die Räte und Würdenträger, es folgt zu Roß der König und in ihrer Kutsche Königin Divara, es folgen — Kerssenbroch beliebt, von Huren zu reden — die übrigen königlichen Frauen und verlassen dann auf dem Markt den Aufzug und nehmen die Fensterplätze eines nahen Hauses ein und schauen zu, wie er, der Herrlichste von allen, Recht spricht. Der sitzt, zwei Pagen vor sich auf den untersten Stufen, auf seiner Sella curulis, der linke der Pagen hält das Alte Testament, der rechte das Reichsschwert. Der liebe Rothmann, der natürlich auch zugegen ist, gibt gern nach gefälltem Richtspruch einen Kommentar in Form einer Predigt, wozu, da die meisten der hier verhandelten Fälle sich um die neuen Ehegesetze des Staates und ihre mannigfachen Verletzungen durch unbotmäßige Frauen drehen, mancherlei alttestamentliche Handhabe sich bietet. Denn siehe, obwohl doch auch unser neuer Prophet Dusentschnuer erst kürzlich wieder zum willigen Hinnehmen dieser Ehegesetze aufgefordert hat, wagt Elisabeth Hölscher es, sich ihrem Manne zu entziehen, wagt Katharina Koekenbecker, es mit zwei Männern zugleich zu halten, wagt es Margarethe von Osnabrück gar, unseren zu ihrer Ermahnung erschienenen Prediger Schlachtschaf nicht nur gröblich zu beschimpfen, sondern auch anzuspucken und mit unappetitlicher Flüssigkeit zu begießen. Während Barbara Butendieck es sich herausgenommen hat, mit scharfer Zunge ihrem Eheherrn zu widersprechen.

Das Richtschwert liegt ja für solche Fälle immer bereit, und nur Barbara Butendieck, die schwanger ist, entgeht ihm vorerst und wird sogar nach der im Februar 1535 erfolgten Niederkunft begnadigt, da sie ja genug Angst ausgestanden hat. Die anderen Damen aber werden erbarmungslos geköpft. Meist beschließt übrigens ein von einem der Pagen verlesener Psalm, mitunter wohl auch ein öffentlicher Tanz der Hofgesellschaft oder gar ein Konzert der königlichen Kapelle die Tagung. Worauf die Majestäten in dem gleichen feierlichen Aufzug wie beim Anmarsch sich wieder in den Palast zurückbegeben.

So ist es, und dies kann wohl die etwas kurz befristete Blütezeit des jungen Königreiches genannt werden. Es ist die Zeit der sonnigen Herbsttage, da der abgedankte Schneider an den Landgrafen Philipp von Hessen Briefe schreibt, die — man ist ja unter sich und verhandelt also als ‚Reichsfürst‘ mit dem Reichsfürsten! — mit ‚Lieber Lips‘ beginnen ... es ist die Zeit, da der selbstbewußte junge Staat Münzen schlägt mit den Inschriften *Das Wort ist fleisch worden und wonet under uns‘*, oder, noch markanter, *‚Ein Koningk oprecht over all / ein glaub / ein tauff to Monster‘*[47]. Und so wären wir ja wohl, in der historischen Parallele zur Französischen Revolution, etwa angelangt bei der Staatskonsolidierung und in jenem Abschnitt, da Napoleon St. Cloud und Malmaison bezog und die Jakobiner verfolgte und den alten emigrierten Adel zurückrief?

Hätte hinter Münster etwas mehr Macht gestanden, wäre die holländische Intervention tatsächlich erfolgt, es wäre vielleicht ähnlich gekommen und vielleicht hätte dann dieser heillose Sohn des Chaos seinen Frieden gemacht mit der Ordnung der Umwelt, hätte die Wiedertaufe samt Propheten, Altem Testament, Haremsdamen und dem ‚Seid fruchtbar und mehret euch‘ hinter sich gelassen und mit Bischof und Reich seinen guten Frieden geschlossen. Just so wie Napoleon, als die Zeit reif geworden war, die Freundschaft mit den beiden Robespierres vergaß, die Jakobinermütze, die revolutionäre Zeitrechnung hinter sich ließ, Baboeufs Jünger in eisernen Käfigen nach Martinique spedierte und langsam seinen Frieden mit dem übrigen Europa und die angestrebte Legitimierung seiner Dynastie vorbereitete.

Wäre es nun auf diesen Bockelson, der seinen ‚Brumaire‘ zu früh angesetzt hatte, allein angekommen, es hätte wahrhaftig einer ähnlichen Lösung nichts im Wege gestanden. Ich zweifle nicht im mindesten daran, daß im Grunde diesem Sproß der mittelalterlichen Unterwelt die ganze täuferische Ideologie herzlich gleichgültig, daß sie ihm lediglich Mittel zur Gewinnung persönlicher Macht war ... daß er selbst zu jedem Verrat an der Sache und zu jedem Verrat an all diesen Propheten und Amokläufern bereit gewesen wäre, wofern er sich dadurch den Frieden mit dem Reich und einen Abgang mit leidlichem Gewinst hätte erkaufen können.

Er konnte es eben nur nicht, und daß just in diesen Tagen der Bischof einen Vorschlag der Stadt Bremen zur Vermittlung des Friedens ablehnt, spricht wohl dafür, daß er Bockelsons Lage durchschaute. Die oben ausgesprochene These, daß Revolutionen in der Regel Sicherheitsventile zur Entleerung angestauten Massenressentiments darstellen, und daß vor solcher

---

[47] Ü.d.H.: Ein König aufrecht über alles / ein Glaube / eine Taufe zu Münster.

Entleerung jede gegenrevolutionäre Maßnahme und auch jeder vorzeitige ‚Brumaire' zwecklos ist — diese These wird hier wieder einmal erhärtet. Als Napoleon den seinen vorbereitete, hatte Paris die Carmagnolen und die Schreckensherrschaft längst hinter sich. Als Bockelson sich zum König machte und Philipp von Hessen mit ‚Lieber Lips' anredete, war in Münster das Geschwür noch lange nicht geplatzt. Wofür wir ja nun bald die Beweise sehen werden.

Die von Rothmann und Klopriss verfaßte Schrift, die in diesen Tagen in Münster gedruckt wird und an Pfeilen und Stöcken ins bischöfliche Lager und in alle Welt hinausfliegt — diese in der Geschichte des münsterischen Königreiches als ‚Restitution' bekannte Schrift ist nur ein Beweis dafür, daß Münster an einen Frieden mit der Umwelt noch gar nicht denken konnte. An sich ist sie eine Wiederholung der oben schon erwähnten täuferischen Theologie in noch selbstbewußterer Form. ‚Restitution' heißt sic, weil Gott ja von Zeit zu Zeit durch höchst persönliche Offenbarungen die verlotterte Menschheit ‚restituiert'. Christi Erscheinen war eine ‚Restitution', nur fiel die Menschheit hinterher um so tiefer, und weder die Juden noch die Sarazenen und Türken haben Gott je so verachtet wie die sogenannte Christenheit. Wie der Papst, der nun den allertiefsten Abfall darstellt, wie die Theologen, die Christi Lehre verdarben, wie die Universitäten, die ein Gleiches taten, wie die Fürsten, die das Christentum nur als Mäntelchen für ihr pestiges Streben nach Macht benutzen ...

Eine ‚Restitution' hätte, ehe er ja nun leider in seinem Hochmut steckenblieb, Luther mit seiner Rebellion bringen können, so aber kam die einzige wirkliche Restitution von Melchior Hoffmann, von Matthys und ‚unserem Bruder Johann'. Restituiert ist in Münster die Welt durch die Neuoffenbarung des Alten Testamentes mit all seinen noch lange nicht erfüllten Verheißungen, restituiert ist die Menschwerdung Christi im Fleisch, bei der ‚das Wort Fleisch ward'... restituiert ist die Erlösung des Menschen von seinen Sünden in gottesfürchtigem Wandel, den die Altgläubigen über ihrem wüsten Leben ja ganz und gar vergessen haben.

Dies alles haben unsere Propheten ‚restituiert'. Restituiert haben sie in diesem Sinne die Taufe, aus der der Antichrist ‚ein Kinderbad und ein Zauberkunststück mit Blasen und Scheuern gemacht hat', restituiert ist sie, weil sie nunmehr dem bewußten Erwachsenen gehört. Restituiert ist in Münster die Kirche, da die Lutherischen wahrhaftig besser daran getan hätten, Papisten zu bleiben, statt die römische Messe, als sei eine deutsche Sünde leichter denn eine lateinische, durch eine deutsche Messe zu ersetzen. In all diesen Messen aber macht der Antichrist sich einen ‚Gott aus Brot', zeigt ihn dem Volke und verlangt seine Anbetung und frißt hinterher diesen ‚Brotgott' auf. Haben wir nicht auch hier Restitution geschaffen mit unserem Nachtmahl ohne alle Zauberformeln ?

Restituiert ist die Ehe, weil die Vielweiberei bezeugt ist durch die Patriarchen und die Apostel, Vielweiberei ist notwendig, weil anders das Gottesgebot der Menschheitsmehrung sich nicht erfüllen läßt. Restituiert ist auch, da die bisherige nur ein Zerrbild der göttlichen war, unsere Obrigkeit, restituiert endlich ist nicht zuletzt die menschliche Gesellschaft aus der Gemeinde der Heiligen. Aus der Gütergemeinschaft, aus dem Fehlen jeder Eigensucht, aus einem idealen Zustande, ‚bei dem es kein Kaufen und Verkaufen, keine Arbeit um Geld, keine Rente und keinen Wucher, kein Essen und Trinken von der Armen Schweiß gebe'.

Das ungefähr ist diese berühmte ‚Restitution' des lieben Rothmann — ein neues Taschenspielerkunststück der münsterischen Propaganda, ein neuer Wink für die unzufriedenen Massen, die damals gegen den jungen Frühkapitalismus aufbegehren ...

Ein neues Irrlicht für alle die trüben und die ehrlichen Gottsucher und für das idealistisch-häretische Wüten einer großen Zeitwende, eine Fanfare für alle, die in solcher Zeit ständig Bastillesturm und Pikenfest, kurzum jeden Tag revolutionären Geburtstag haben möchten.

Abermals, wie ihre Vorgängerinnen, befleißigt die Schrift sich einer gefälligen und biedermännischen Diktion, abermals stellt sie die münsterische Bühne hinter rosenrotes Lampenlicht, abermals verschweigt sie den Blocksberg und die ... ich kann nur sagen alttestamentliche Besoffenheit, die just damals die münsterischen Gassen mit ihrem Gegröl erfüllte. Zur Zeit — obwohl ja auch das wiederkehren wird! — läuft zwar niemand mit Bußerufen durch die Stadt, dafür erleben wir in Münster gegenwärtig das angenehme Schauspiel, daß zwei kleine Mädchen — Kinder von acht oder neun Jahren — alles terrorisieren, was sich noch erlaubt, an halbwegs eleganten Kleidern einigen Schmuck zu tragen. Dies aber vollzieht sich nicht etwa in den üblichen Bekundungen einer etwas verluderten Jugend, es vollzieht sich in einer grotesken und schauerlichen Weise, aus der uns der zeitweilige Massenwahnsinn eines großen Gemeinwesens von zehn- oder zwölftausend Einwohnern — also einer für mittelalterliche Verhältnisse schon bedeutenden Stadt! — angrinst.

Diese kleinen Bestien also stellen sich gutgekleideten Leuten — Männlein und Fräulein — in den Weg, weisen mit ihren Fingern stumm auf unzeitgemäßen Schmuck, springen, um bunte Hauben und Seidentücher abzureißen, den Weibern an den Hals, bekommen, wofern sie auf Widerstand stoßen, Schreikrämpfe, alarmieren damit die ganze Stadt und verfahren entsprechend auch bei Mannsbildern mit elegantem Anzug.

‚Wan sie denn bei die mans kemen / die schone hosenbende
hedden / dar gingen sie tegen stain (=blieben sie stehen) und
weiseten mit den fingeren und gaben ein gelaut von sich /
recht wie ein mensch / der stum was. Wolte der man die ho-

senbende afbinden willich / so weren die mcdeckens wol tho-
freden und sprungen up in die lucht und schloegen die ände
tho hope und sagen (=sahen) mit dem angesicht in die lucht
und stelten sick an / glick als ein stum mensch plecht tho
doin. Wolde der man die hosenbende nicht laten afbinden / so
wurden die medeckens tornich und schreidcn. So giengen
ouck diese selven medeckens doir die stat und suchten die
frowenluede / die schoene halsdoeker umme hedden und dair
liepen die medeckens na und springen den frowenlueden an
den hals und toegen oem af / wer des nicht willen wolde von
sick geven.' [48]

So verhält es sich gegenwärtig in Münster, und die Folge ist, daß die Stadt sich diesem Terror willig fügt und, gleich als hätten diese kleinen Bestien eine neue Erkenntnis gebracht, nun aus freien Stücken noch weiter geht: hinfort trägt man nur noch schwarze Hauben und färbt selbst die roten Schlafmützen schwarz, man zerbricht sämtliche Spiegel und läßt den abgerissenen Tand den beiden kleinen Furien zum Verbrennen. Die aber bekommen ihre Anfälle auch dann, wenn sie gerade keine Razzia veranstalten, sie stecken mit ihrem bekannten Gebrüll ,O Vater, gib, gib!' auch wieder einmal die erwachsenen Frauen an. Bis der König und die Prädikanten auf diese Exzesse aufmerksam werden und dafür sorgen, daß die Kinder aus der Öffentlichkeit verschwinden.

Denn Bockelson war kühl und klug genug, um die Gefährlichkeit und das Kompromittierende solcher Dinge zu ermessen, und dort, wo wir ihn in Zukunft an solchen Szenen selbst beteiligt sehen, da merkt man noch heute, nach vierhundert Jahren, diesen Schilderungen an, wie sehr dieser vielgewandte Odysseus Theater spielte. Da aber die weiteren Exzesse dieser Art nicht etwa von zwei hysterischen Kindern, sondern von Knipperdolling und somit von dem königlichen Statthalter selbst ausgehen, so sei hier vorweg die prinzipielle Frage aufgeworfen, ob es sich bei dem folgenden um eine beabsichtigte Kompromittierung des Königs handelte ...

---

[48] Ü.d.H.: Wenn sie dann zu den Männern kamen, die schöne Hosenbänder hatten, da blieben sie stehen und wiesen mit den Fingern und gaben Laute von sich, genau wie ein Mensch, der stumm war. Wollte der Mann die Hosenbänder willig abbinden, so waren die Mädchen wohl zufrieden und sprangen in die Luft, schlugen die Hände über dem Kopf zusammen und sahen in die Luft, und stellten sich an gleich wie es ein stummer Menschen es zu tun pflegte. Wollte der Mann die Hosenbänder nicht abbinden lassen, so wurden die Mädchen zornig und schrien. So gingen dieselben Mädchen durch die Stadt und suchten Frauensleute, die schöne Halstücher umhatten. Denen liefen die Mädchen nach und sprangen den Frauensleuten an den Hals und zogen ihnen die Tücher denen ab, die nicht willens waren, sie von sich zu geben.

Oder ob der Herr Statthalter in solchen Augenblicken wirklich närrisch war und, nach Gresbeck, *„nicht recht bei Verstande, wenn hei den geist bei sick hedde*[49].

Die Frage beantworten, heißt erstmalig genauer jenen seltsamen Mann betrachten, der so dunkel und rätselvoll neben dem Thron steht und so wenig gemein hat mit diesem Bockelson, dem wir ja in den Bravos der Dostojewskisehen ‚Dämonen' und in den mannigfachen Abwandlungen des bolschewistischen Menschen allenthalben begegnen. Wer aber war dieser Knipperdolling? Sein Bild zeigt statt der verquollen und gedunsenen Züge des Königs die Merkmale der guten Herkunft ebenso, wie es die Züge des Paranoiden und des stigmatisierten Propheten zeigt. Das Henkeramt, das den Ausübenden nach den Begriffen der Zeit unehrlich machte, scheint ihm keine sonderliche Bürde gewesen zu sein, da er nach dem Mollenheckschen Aufstande die Köpfe der Gefangenen ja sicherlich mit einigem Behagen abschlägt[50]. Die Anfälle aber, deren wir Zeuge waren, tragen bei ihm den Stempel der Echtheit dort, wo sie hei Bockelson immer als übles Theater erscheinen.

Und doch muß in dem, was im Herbst zwischen den beiden Männern sich ereignete, auf Knipperdollings Seite ein Stück Berechnung gewesen sein. Die entsprang dem Groll auf diesen, um ein Hamlet-Wort zu gebrauchen, ‚Geflickten Lumpenkönig', der hinter dem Zaun geboren war und nun den Souverän[51] spielte, sie setzte es sich zum Ziel, Bockelson durch planmäßiges Komödienspiel vor dem Pöbel lächerlich zu machen und ihn in Situationen zu bringen, denen der ‚Theaterkönig und Hurenoberst' nicht recht gewachsen war. Ziel und Mittel dieses seltsamen Beginnens sind also ohne weiteres klar, unklar bleibt eben nur die Gemütsverfassung, in der er es begann. Es dürfte mit ihm hierbei nicht viel anders gestanden haben wie mit dem Dänenprinzen Hamlet: er schlüpft, um sich freies Spiel und Straffreiheit zu sichern, in des Narren Kleid. Nur daß beiden, dem Shakespeareschen Helden wie dem münsterischen Tuchhändler, in ihrer Exaltiertheit der Augenblick kommt, wo ihr Spiel allzu natürlich wird und wo die freiwillig gewählte Rolle des Narren Herr wird über die Komödianten selbst.

So steht es wohl mit dem seltsamen Mann, der Knipperdolling heißt. Den Beginn dieses tollen Narrenspiels haben wir wohl in die Wende vom

---

[49] Aus seinem späteren Bekenntnis zu den folgenden Vorgängen: ‚Item / er sey einmal gefengelich angenomen / der orsake / dat he etzliche verblyndung gehat / dat er nit wisse / wat er dede.'

[50] Aus dem gleichen Geständnis Knipperdollings: ‚Item / er hebbe XI oder XII mit syner handt gerichtet / ouck etzliche mit schrouven up den benen gepyniget.
Die Zahl erscheint reichlich niedrig angesetzt. Der König, der als Scharfrichter doch sozusagen dilettierte, gibt für seine Person allein sechs bis acht Köpfungen in seinem Geständnis zu.

[51] Bekenntnis des gefangenen Königs: es sei zwischen ihnen oft Zwietracht gewesen. ‚Denn Knipperdolling hebbe gesecht / se handeln butten der Schrift und wolde dem Koningk gelik syn.' Gresbeck berichtet, daß Knipperdolling die Königswürde Bockelson mindestens mißgönnte, was Kerssenbroch und zahlreiche andere Quellen bestätigen.

September zum Oktober 1534 zu verlegen, als Knipperdolling in einem seiner bekannten Anfälle, die ja lange genug ausgesetzt haben, wieder einmal auf die Straße rennt und sein bekanntes ‚Tut Buße / bessert euch!‘ brüllt. Genau so, wie wir es aus seinem Munde im Februar gehört haben.

Was nun aber im Februar sehr am Platze erschien, klingt heute doch wohl unschicklich und anstößig, denn seither, du außer Rand und Band geratener Tuchhändler, haben wir doch wohl ein neues Leben begonnen, ein Register der bösen Werke aufgestellt, uns selbst aber der guten so eifrig befleißigt, daß ein Aufruf zum Bußetun in dieser vor Gott untadelig dastehenden Gemeinde nachgerade eine Beleidigung darstellt.

Knipperdolling aber, anscheinend ganz und gar von Sinnen, rast auf den Markt, wo der König gerade Gerichtstag hält und wo er, Knipperdolling, nun nach Kersscnbrochs Worten ‚instar apri spumans humi prostatus tacuit‘ ... mit Schaum vor dem Munde wie ein Eber sich zu Boden wirft und vorerst einmal mit seinem Gebrüll Ruhe gibt.

Was aber nicht lange dauert und wohl nur als kleine Erholungspause für den malträtierten Kehlkopf gedacht ist. Denn urplötzlich springt er auf, kriecht nach Kersscnbrochs Schilderung in einer wirklich nicht ganz leicht nachzuahmenden Technik wie ein Quadrupede auf den Köpfen (!) der Stehenden (!) herum, verkündet ihnen ihre Heiligung durch Gottvater, bestreicht auch mit Speichel die Augen der Blinden und verkündet ihnen das Wiedererwachen ihrer Sehkraft ...

Die Blinden hören deswegen leider nicht auf, auch weiterhin blind zu sein — wer aber wird sich inmitten solcher Szenen sofort der paar enttäuschten armen Tröpfe erinnern? Denn zu Ende ist diese maniakalische Entleerung noch lange nicht, und von jetzt an nimmt sie Formen an, die nachgerade unerhört sind vor einem Thron und die Autorität Se. Majestät selbst schwer gefährden.

Der König hat bislang in all seiner Pracht auf seinem Stuhl gesessen und nach dem üblichen Gerichtstag der Predigt der Prädikanten gelauscht. Nun aber erscheint urplötzlich in einer Pause dieser Predigt der Herr Großvesir, steht, was bei der damaligen Tracht immerhin ein erhebender Anblick gewesen sein mag, vor dem Thron auf dem Kopf, bezeichnet sich als des Königs Narren, stemmt die Hände in die Hüfte, verneigt sich vor Bockelson ...

‚Her Koningk guden tagh / wi sitte jy (=ihr) hir / her Koningk ‘ Das wäre also wohl das, was der neudeutsche Dialekt als ‚Anpflaumen‘ bezeichnet, und das alles wird nicht weniger unziemlich dadurch, daß der Herr Premierminister plötzlich vor seinem königlichen Herrn herumzutanzen beginnt, ihm zuruft, ‚er tanze jetzt vor ihm just so, wie er früher mit Huren getanzt‘, ... daß er einem königlichen Trabanten die Hellebarde entreißt, sie schultert, vor Bockelson damit herummarschiert und ihn anschreit, ‚so wollten sie nun beide ausziehen und die Gottlosen strafen‘. Das Furchtbare dabei ist, daß dieser Anfall sofort auf die Umgebung übergreift. Denn als Knipperdolling nach diesem Tanz vor dem königlichen Thron sich wieder an die Umstehenden wendet und sie durch Küsse auf Mund und Wange in seiner Art von neuem ‚heiligt‘, da beginnt unter denen, an denen er mit dieser Heiligung vorübergeht, ein großes Wehgeheul, *‚und ein deil luede / die hei nicht hilligen wolde / die hebben geschrien / die arme zimpel (=einfältigen) luede / die nicht besser wisten. Ein deil merckede aver wohl / dat der duvcl so mit inen regierte‘.*[52]

So also steht es mit Münster um diese Zeit. Keine Beruhigung, keine Festigung, sondern ein weiteres Hochklettern des Fiebers — kein Sichzurückfinden in die nüchterne niederdeutsche Welt ringsum, sondern ein rettungsloses Sichverfangen in den roten Schleiern und Schlingen der Massenpsychose. Da aber in einem Gemeinwesen, in dem Verrücktheit zum üblichen Durchschnittszustand wird, der König als der einzige Geistesgesunde unmöglich ist, so fühlt sich Bockel- son, der während dieser peinlichen Szene auf seinem pathetischen Thron eine ziemlich unglückliche Figur gemacht haben mag, seinerseits zu einem Anfall verpflichtet, der dann freilich, sehr im Gegensatz zu dem des Statthalters, durchaus den Eindruck verzweifelter Komödienspielerei macht.

> *‚Als nu der Koningk heft gesetten up seinem stoel und heft tho gesehn / so ist im gekomen des doepers geist unde er is von seinem stoel gefallen und das scepter is ime uth der hant gefallen und heft seine hende gefoldet und heft lange gesetten / recht wie hei beschweiget (=stumm) was. Da hebben ouck die wiver gekrischen und der geist begunt irer ouck ein deil tho plagen / dat sick ein mensch mochte verschrecken / der datselve ansach. Als nu Knipperdolling heft gesehn / dat der Koningk is von seinem stoel gefallen / so heft he gelopen na dem Koningk und heft den Koningk umbfangen unde heft in wedder up den stoel geset unde heft im do den geist eingeblasen. So is der Koningk wedder levendigh worden und heft gesacht mit einer bevende stim: „Leven broeders und susters, wat sehe ick for grote frewde.“‘*[53]

[52] Ü.d.H.: und ein Teil der Leute / die er nicht heiligen wollte / die haben geschrien / die armen einfältigen Leute / die es nicht besser wußten. Ein Teil merkte aber wohl / daß der Teufel so mit ihnen regierte.

[53] Ü.d. H.: Als nun der König so da gesessen ist auf seinem Stuhl und zugesehen hat / da ist über ihm des Täufers Geist gekommen und er ist von seinem Stuhl gefallen, das Szepter ist ihm aus der Hand gefallen und er hat seine Hände gefaltet. Lange ist er dagesessen / genau so als wäre er stumm gewesen. Da haben auch die Weiber gekreischt und der Geist begann einen Teil von ihnen zu plagen / sodaß sich ein Mensch erschrecken mochte / der dasselbe sah. Als das nun Knipperdolling gesehen hatte / daß der König von seinem Stuhl gefallen ist / da ist er zum König gelaufen, hat ihn umfangen, ihn wieder auf den Stuhl gesetzt und hat ihm da den Geist eingeblasen. Darauf ist der König wieder lebendig geworden und hat mit bebender Stimme gesagt: »Liebe Brüder und Schwestern, was sehe ich für eine große Freude.«

Und siehe, plötzlich sind in den Augen der halluzinierenden Majestät alle die spitzbäuchigen Bürger und alle die alten Hutzelweiblein engelschön geworden, und, was am bedeutsamsten ist, es kreist vor dem Auge des königlichen Schneiders der Markt mit seinen Häusern, die demolierten Kirchtürme, ganz Münster ...

Was natürlich nichts anderes heißen kann, als daß der König nun mit seinem Volk rund um die Welt ziehen und König des ganzen Erdballes werden soll. Worauf die anwesenden Damen erneut Beifall kreischen und der Geist der visionären Heimsuchung Seine Majestät langsam wieder verläßt.

Leider aber gelingt mit diesem Theater eine Beendigung der peinlichen Szene nicht, leider treibt der Statthalter seinen groben Unfug weiter. Er ruft sich aus der Menge nun jene Männer heraus, die in der bewußten Februarnacht, als des Bischofs Leute Einlaß begehrten, mit ihm als Geiseln der Altgläubigen im Überwasserturm gesessen haben — er setzt sie auf die Bank vor dem Thron, bläst ihnen ‚einen lebendigen Odern‘ ein, ‚konde aver inen den geist nicht ingeblasen‘. Was vielleicht, da es sich um lauter alte und gebrechliche Männer handelt, kein Wunder ist, ‚was aber den Herrn Statthalter keineswegs hindert, die alten Leutchen, die da etwas verstört und etwas blöd auf ihrer Bank sitzen, als seine Apostel zu bezeichnen und sie mit den entsprechenden Namen Petrus, Paulus, Simon usw. auszustatten. Die Majestät auf ihrem Thron fühlt, daß diese lächerliche Szene ihrer Würde immer mehr Abbruch tut und äußert den lebhaften Wunsch, nach Hause zu gehen, wird aber von Knipperdolling zurückgehalten. Der nämlich läßt vor dem König die von ihm Geheiligten das Knie — die Männer das rechte, die Weiber das linke — beugen, und zuletzt spricht er zu den Aposteln den verschrobenen und etwas apokryphen und nebst seinen wunderlichen Wiederholungen von Gresbeck offenbar selbst mitangehörten Satz, der beinahe wie ein Bestandteil der Merseburger Zaubersprüche klingt ...

‚Got Got weise. Got Got gift iw erlof erlof (=Urlaub) / dat gy (=ihr) solt tho huiss huiss gain gain.‘ Worauf denn diese psychiatrische Klinik sich langsam verzieht und zu Mittag geht.

Leider aber beginnt am nächsten Tag der Hexensabbat von neuem, und von neuem kommt über den Markt getanzt der Herr Statthalter, setzt sich zum König auf den Thron, schreit in die Menge, er habe Bockelson zum König gemacht und *‚dat hei wolde ouck ein Koningk sein‘*. Das aber ist natürlich ein bitterböses Wort, das den Tatbestand des Hochverrats erfüllt, und natürlich hat es schlimme Folgen. *‚Do der Koningk sach und hoerde / dat Knipperdolling sachte / dat hei von rechten solde ein Koningk sein und dat hei in tho einen Koningk gemacht / do is der Koningk tornich worden‘*[54], was ihm keineswegs verdacht werden kann, und was in diesem Falle zur

---

[54] Ü.d.H.: Als das der König sah und hörte / daß Knipperdolling sagte / daß er von rechts wegen ein König sein sollte und er ihn zu einem König gemacht habe / da ist der König zornig geworden.

Folge hat, daß der König, ähnlich wie der hamletische nach dem bekannten Schauspiel, mit Geräusch aufbricht und der unwürdigen Szene den Rücken dreht und ,*tho huiss gait*'. Nur muß eben ein König, wofern er einmal fortgegangen ist, nicht wieder gleich zurückkehren — er tut in solchem Falle doch wohl besser, einen Gardehauptmann zur Aufhebung des Unruhestifters zu schicken, sich selbst aber, nachdem seine Würde gekränkt ist, dem Volk lange nicht zu zeigen ...

Diese Regeln des Königsspiels aber kennt der ehemalige Kneipenwirt nun einmal nicht, und was er tut, ist nicht gerade würdevoll. Wie ein Marktweib, dem noch ein paar nicht verschossene Scheltworte nach dem Hader mit der Nachbarin eingefallen sind, kommt Bockelson zurück, befördert Knipperdolling, der sich's inzwischen auf dem Thron bequem gemacht hat, eigenhändig herunter und ,*heft im verbaden (=geboten) / dat hei Stil schweigen solt. Und do heft Knipperdolling geschwegen'*. Da aber Bockelson merkt, daß die Szene auf die Anwesenden einigen Eindruck gemacht hat, fordert er das Volk auf, ,auf den sonst hochverdienten Statthalter nicht acht zu geben, da er von Sinnen sei', läßt ihn endlich verhaften und gefesselt ,in thorn' werfen. Wo Knipperdolling drei Tage verbleibt.

Beide Herren kannten ja wohl einander und wußten sehr genau, was bei guter Gelegenheit ein jeder vom andern zu erwarten hatte, und da das auf beiden Seiten kaum etwas Gutes ist, fühlt Knipperdolling den Kopf auf der eigenen Schulter wackeln, und es überkommt ihn in seinem Kotter die große Reue, und er läßt den König wissen, daß er in helle Verwirrung und sicherlich unter dem ,Einfluß eines unsauberen Geistes' gehandelt habe. Der König andererseits, der ohne lautes Murren der Einheimischen einen Alteingesessenen und hohen Funktionär nicht köpfen lassen kann, schreibt ihm ins Gefängnis einen von Komplimenten und von Nachsicht überfließenden, im übrigen aber ziemlich süßsauren Brief, empfiehlt ihm in der Schrift die Lektüre der Geschichte von Josua, von Mardochai und auch die des letzten Esra-Kapitels und verbleibt im übrigen sozusagen sein wohlaffektionierter König Johann und schreibt unter seinen Namenszug nach gewohnter Weise: ,*Gots kracht (=Kraft) ist mein macht.*' Worauf er ihn freiläßt und in Gnaden wieder in sein Amt einsetzt.

Dies ist der erste schwere Skandal um den jungen Thron und er bleibt insofern nicht ohne nachhaltige Wirkung, als ,*do ein deil wiederdoepers was / die woldcn hebben / dat man solde noch einen Koningk kiesen (=küren)*', zum weltlichen Bockelson nämlich noch den geistlichen Knipperdolling. Was Bockelson dadurch beantwortet, daß er jeden, der solch vermessenen Gedanken äußert, unverzüglich einsperren läßt.

Dies sind die skandalösen Vorgänge, wie sie sich Ende September oder anfangs Oktober in Münster ereignet haben mögen. Wohl läßt sich ein unmittelbarer Zusammenhang zwischen ihnen und dem, was nun folgte, nicht nachweiscn ... dem unbefangenen Beobachter fällt es auf, daß alles, was nun kam — die Ernennung von Aposteln und der Plan eines Auszuges ins gelobte Land — schon während des Knipperdolling-Skandals in den beiderseitigen Visionen des Statthalters und auch des Königs aufgetaucht ist. Hatte der König nicht von einem Auszug geredet und war am Ende schon für jetzt mit den Brüdern in Holland ein Ausfall allergrößten Stils geplant, war am Ende späterhin das berühmte ‚Abendmahl auf dem Berge Zion‘ nur ein Manöver, mit dem die Aufmerksamkeit der Massen von den eigentlichen Plänen der Staatsleitung und vielleicht auch ein wenig von dem eben überstandenen Knipperdolling-Skandal abgelenkt werden sollte?

Wir wissen es nicht und haben nur eine recht geschickte Vorbereitung der Massen auf alle die wunderlichen Geschehnisse zu verzeichnen. Seit einiger Zeit nämlich hinkt durch die Straßen wieder der Prophet Dusentschnuer, macht dunkle Andeutungen über große Ereignisse, die nun bald kommen sollen, macht Andeutungen über Gottes Posaune, die zu ihrer Ankündigung dreimal aus den Wolken geblasen werden wird.

Das sind ja nun erschreckende Worte, und zumal auf diese aus den Wolken tönende Posaune des Herrn wartet alles in großer Beklommenheit. Inzwischen schleichen wie Gespenster die Gerüchte durch die Gassen. daß wir von der Posaune zu einem gemeinsamen Abendmahl aufgerufen werden sollen, mag hingehen, viel schlimmer ist etwas anderes, was nun in Münster gehört wird: mit Sack und Pack sollen die Gläubigen die Stadt verlassen, mit Gottes Hilfe und Schutz werden sie, just wie ihre israelitischen Vorbilder beim Mars h durch das Rote Meer, durch die bischöflichen Linien geführt werden, mit Gottes Hilfe werden sie ein gelobtes Land, herrlicher und reicher als die alte Heimat, erreichen.

Zu solch großen Dingen soll in drei Stößen die Posaune Gottes rufen, und man mag sich erneut fragen, ob die Staatsleitung, die solche Gerüchte planmäßig verbreiten ließ, nicht ihre ganz bestimmten, wenn ja später auch nicht verwirklichten Absichten gehabt haben muß. Die Hochstimmung des Sommers sank mit dem schwindenden Lichte des Herbstes sowieso, der kluge Bursche, der nun Herr der Stadt war, wußte um die schwindenden Vorräte und konnte den Ausgang sich leicht errechnen. Rings um Münster aber tobt ja damals das Täuferfieber, in Ostfriesland wartet man nur darauf, daß König Johann mit seinem Heerbanne gezogen käme. In den Niederlanden schreit es, ‚es müßten alle Edelleute und Pfaffen erschlagen und es müßte in der ganzen Welt so werden wie in Münster‘, und in Amsterdam war es schon zu bewaffneten Krawallen gekommen: sollte da Bockelson mit diesem angekündigten Auszug nicht an einen verzweifelten Durchbruch nach den Provinzen gedacht haben?

Wir wissen nicht genug von den unterirdischen Verbindungen der Stadt mit Holland, wir können die Maschinerie des Hintergrundes uns eben nur aus dem rekonstruieren, was sichtbarlich auf der Vorderbühne geschah. Auf dieser Vorderbühne stehen die Menschen, verstört oder verzückt, gläubig oder schon skeptisch und insgeheim der ganzen Täuferei vielleicht schon satt, und alles wartet auf die angekündigten Trompetenstöße. Bläst sie nun wirklich, Gottes gewaltige Posaune? O gewiß, sie bläst. Nur eben, als die Fanfare wirklich erklingt und die neuen Israeliten aus den Betten fahren und in den grämlichen Herbsthimmel schauen — sehen sie da etwa Gottvater, wie er in das Horn Oliphant stößt? O nein, sie sehen dort oben nichts als ziehende Nebel und schreiende Krähenschwärme, sie sehen dafür auf der Straße unseren bewährten Dusentschnuer, wie er eben vorüberhinkt und dabei in ein altes verbeultes Kuhhorn stößt. Da aber die Leute einen himmlischen und nicht einen Warendorfer Fanfarenbläser erwartet haben, verbeißen sie mit Mühe das Lachen, dürfen es aber, da die überzeugten Täufer auf alles acht geben, beileibe nicht zeigen. Dafür laufen Bockelsons Anhänger straßauf und straßab und bereiten auf das zweite und gar auf das dritte Signal vor, und auch die Prädikanten predigen täglich darüber. Und dann, nach zwei Wochen, *‚is die basun (=Posaune) tho dem andern mail geblasen und so heft dieser solve prophet doer die Stadt gehumpelt und heft geblasen, glick als hei dat erste mail dede‘*[55]. Und jetzt, zwischen dem zweiten und dem dritten Signal, scheint es ernst zu werden mit dem Auszug. Es rüste sich jeder dafür, es warte jeder wehrfähige Mann in Waffen, es komme bei der dritten Fanfare jeder auf den Domhof, der nun als unser heiliger Berg Zion gelten soll. Komme auch jedes von euch, ihr Weiber, bringt eure Kinder und eure Habe und allen Proviant ... Butter und Fleisch und euern Rauchspeck mit, ihr massiven Westfälinnen. Und wirklich strömt alles, als es zum dritten Male bläst, auf dem Domhof zusammen, bei eintausendfünfhundert wehrfähige Männer und achttausend Weiber, und mit ihnen nicht wenige mit kleinen weinenden Kindern, die man eben aus den Betten riß. Blinde und Lahme und Gebrechliche nicht zu zählen.

Da stehen sie also, die Männer im Harnisch in sieben Gliedern, die Weiber aber in sieben Todesängsten und allesamt sehr verdrossen. Denn man soll nun einmal keinen posaunenblasenden Gottvater ankündigen, wenn man hinterher nur mit einem trompetenden alten Unflat aus Warendorf im Münsterlande aufwarten kann, und vielleicht bergen gerade diese bangen Stunden denjenigen Augenblick, wo man sieht, daß Tatsachen und Versprechungen sich allzu wenig decken und wo für immer die Stimmung kentert. Denn wenn es mit all euern Wundern so steht wie mit diesem Posaunensignal — steht's denn am Ende mit eurem gelobten Lande gerade so? Und wie weit ist's denn bis nach Kanaan, und wie, ihr Herren, sollen wir denn nun auf dem Wege dorthin alle die Blockhäuser und Lünetten und die kanonengespickten Schanzen des Bischofs passieren? Diese neunmal vermale-

---

[55] Ü.d.H.: ist die Posaune zum zweiten mal ertönt, dabei ist derselbe Prophet durch die Stadt gehumpelt und hat geblasen wie er das das erste mal tat

deiten Fremden hier, die ja mit dem weißen Stab in unsere Stadt gelaufen kamen und nichts mehr zu verlieren haben — die haben's gut, von Gottes Wundern und Auszug aus Ägypten zu reden, wie aber wird es mit uns, die wir mit unsern quäkenden Kindern hier stehen und unsere Häuser leer und kalt unsere Herde gelassen haben?

Und alle die armen kleinen Leute machen finstere Gesichter, und die Stimmung, wie gesagt, verflaut, und Knipperdolling, der sich bei dieser Gelegenheit wieder einmal unnütz macht, hat gut trösten und den Lahmen und den von ihren Leuten hierhergeführten Blinden die gesunden Glieder und das sehende Augenlicht zu versprechen — ja, hast du ähnliches nicht schon neulich versprochen, Bruder Tuchhändler, als du auf dem Markt die umnachteten Augen mit deinem Speichel bestrichst und dazu die Worte des Heilandes sprachst, von dem ihr wütenden Propheten des Alten Bundes sonst doch überhaupt nicht mehr sprecht?

,Mehr (=aber) die lamen unde die blinden bleven glick als sie weren und solcke teicken (=Zeichen) woldcn nicht geschehn upm domhof.' Um zehn Uhr nachts aber tritt insofern eine Wendung ein, als mit Krone und Kette und allem Schmuck und mit all seinen Trabanten, Hofbeamten und Pagen und natürlich auch mit all seinen Weibern die Majestät von Münster selbst erscheint und mit einer Ansprache die bekümmerten Herzen sehr erleichtert. Zuerst hei seinem Eintreffen sieht noch alles sehr grimmig und kriegerisch aus, zuerst teilt man die versammelte Mannschaft nach der Taktik der Zeit in ,Gewalthaufen' und ,Verlorenen Haufen' und läßt beide prächtig gegeneinander manövrieren auf dem großen Platz. Dann aber erhebt im Namen Se. Majestät ein Offizier die Stimme und verkündet den Anwesenden große Freude. Nein, es ist Gottes Wille doch nicht, daß man nun auszieht und das alte liebe Münster den Wölfen überläßt — dies, Freunde, war eben nur eine Probe auf euern Gehorsam. Nun aber, da ihr die Probe bestanden habt, seht, da lassen wir in aller Eile Tische und Bänke für euch aufschlagen, und da ihr die Wegzehrung ja bei euch habt, so setze sich doch jeder mit den Seinen, gebe von seinem Überfluß dem Entbehrenden und nehme getrost vom Überfluß des Bruders und sei fröhlich im Herrn ...

So ungefähr, und es mag wohl beides gewesen sein — Probealarm zuerst und dann Massenbelustigung. Eine kleine Weile entfernt sich der König, um den unbequemen Panzer abzulegen, kommt, die Krone auf dem Kopf, sogleich wieder und gibt nun ein leuchtendes Beispiel christlicher Demut. Denn nun entbietet er sich, samt seiner Königin mit Nummer 1 der sechzehn, wohlverstanden! — die Anwesenden zu bedienen, und wirklich sieht man ihn nebst der schönen Divara Speise reichen, und hinterher geht das Paar leutselig von einem zum andern und fragt nach der Anzahl der Kinderchen und der Anzahl der Frauen. Und wie der König, so tun auch die Prädikanten und loben die Vielbeweibten, und alles in allem ist man nun guter Dinge auf dem Domhof, und nur Knipperdolling ist es Vorbehalten, die Gemütlichkeit wieder einmal zu stören insofern, als er allen Ernstes an den König die Aufforderung richtet, er solle ihm auf der Stelle den Kopf abhauen — er, der Tuchhändler werde in drei Tagen wieder auferstehen. Was aber die Majestät von Münster lieber bleiben läßt. Seine Majestät nämlich hat, vorerst wenigstens, etwas anderes zu tun, Se. Majestät ist nicht umsonst ja auch oberster Priester dieses Gottesreiches: ein Abendmahl wird das gemeinsame Tafeln beschließen und vor seinen Räten steht das Königspaar *,midden up dem doemhof und hebben kleine runde koekesken (=Kuchen) gehat und hebben die entwe gebrokken / und al dat volck / man und frowen, iunck und alt / sind tuschen (=zwischen) dem Koningk und der Koninginnen und Knipperdolling her gegain / und heft do ein ieder ein koekesken von den koken getten und einen drunek weins tho gedruncken und hebben so dat aventmail geholden'*. Worauf die Menge ,Allein Gott in der Höh sei Ehr' singt, worauf die Prädikanten über den Sinn des Abendmahles erbauliche Worte reden, worauf endlich als Letzter Dusentschnuer auf einen Stuhl steigt und die Anwesenden an diesem ereignisreichen Abend mit einer letzten Sensation überrascht ...

Gott nämlich hat Dusentschnuer siebenundzwanzig Männer aus Münsters Mitten benannt, die in alle Welt ziehen und das neue Evangelium aus den Mauern in die vier Himmelsrichtungen tragen und dabei unter Gottes Schutz stehen werden. Wehe aber dem Ort, der sie nicht aufnimmt und dessen Staub sie von den Füßen schütteln ... *,so sol die stat mit der stunt versincken und sol in dem höllischen fuer verbrenen'*. Und Dusentschnuer verliest die Namen der siebenundzwanzig, die nach Soest, nach Osnabrück, nach Coesfeld und nach Warendorf ziehen werden, und unter dem Soester Häuflein ist er selbst, der hinkende Prophet.

Er ist unter den siebenundzwanzig der einzige ,Prominente' nicht, Herr Hermann Kerkerinck ist dabei, Herr Heinrich Schlachtschaf, der Schulmeister Heinrich Graes, der Pastor Dionysius Vinne, der Pastor Regenwart, der Kaplan Johann Beckmann, Herr Gotfried Stralen, Herr Dietrich von Alfen. Und vor allem Herr Johannes Klopriss, der gelehrte Theologos, der eben mit Rothmann zusammen die ,Restitution' ausgearbeitet hat. Wie man sieht, lauter auserwählte Täufer, die Elite der alten Genossen aus den schon ein wenig fernen hoffnungsvollen Frühlingstagen. War es schon so weit mit Münster, daß der König nun seine Getreuesten hinausschicken mußte in ein verwegenes Spiel, dessen Ausgang eigentlich nicht zweifelhaft sein konnte?

Was sich unterdessen bei diesem Abendmahl hinter den Kulissen für ein wenig abendmahlmäßiger Zwischenfall ereignet hatte, davon wollen wir lieber erst ein wenig später sprechen und wollen vorerst halten bei diesen siebenundzwanzig Auserwählten, die nun ihre Marschorder empfangen, zu guter Letzt noch einmal an der königlichen Tafel speisen und aus dem Munde

Se. Majestät zum Schluß noch ein klirrendes Abschiedswort hören. daß sie nämlich ‚ihm, dem König, den Weg bereiten sollten, daß er, der König, mit Waffen hinter ihnen gehen und ihre Verächter und Beleidiger mit dem Schwert strafen werde' ...

So starke Worte spricht er, der König. Die siebenundzwanzig Auserwählten haben derweil ihre Ränzel aufgehoben und nehmen nun Abschied auch von ihren Weibern. Insgesamt von einhundertundzwanzig, und im Durchschnitt mithin jeder von deren vieren. Was in dieser Situation bei aller Tragik ein wenig komisch anmutet. Mitternacht ist vorüber.

Es ist Mitternacht vorbei, und, wenn man sich streng an Gottes Sonderbefehl halten will, müssen die Apostel vor ein Uhr nachts die Tore passiert haben. Draußen auf den Wällen hält wie gewöhnlich ein Dritteil der wehrfähigen münsterischen Mannschaft, halten bei sechshundert Wacht, in ihrem Schutz Ist hier, im Herzen der Altstadt, ein hell erleuchteter Platz, eine reich besetzte Tafel mit Wein und Rauchfleisch, ein König in buntem Wams und güldener Krone ... ein wahrer Coeur-König mit Höflingen und einer Kapelle von Flöten und Geigen und Pauken und einem Harem von sechzehn Weibern. Jenseits des festlichen Lichtkreises aber ist Herbstnebel und Herbsteskälte. Das Chaos und des Feindes Schwert.

Ein Uhr nachts. Die Gassen an den Mauern sind in alten Städten gemeinhin die Armeleutegassen, sind dunkle, schmutzige und übelriechende Gassen, wo man in Unrathaufen und auf tote Katzen tritt und wo man auf den Zinnen schon die dunklen Silhouetten schweigender Wächter sieht.

Paukenkrach klingt nun ganz leise schon, der Schein des unentwegt weitergehenden Festes leuchtet noch rötlich wie eine ferne Feuersbrunst, hier aber ist Dunkelheit, herbstliches Naßkalt, Flüstern der Wächter, die da leise, leise, auf daß kein Feind den Aufbruch bemerke, die Schlüssel drehen.

Hier ist die liebe Nacht. Und gleich hinter den eichenen Torflügeln, da steht er, Arzt aller verwirrten Herzen, Heiler aller verirrten Hirne, Tröster aller zerbrechenden Kreatur, Beichtvater aller Sünder. Komm her, du Knecht Gottes. Komm denn, lieber Tod.

SPES DESPERATA *(Verzweifelte Hoffnung)*

Die Meinung was / so sie die Oberhand behielten /
daß sie beide / geistliche und weltliche oberkeit ausrotten
und doten wollen wess stantz der auch were /
nymantz übersehen.

Aus dem Bekenntnis des gefangenen
Münsterschen Propagandisten Zillis Leitgens.

Es sind seltsam verständnisvolle Worte, die Leopold von Ranke für Bockelson gefunden hat, es berührt auf den ersten Blick eigentümlich, den großen Historiker des XIX. Jahrhunderts zu sehen, wie er, entschuldigend und sogar bewundernd, für den König von Münster seine Jugend, seine Vielseitigkeit, seine verführerische Rednergabe und seine angeblich so vorteilhafte Erscheinung ins Treffen führt ... als Dinge, die ihn in so turbulenter Zeit auf abschüssige Bahnen locken mußten.

Ranke aber lebte in einem von den Ausbrüchen der Unterwelt noch nicht bedrohten Zeitalter gesicherter und somit weitherziger Bürgerlichkeit, er begegnete dein destruktiven Menschentyp allenfalls dort, wo dieser destruktive Mensch als allgemein bestaunter und verabscheuter Schwerverbrecher auf der Anklagebank saß ...

Dort betrachtete man ihn mit den erstaunten Augen einer toleranten Zeit als ein Monstrum, und das, was das gegenwärtige Erdbeben an seinen jeweiligen Herden massenhaft an die Oberfläche beförderte — der Mensch des Kollektivs — er mußte den Zeitgenossen Rankes noch weltenfern sein. Uns, unter deren Füßen nun der Erdboden abermals wankt, ist nicht so dieser Bockelson selbst interessant. Interessant ist vielmehr das, was er, der Sohn des Acheron, damals schon ausrichten konnte. Was er ausrichtete unter behäbigen und soliden Bürgern und unter Geistlichen, die wenige Monate zuvor noch redlich ihre Gemeinde betreut hatten. Unter Nonnen und Edelfrauen und all diesen Menschen, denen doch gestern alle diese strengen Bindungen des Mittelalters noch gar nicht als unerträgliche Fesseln erschienen waren.

Interessant ist somit nicht das Individuum Bockelson, sondern eben seine Auswirkung, und typisch für das, was er sich ohne Widerspruch erlauben durfte, ist eine Szene, die sich während dieses Abendmahles, noch vor dem Auszuge der Apostel, ereignet hat. Während dieses Mahles nämlich bemerkt der König einen unbekannten, einen kürzlich durch die Münsterschen gefangenen und von ihnen zur Feier sozusagen als Katecheten mitgebrachten Landsknecht. Der König wird auf das ihm nicht vertraute Gesicht aufmerksam, er fragt den Mann, was sein Glauben sei, und auf seine Art antwortet der angetrunkene Gefangene, er wisse von einem Glauben überhaupt nichts, sondern wisse nur von Saufen und von Weibern.

Solche Antworten aber soll man nicht geben bei der offiziellen Veranstaltung eines Staates, der die Spiegel zerbricht und den Weibern die bunten Hauben schwarz färbt, man soll so auch nicht zu einem König sprechen, der gestern noch einen ganz anderen und nicht sehr königlichen Beruf hatte und durch solch gemeine Diktion doch an die Zeiten erinnert werden könnte, wo er selbst als Kneipenwirt inmitten seiner Gäste tagtäglich solche Worte und solche Lebensphilosophie angehört hatte.

Bockelson also schluckt seinen Ärger über die Antwort noch einmal herunter, fragt, als König eines biblischen Reiches einer biblischen Sprache sich bedienend, den Mann, wie er zu solchem Hochzeitsmahl ohne hochzeitlich Gewand habe erscheinen können und bekommt von dem Landsknecht den wiederum etwas massig geratenen Bescheid, ‚er sei zu solchem Hurensouper überhaupt nicht geladen, sondern ohne große Lust von den Münsterschen mitgebracht worden ...‘

Derlei aber kann sich ja nun ein König nicht gut gefallen lassen, und Bockelson läßt den Mann ergreifen, schreit ihn an, er sei der Judas in Person, läßt sich das Richtschwert bringen und schlägt ihm bei währendem Abendmahl den Kopf ab. Der Leichnam bleibt bis zum Morgen an Ort und Stelle liegen, und da außerdem diese Szene sich vor aller Augen abgespielt hat, so ist es mit der Stimmung gründlich vorbei.

Solches also konnte, ohne ein Murren zu hören, der gleiche Mann sich erlauben, für dessen Reich in dieser Stunde die Apostel in das Ungewisse hinausziehen, und man kann nicht sagen, daß die Tat einen günstigen Auftakt gibt für ihre Reise, Dem Bischof ist ihr Aufbruch natürlich längst verraten, längst hat er sämtliche Behörden angewiesen, scharf auf etwa auftauchende münsterische Prädikanten zu achten, und sowie diese Leute die ihnen zugewiesenen Städte betreten, ist es trotz mancher in diesen Städten anzutreffenden täuferischen Gesinnung um sie auch schon geschehen.

Um so mehr, als sie keineswegs, wie es doch klug gewesen wäre, in die Städte sich einschleichen, sondern sofort nach Passieren der Tore mit dem bekannten täuferischen Bußegeschrei durch die Gassen ziehen. In Warendorf tauft Klopriss, der seinem glatten Gesicht einen verwilderten Bart hat wachsen lassen, im Hause eines täuferischen Ratsherrn zwar noch fünfzig Personen und hat auch die kleine Stadt bald so weit, daß sie alle bischöflichen Aufforderungen zur sofortigen Verhaftung des Mannes mit Stillschweigen oder, nach einem alten Akt, ‚mit spitziger unde verhoenliger (=verhöhnender) antworte‘ bescheidet ...

Ja, daß die auf dem Markt stehende Menge drauf und dran ist, zur Sprengung des münsterischen Belagerungsringes auszuziehen, und daß der Bischof schließlich mit seiner bewaffneten Macht zur Wiederherstellung der Ordnung in Warendorf einrücken muß.

Sein Erscheinen aber wirkt Wunder. Über Nacht ist er da, läßt das auf dem Markt stehende und geladene Warendorfer Geschütz in die Luft abfeuern, daß sämtliche Warendorfer Fensterscheiben springen, besetzt mit seinem Fußvolk alle wichtigen Punkte der Stadt und fordert die Herausgabe der im Rathaus festgehaltenen Prädikanten.

Die schreien zwar Wehe über die Verächter der neuen Lehre und drohen mit dem König Bockelson, der den Frevel schon rächen werde, haben damit aber keinen sonderlichen Erfolg. Sie werden nämlich, obwohl auch der Rat über den unerbittlichen Bischof murrt, ausgeliefert und es werden die meisten von ihnen in wenigen Tagen — keine zwei Wochen nach dem eben geschilderten Abendmahl — auf einer über neun Fässern errichteten Bühne geköpft und die Leiber öffentlich zur Schau gestellt.

Hier verblutet trotz der Fürbitte seiner adligen Standesgenossen und trotz der sogar vom Nachrichter selbst vorgebrachten Fürsprache Herr Dietrich von Alfen, hier auch unser altbekannter und bewährter Gottfried Stralen, und geköpft werden außerdem, da der getaufte Ratsherr Erpo Holland unvorsichtigerweise ihr Verzeichnis hat herumliegen lassen, sogar einige von Klopriss ebenfalls getaufte Warendorfer. Aufgehoben für den qualvolleren Feuertod wird nur Klopriss selbst, den der Bischof wie ein seltenes wildes Tier dem Erzbischof von Köln schickt und der erst im Februar 1535 in Brühl ,vermöge Römisch Keyserlicher Constitution mit deme feur vom leben zum dode bracht und gestraifft' wird. Nicht ohne daß er zuvor beim Verhör Bockelson ,groissen verstand in der hilligen schrifft und groisse wohlsprechenheit' nachrühmt, nicht ohne daß er bekennt, er wolle sofort lieber nach Rom gehen, als zu der zweiten Frau, die er, Klopriss, nach seiner ersten noch genommen habe ...

Nicht ohne, daß er sich übrigens als standhafter Mann erweist und in seiner Überzeugung stirbt, ohne auch, wie leider Amtsbruder Stralen tut, unnötig münsterische Geheimnisse auszuplaudern. Die Stadt Warendorf aber wird wegen ihres zweideutigen Verhaltens manches Rechtes beraubt und auch für landtagsunfähig erklärt, und so endet die Waren- dorfer Mission ziemlich traurig. Die nach Soest Gesandten, unter denen sich auch Dusentschnuer und Schlachtschaf befinden, dringen mit ihrem üblichen Bußegeschrei sofort in die Ratsstube ein, werden aus der Stadt gewiesen und trotz ihres Gezeters über das unbelehrbare Soest ergriffen und auf dem Walle hingerichtet. Wobei einer der Prädikanten dem Scharfrichter sagt, sein Hals sei für das Richtschwert unverletzlich, der Scharfrichter aber, ohne jedes Verständnis für solche Behauptung, mit der doppelten Kraft zuhaut und den gefeiten Kopf vom Halse springen läßt und damit die münsterische Prophetie leider wieder einmal Lügen straft.

Es endet schlecht in Warendorf, es endet schlecht in Soest, es endet ebenso schlecht in Coesfeld, wo die Apostel sich vor ihrer Hinrichtung gar bitter über Dusentschnuer beklagen, der sie verführt habe. Ja, so endet es auch in diesem für die täuferische Lehre so gar nicht empfänglichen Coesfeld, wo sie im Verhör ausplaudern, wie sehr das Volk über die Königsproklamation gemurrt habe und wo es leider auch geschieht, daß mehrere Apostel, darunter sogar unser bewährter Beckmann, um Gnade flehen. Und was geschieht gar im Norden, in Osnabrück? Dort geraten sie versehentlich zu einem Glaubensgenossen, der gar kein Glaubensgenosse ist, werden verhaftet und lassen sich singend abführen. Sie erregen zwar einigen Aufruhr bei jungen Handwerkern, die psalmodierend und raunzend vor dem Kotter stehen und die Gefangenen befreien wollen, werden gleichwohl unter Bedeckung nach Iburg gefahren. Angesichts des Schafotts aber schreit der verängstigte Schulmeister Heinrich Graes aus Borken verzweifelt dem auf dem Schloßbalkon stehenden Bischof zu, ob er denn nicht einem Gefesselten Gnade gewähren wolle. Der Bischof wird aufmerksam, läßt Graes zu sich kommen und verhört ihn. Und hier beginnt eine tolle Geschichte, von der schon hier der Anfang wenigstens erzählt sei.

Der Mann nämlich, den doch nun sozusagen der Heiligenschein der Märtyrer umgeben sollte, macht sich, wofern man ihm nur das Leben schenken wolle, anheischig, wichtige Geheimnisse der Stadt auszuspähen und zu diesem Zwecke nach Münster zurückzukehren. Der Bischof, der ihm zunächst mißtraut, nimmt ihn in Eid, läßt ihn, auf Graes eigene Anweisung, gefesselt und bei Nacht und Nebel bis unmittelbar unter die Mauern der Stadt schaffen, wo die Wachen den Apostel des Herrn, den einzigen Heimgekehrten, erkennen und das Volk von Münster ihn unter Lobgesängen dem Könige zuführt. Dort aber erzählt dieser Graes auf die Frage, wie er habe heimkehren können, eine wahre Räubergeschichte von einem Engel des Herrn, der ihn aus dem Iburger Gefängnis befreit habe ... er erzählt auch anschaulich von den Martern der übrigen und begegnet mit all diesen Engelgeschichten zuerst zwar einigem Mißtrauen, weiß aber mit der Versicherung, daß draußen alles gut täuferisch gesinnt sei, Bockelsons Herz für sich zu gewinnen. Wird zum Propheten erklärt, wird von allen Staatspredigern als Muster starken Glaubens bezeichnet, nimmt fortan an allen wichtigen Beratungen teil und erfährt alles, was er wissen will.

Natürlich hängt, da ja täglich bischöfliche Überläufer und Gefangene in die Stadt kommen, die um Graes' in Iburg gespielte Rolle wissen — natürlich hängt unter solchen Umständen sein Leben am seidenen Faden, natürlich kann jeder Tag ihm das Verhängnis bringen und natürlich sucht er fortan nach ener Gelegenheit, aus der Stadt wieder zu entkommen. Und wir werden ja auch bald sehen, wie ihm dieses Vorhaben glückte und wie schlecht es Münster dabei erging.

Vorderhand aber ist festzustellen, daß das Leben dieser armseligen Apostel ganz umsonst geopfert ist, und da es, wie wir bald sehen werden, inzwischen nicht mehr sehr gut steht mit dem neuen Zion, was bleibt uns da übrig, als auf die Intervention der täuferischen Brüder in Friesland und Holland zu hoffen und zu ihrer Alarmierung doppelt laut in das Sprachrohr der Propaganda zu schreien?

Was Münster in diesen Spätherbst- und Wintermonaten auf diesem Gebiet leistet, verrät fast allenthalben des lieben Rothmann gepflegte Literatenhand, es ist ein beachtliches Feuer, das in Holland entfacht wird und von dort aus um ein Haar das ganze Reich in Brand gesteckt hätte. Da, wie wir bald sehen werden, das Verlassen der Stadt noch immer ziemlich leicht ist, so erreichen fast alle diese neuen Wanderprediger, die man bis Dezemberende mit reichlichem Geld, mit geheimen Briefen und mit Rothmanns Traktätchen aussendet, ihr Ziel, und wir werden bald sehen, wie kräftig ihre Saat aufging. Darüber hinaus fliegen wieder, an Stöcke und Pfeile gebunden, die Broschüren und Briefe über die Wälle ins bischöfliche Lager, sie kleben, von überkühnen Täufern dort angeheftet, gar an den Türen der Blockhäuser. Sie hetzen wieder einmal den Landsknecht zur Insubordination auf, wandern auch bei Bauer und Bürger von Hand zu Hand und überzeugen die einfältigen Leute immer mehr davon, wie bieder und harmlos doch im Grunde die armen Täufer seien und welches Unrecht der Bischof tue, sie so hart zu bedrängen. Diese Rothmannschen Schriften sind damals überall und sind doch nirgends recht zu fassen, sie hecken allenthalben nach dem Muster der ihre Tochtergeschwülste zeugenden Krebsgeschwulst neue Täufergemeinden. ‚Daer sint‘, sagt später, anfangs 1535, der schon erwähnte Schulmeister Graes aus, ‚daer sint geschickt uth Monster dusent boeken (=Bücher) in allen umliegenden steten und dorpen / welck bock is genant „von der Wrache“ (=Rache) / um dat gemeine volck uprorech (=aufsässig) to maken.‘

Knipperdolling nämlich schreit, wenn er wieder einmal mit einem seiner Brüllanfälle durch die Straßen läuft, nicht mehr wie früher nach Buße, er schreit neuerdings ‚Rott aus, rott‘, und wenn König Bockelson in diesen dunklen Spätherbsttagen melancholisch sein nahes Ende und seinen noch gewaltigeren Nachfolger ankündigt, so sagt er, daß dieser nach ihm kommende Gewaltige ‚alles Hohe niedrig‘ machen werde. Mit dem gleichen chiliastischen Haß wütet auch die Rothmannsche Schrift gegen alles, was nicht nach münsterischem Rezept eingeebnet ist und wütet demgemäß gegen die Stände des Reiches. Sie gebärdet sich höchst makkabäisch und verrät ihre Wut über die steigende Not Zions in verwegenen Wunschbildern, sie stützt sich auf jedwede passende alttestamentliche Greuelprophetie und ganz besonders auf Hesekiel XXX. ‚Babylon‘ — das ist natürlich alles, was nicht münsterisch ist ... Babylon wird für die Bedrängung des Gottesreiches schwer gezüchtigt und nach Hesekiel XXX. soll zu Zoan ein Feuer angezündet und ‚der Bai von Noph umgestürzt werden‘, und allenthalben verrät sich jenseits dieser alttestamentlichen Exegese der unbändige Wunsch des lieben Rothmann, alle bestehende Ordnung zu vernichten und nach dem Rezepte aller Unterweltssöhne das Oberste nach unten und vor allem das Unterste nach oben zu kehren. So verhält es sich mit diesem Buch ‚Von der Rache‘. Und es leistet an Unverschämtheit das Äußerste am Schluß, wo es nach all diesen Drohungen mit Feuerbrand und Schinderei auf jene Sanftmütigen verweist, denen nach Christi Wort das Reich Gottes gehören wird. Gerade dieser dialektische Salto aber, das ist mit all seinen Zungenkünsten der liebe Rothmann. Das ist der aus dem Leim gegangene Pastor mit den neun Frauen, das ist, um ein russisches Wort zu gebrauchen, der rabiat gewordene Popensohn, dem auf die Dauer das Leben nie, die Dialektik aber immer gehorcht: Urahn jenes Pjotr Stepanowitsch aus Dostojewskis ‚Dämonen‘, Urahn aller modernen Wort-Bravos, deren einzige Waffe die Dialektik, deren Ziel Zersetzung um jeden Preis und deren Erbschaft Massenwahn heißt. Das Schicksal hat diesen Rothmann nicht wie die übrigen Führer Münsters an den Lambertiturm gehängt, und cs wäre ja auch unziemlich, selbst dem ärgsten Bösewicht mehr als die Auslöschung aus dem Leben zu wünschen. Wurde aber nach dem Fall der Stadt nun einmal mit glühenden Zangen gezwickt, wurden die Knipperdolling und Bockelson vor ihrem Schafottode zuvor wie wilde Tiere als Schaustücke durchs Land gefahren: so wäre es recht und billig gewesen, es hätten alle diese Strafen zuvor den intellektuellen Drahtzieher, eben diesen Rothmann, getroffen. So ist er spurlos in jener ominösen Johannisnacht des Jahres 1535 und wohl unter den damals getürmten Leichenhaufen für immer verschwunden. Was bestehen bleibt, das ist die ihm und gerade ihm aufzubürdende Verantwortung für das unermeßliche Elend der Stadt und für alle die Blutbäche, die in diesen achtzehn Monaten in ihre Erde gesickert sind.

Die Schrift ‚Von der Rache‘ bleibt in diesen Monaten seine einzige literarische Tat nicht. Als im Dezember 1534 endlich, wie wir noch sehen werden, ‚die vier Churfürsten vom Rheyn / auch der Rheynischen, Niederländischen und Westphälischcn Kreyss stendt Botschafter und Rhet (=Räte)‘ zur Beratung über die Lage und die notwendigen Maßnahmen zusammentreten, da wenden sie sich auch, den Münsterischen ihre mannigfachen Häresien und Untaten vorhaltend, mit einer Schrift an die Heilige Stadt und erhalten von ihr natürlich geharnischte Antwort. Ganz besonders an den Landgrafen Philipp von Hessen richten sie aus Münster einen Brief, der am zehnten Januar 1535 abgefertigt wird und der, weil er wiederum Rothmanns Urheberschaft verrät, im Auszug wenigstens hier wiedergegeben sei ...

‚Gott der Allerhöchste, ein Herr der Heerscharen und allein ein unsterblicher König, der wie ein Buch die Himmel breitet und den Grund der Erde gefestigt hat ... macht selig und erhöret alles, was in Christus nach seinem Willen lebt, verwirft aber und erniedrigt alles, was hoch und hoffärtig ist auf Erden. Derselbe Gott also, den wir allein ansehn und fürchten,

*der wolle auch Euch nach Euerm guten Willen Gnade und
Barmherzigkeit verleihen. Amen.*

*Besonders lieber Phillips, Landgraf zu Hessen, wiewohl wir
daraus, daß ihr dem sogenannten und papistischen Bischof,
der unser geschworener Feind ist, samt den anderen Babylonischen gewaltige Hilfe mit Geschütz und Knechten gewährt
habt, leicht zu entnehmen haben, wessen wir uns von Euch zu
aller Zeit versehn sollen, so haben wir doch sonderliche Ur-
sach, mit guter Vertröstung und Hoffnung an Euch zu schreiben.*

*Erstlich verwundern wir uns sehr, daß Ihr samt den soge-
nannten Evangelischen des Evangeliums so vergessen habt
und daß Ihr das, was Ihr als Greuel erkanntet, nun gegen uns
handhabt und stärken helft.*

*Die Obersten unserer Feinde wollen nicht verstatten, daß wir
mit jemanden sprechen, wollen auch nicht erlauben, daß unsere Schriften und Bücher gelesen werden. Lieber, aus welcher Ursache denn? Wahrlich, weil der Teufel sehr wohl
weiß, daß kein Ding stärker ist als die Wahrheit. Es ist aber
jämmerlich, daß die, die sich des Evangeliums rühmen, das
Evangelium also verfolgen. daß die Papisten als die rechten
Babylonischen uns verfolgen, ist noch zu verstehn. daß aber
die Evangelischen als Freunde der Wahrheit und Liebhaber
Christi nun den lügenhaften Christen beistehn und helfen,
Lieber, wer mag solche Unbescheidenheit aussprechen?*

*Wir wollen darum, frommer Philipps, Ihr wollt die Sache
wohl bedenken, daß Ihr uns hört und uns wenigstens einen
Titel oder eine Ursache unserer Mißhandlung angebt. Wir
haben mit etlichen Evangelischen, die sich zwinglisch oder
lutherisch nennen, verhandelt und von ihnen, wofern wir übel
gehandelt hätten oder falscher Lehre wären, Zeugnis gefordert. Es ist uns aber bis auf den heutigen Tag keine andere
Antwort geworden, als daß wir Ketzer sind. Ist das denn Be-
scheides genug?*

*Es ist ja nicht nötig, so viel schwere Kriegskosten mit viel
Blutvergießen gegen uns zu gebrauchen, denn wir sind aller-
zeit erbötig gewesen, dem göttlichen Rechte genug zu tun,
wenn uns jemand nachweist, daß wir unrecht haben. Haben
wir aber recht, so wollen wir bis ans Ende unseres Lebens um
der Gerechtigkeit willen der Welt Feindschaft tragen. Denn
wir sind gewiß mit dem Bann des göttlichen Geistes versie-*

*gelt, daß man uns vor Gott keine sträfliche Schuld kann auf-
legen. Darum sind wir auch ganz unverzagt. Wir wissen, der
Welt Anschläge gegen uns werden nicht alle geraten, denn
unsere Erlösung säumt nicht und das Feuer, das angesteckt
ist, werden alle Wasser der Erde nicht auslöschen können.*

*Wir wollen nun von etlichen Stücken, die bei uns ans Licht
gekommen sind und an denen der gemeine Mann und vielleicht auch Ihr auf den ersten Blick Euch stoßen mögt, einen
klaren Bericht geben. Demnach schicken wir Euch hier eine
gedruckte Schrift[56] zur Anweisung unserer christlichen Lehre.
Wenn Euch nun die Wahrheit lieb ist, so leset die Schrift mit
Fleiß und prüft und richtet nach der Wahrheit mit gerechtem
Gericht.*

*Wir hören, daß es in der Welt unleidlich erachtet werde, daß
bei uns des neuen Tempels ein König aufgerichtet worden ist,
sie schelten und lästern greulich darüber. Nun wißt Ihr ohne
Zweifel, daß Christus gesagt hat, daß nicht ein Titelchen der
Heiligen Schrift unvollbracht bleiben soll. Nehmt also die
Propheten zur Hand und seht, was sie von dem babylonischen
Gefängnis und der Vollendung dieser Welt sagen und was die
Parabeln Christi, was der Apostel Schrift und was die Apoka-
lypse zeugt und wie den Babylonischen vergolten werden soll
und zu welchem Reiche und zu welcher Herrlichkeit Gottes
Volk aus allen Enden der Welt versammelt werden soll.*

*Wenn Ihr das mit Fleiß überlegt und dann die Schrift, wie
Paulus zu Thimotheus sagt, voneinander scheiden könnt, so
werdet Ihr gewiß vernehmen, ob wir von uns selbst einen König aufgerichtet haben oder ob er von Gott anderswo verord-
net ist.*

*Wir bitten Euch, achtet uns doch nicht so keck und unverstän-
dig, daß wir zu unserem eigenen Verderben solches Fastnachtsspiel anrichten und bei uns dulden.*

*Auch möchten wir durch verständige und getreue Brüder mit
Euch reden, oder mit beständigen, geschickten und frommen
Männern, die nicht wie Fabricius[57]) mit geschmückten Lügen*

---

[56] Es war die bekannte ‚Restitution' Rothmanns.

[57] Schon im November war Fabricius, der aus den Januarwirren des Jahres 1534 bekannte hessische
Geistliche, als Unterhändler in der Stadt gewesen und hatte; da die Besprechungen in einem Tage
sich nicht erledigen ließen, durch eine Nacht sogar die reichlich gewährte Gastfreundschaft des Königs genossen. Die Verhandlungen waren durchaus negativ verlaufen, am nächsten Morgen aber
hatten die königlichen Räte Fabricius im Vertrauen zu verstehen gegeben, daß der König sich nun
einmal zu weit vorgewagt habe und nicht zurück könne, daß übrigens ein wesentliches Hemmnis für

*an- und abziehen, von der Wahrheit zwischen Euch und uns
handeln. Dann vermuten wir und wissen sicherlich, Ihr werdet gegen uns und Christi Wahrheit anders gesinnt sein, als
Ihr durch lügenhaftes und falsches Anbringen täglich über
uns berichtet werdet.*

*Laßt uns darauf Eure Meinung vernehmen, so sollt Ihr uns zu
aller Billigkeit, Gerechtigkeit und Wahrheit allzeit bereit finden.*

Gegeben aus Münster, den 10. Januar 1535.

*Aus göttlicher Ordnung und Vereinigung der Regenten und
Gemeinde der Stadt Münster.*

Also schreibt Münster. Der ‚besonders liebe Philipps, Landgraf zu Hessen‘, verfehlte nicht zu antworten, und es ergab sich aus diesem Hin und
Her der offenen Briefe ein richtiger Federstreit, der von einer Replik zur anderen immer heftiger wurde und erst kurz vor der Einnahme der Stadt en-
digte. Wer im übrigen zwischen die Zeilen sieht, liest dort ziemlich viel. Im
August waren die bischöflichen Unterhändler mit dem barschen Bericht
heimgeschickt worden, daß ihre Sache die des Antichrists sei, im Oktober
noch hatte einer der Apostel geäußert, ‚man solle dem Bischof, statt ihn
schalten und walten zu lassen, ein Haarseil durch den Hintern ziehen‘. Man
sieht also, daß mit dem Laub des Jahres 1535 auch die Stimmung gefallen
war, man hört zum ersten Male auf der täuferischen Seite das Wort ‚Unter-
handlung‘, und man tut gut, seine Schlüsse zu ziehen ...

Man mag nun fragen, warum denn der Bischof und seine zahlreichen
Bundesgenossen, die so oft Ultimaten gestellt und im August doch selbst
günstige Bedingungen geboten hatten, im Januar die gebotene Hand nicht
ergriffen? Die Frage muß mit einem Hinweis auf die von Münster betriebe-
ne Propaganda und die oft geäußerten oder angedeuteten Ziele der Stadt
beantwortet werden. Der Bischof wußte, daß weiteres Verhandeln nur auf
weitere Zersetzung seines Heeres hinauskommen würde, er wußte jetzt, daß
der Waffenstillstand einen faulen Frieden mit glimmendem Revolutionsfeu-
er bedeutete, er wußte, daß es ein Kampf auf Leben und Tod war, der nur
mit der Vernichtung der einen Partei beendet werden konnte.

Dabei steht seine Sache selbst im Spätherbst 1534 militärisch keineswegs gut. Im Oktober, gerade um die Zeit der Apostelentsendung, hat eine
arge Seuche, wahrscheinlich eine Typhusepidemie, das Lager des kleveschen Kontingentes befallen. Vergeblich bietet der Bischof den Lands-
knechtsführern die Verbrennung des verseuchten Lagers und das Beziehen
neuer Quartiere an — der klevesche Haufe verläßt einfach die Linie, ergießt

---

alle Verständigungen die Person des Bischofs sei: mit einem weltlichen Fürsten werde man weit
eher verhandeln können.

sich plündernd und sengend über das Hinterland, und es muß die bischöfliche Kavallerie aufgeboten werden, um die Marodeure unschädlich zu machen.

Der Ausfall wird zwar mit neuen und drückenden Kosten ersetzt, das Überlaufen zu den Täufern aber dauert an, und außerdem erhebt sich weit hinter den Linien der Belagerungsarmee eine noch schlimmere Gefahr. Denn man glaube doch nicht, daß in so bewegter, von revolutionären Gewittern so überzogener Zeit ein solcher Aufwand an Propaganda wirkungslos verpuffen konnte! Wir werden bald sehen, daß die Wirkung dieser Propaganda in Friesland und Holland des Königs einzige große Hoffnung war, wir werden sehen, daß er nach Norden und nach Westen just so sehnsüchtig ausschaute, wie hundert Jahre nach ihm das belagerte Magdeburg nach dem schwedischen Ersatzheer ausgeschaut hat.

Wir erleben es andererseits, daß auf der Koblenzer Tagung von mehreren Seiten bereits das Schicksal des Bischofs für den Fall erörtert wird, daß man sich zur Aufhebung der Belagerung gezwungen sieht, und man muß zugeben, daß die Möglichkeit einer solchen Aufhebung groß genug ist. Abgefangene münsterische Kuriere gestehen, daß insgeheim zwischen der Gegend von Aachen und der Küste zum Entsatz des Täuferreiches vier beträchtliche Heerhaufen aufgestellt werden; am 24. Januar 1535 berichtet der Statthalter Schenck von Tautenburg von einem Haufen von tausend Täufern, die sich bei Groningen zum Marsch auf Münster formiert haben, und in der Gegend von Utrecht sollen es nach den damals umlaufenden Gerüchten gar ihrer 18.000 sein! Der Herzog von Geldern, ein fanatischer Katholik, nimmt den als Christus in persona sich ausgebenden Propheten Schuhmacher gefangen, und auch bei Utrecht wird durch reguläre Truppen und aufgebotene Bauern die Ordnung leidlich gewahrt. Gleichwohl wimmelt es auf allen Landstraßen und in allen Schlupfwinkeln der niederdeutschen Städte von täuferischen Emissären, Amsterdam und Leyden leben ihretwegen in ständiger Panik, in Ostfriesland hofft man in jenen Monaten, es werde demnächst sich ganz Ober- und Niederdeutschland erheben. So ist also die Interventionsgefahr erst jetzt akut geworden, und erst im Frühjahr des kommenden Jahres werden wir es erleben, daß diese über der Belagerungsarmee hängende Donnerwolke endgültig sich entlädt und verknattert. Und mit gutem Grund hat schon im Spätherbst der bedrohte Bischof Mainz und Trier, den Kurfürsten von der Pfalz und Lüttich und sogar Burgund um Hilfe angerufen, was dann endlich am 26. Dezember 1534 zu der schon erwähnten Koblenzer Tagung führt. Was beschlossen wird, das ist das gemeinsame Tragen der Belagerungskosten, es ist ferner eine zu diesem Zweck erhobene Umlage von fünfzehntausend Gulden monatlich, und es ist endlich die Bestellung des Grafen Wirich von Dhaun zum obersten und vom Kaiser noch zu bestätigenden Feldhauptmann von Münster[58].

Das ist nicht sonderlich viel, es bedeutet im Angesicht der rabiaten Stadt eher eine defensive, denn eben eine offensive Maßnahme, und neuerlich taucht die Frage auf, weswegen man also an der Jahreswende nicht verhandelte. Eine klippe und klare Antwort finden wir in einem der beiden uns erhaltenen Briefe, die, allerdings erst um die Osterzeit 1535, der bei den Belagerern sich aufhaltende Kriegskommissär Justinian von Holtzhausen nach Frankfurt an seinen Vater schreibt: *,So balt man mit inen handeln wil / so wollen sie mit schrifften überzeugt sein / so man aber das selbig tut / sagen sie / wir felschen die schrift und seien Durcken und heiden. In somma / wan man nit uf ire meinung die schrift deuttet / so gelt es bei inen nicht.*' Das bedeutet ja wohl: wir hier in Münster wollen mit solchen Wortgefechten lediglich Zeit gewinnen bis zur Stunde der Intervention, wir wollen uns mit diesen Unterhandlungen eine Hintertür aufhalten für den Notfall. Vorerst aber wollen wir, wie wir das dem hessischen Prediger Fabricius ja verbotinus gesagt haben, ,lieber das Kind im Mutterleibe essen', ehe wir unser großes Ziel aufgeben: von dem alten Reichsbau auch nicht einen Stein auf dem andern zu lassen, alles hineinzuzwängen in die alttestamentliche Ordnung unseres Zionstempels. Und vor allem: die Herrschaft unseres Königs und die Herrschaft all seiner unterschiedlichen Propheten ein für allemal und für immer zu untermauern.

Denn was bedeutet schon diesem Kneipenwirt von ehedem dieses Münster viel mehr als eben ein Instrument zur Befriedigung seines Geltungsbedürfnisses? Sehnsüchtig schaut er in diesen Spätherbstwochen nach Westen und nach der ersehnten Intervention aus, und diese Intervention ist wohl der Kern aller Illusionen, mit denen er nun, im sinkenden Licht des späten Jahres, seine Untertanen über die beginnende Not hinwegzutrösten versucht. Zu Ostern also wird die Stadt längst frei sein, verlangt wird ja nur noch eine kurze Zeit der Entbehrungen. Schon dieses Neujahr wird das herrlichste sein, das man seit tausend Jahren gefeiert hat ... ja, wenn man den Aussagen münsterischer Überläufer glauben darf, so macht in diesen Tagen die Majestät ihren Untertanen weis, es hätten inzwischen sich die Könige von Engelland, von Schottland und von Frankreich taufen lassen.

Was ja einigermaßen an die roten Fahnen erinnert, die, nach den Versicherungen der deutschen Revolutionäre, im November 1918 über den Kriegsschiffen und den Schützengräben der Entente flatterten. Der holländische Ersatz aber bleibt nun einmal die große Parole der münsterischen Staatsleitung, und in den Kellern des gotischen, von Knipperdolling bewohnten und noch heute erhaltenen Hauses werden damals jene Propagandaschriften gedruckt, die, die Stimmung aufrecht zu erhalten, im voraus das

---

58   Bisheriger Oberster Feldhauptmann war, wenigstens dem Namen nach, der Bischof.

Eintreffen jenes Ersatzes und vor allem auch das Strafgericht schildern, das dann über dem Bischof niedergehen werde.

Der König unterstützt diese Propaganda durch die Verkündigung seiner Visionen, die ihm ‚heute um die dritte Stunde vor Tag' geworden sind, und wieder einmal hat er Gottes Stimme gehört ...

‚Unzähliges Volk sollst du zu meines Namens Ruhm erwecken.' Und die Männer sollen ihren Weibern das Glaubensbekenntnis abfragen, aber, wenn wir bitten dürfen, nicht das alte ‚Ich glaube an Gott den Vater', sondern ‚Ich glaube an das Neue Reich und an den Grund meiner Taufe.'

Kommen die melancholischen Stunden, so verkündet er auch wieder einmal, daß seine Stunde bald kommen werde, läßt sich aber auf die Dauer, ausgerüstet mit einem schier unerschöpflichen Lebenswillen, in seinem Optimismus nicht irre machen. Er kommt, wie im November der Prediger Fabricius seinem Herrn berichtet hat, dem Unterhändler noch immer sehr stolz im schwarzen Samtwams und im weißdamastenen Mantel entgegen, und auf Rothmanns Verlangen muß Fabricius vor ihm stehend seine Botschaft ausrichten, während doch der übrige Hofstaat sitzt. Im übrigen ist die Aufnahme des Gastes, da der König Lebensmittel in Hülle und Fülle für sich beschlagnahmt hat, beinahe üppig, und die Majestät führt ihn leutselig herum und zeigt ihm die mannigfachen Einrichtungen der Stadt. So steht es in diesen Monaten des sinkenden Lichtes mit Bockelson selbst.

Wie aber steht es eigentlich in diesen lichtlosen Monaten mit der Stadt, mit diesem Münster, das nun auf die holländische Hilfe sich wie aufs Evangelium verlassen muß? Die Abschließung ist, wie der aus der Stadt heimgekehrte Fabricius dem Bischof berichtet, weniger vollkommen, als es im Hochsommer geplant war, und weil auf diese Weise zwischen den beiderseitigen Linien das Hin und Her im Herbst ziemlich rege gewesen ist, so ergibt sich aus den Aussagen gerade jetzt, wo der beginnende Mangel zahlreiche Überläufer, Zwischenträger und auch Hamsterer aus den Mauern treibt, ein ziemlich klares Bild von der Lage. Fabricius schon hat die Straßen verödet, die Menschen stumm und bedrückt gefunden, und daß niemand mit ihm sprechen durfte, ist nach den Erfahrungen früherer Parlamentäre beinahe selbstverständlich. Was die übrigen, die aufgefangenen Kuriere, was der ehemals begeistert täuferische und nun von der Täuferei gründlich enttäuschte Edelmann Scheiffert von Merode und der ebenfalls von Münster angewiderte Diener des Malers Lutger to Ring berichten, das enthüllt freilich ein schon recht verdüstertes Bild. Was in der Stadt gegenwärtig herrscht, ist noch kein Hunger — den wirklichen Hunger[59] werden wir erst

---

[59] Nach Aussagen des anfangs 1535 verhafteten Propagandisten Zillis Leitgens verfügt Münster um die Jahreswende noch über 200 Kühe und 96 Pferde, sowie über Bier und Brot für ein volles Jahr. Die geringe Zahl der Pferde ist darauf zurückzuführen, dass man im Sommer, ehe man an das Essen von Pferdefleisch dachte, gegen 300 Pferde geschlachtet und in der Haut verscharrt hatte, um die Heubestände zu schonen. Die Angaben über Bier und Brot sind fraglos falsch, da bei Richtigkeit

später kennenlernen — es ist aber auch kein rechtes westfälisches Schalten und Walten mit Speck und Eiern und schwarzem Brot und dickem Bier und fetter Kost, und von unserem guten Speck gar hat kein Haus mehr als höchstens noch eine Seite, und zu was nützt es unter solchen Umständen, daß der König große Worte macht und ankündigt, wir würden nun bald von dem heurigen überreichen Schweinesegen des Landes da vor den Mauern die Würste und die Speckseiten zu essen bekommen?

Außerdem beschlagnahmt der König selbst für seine Hofhaltung uns die besten Bissen, und was nützt uns der Speck, der in den Kaminen der immer schwerer zu erreichenden Bauerndörfer hängt, wenn es bei uns in Münster schon so weit ist, daß jeder des anderen Kochtopf mit schelen Augen überwacht? Man hat bei uns nun Hauslisten aller Nahrungsberechtigten angelegt, man hat uns das private Backen und Brauen im eigenen Hause verboten, man hat uns den schweren süßen Pumpernickel genommen und mutet uns nun das mit Gerste und Hafer vermischte Gemeindebrot zu. Die ärmere Bevölkerung ißt gar Pferdefleisch, und auch dieses Pferdefleisch ist schon rationiert, und allenthalben erscheinen wieder einmal diese Diakonen und machen Bestandsaufnahmen der Vorräte und beschlagnahmen den Überfluß, obwohl von einem Überfluß in Münster nun wirklich nicht mehr die Rede sein kann.

Und damit ist die Ernährungslage der Stadt im Spätherbst absichtlich so geschildert, wie sie damals der unsterbliche und zu allen Zeiten vorhanden gewesene Querulant, der ja bei solcher Gelegenheit immer aufersteht, geschildert haben mag. Tatsache ist jedenfalls, daß die Stimmung zerfällt, und daß dunkle Gerüchte von Mund zu Mund gehen ... leise, leise, da ja auf allen die Angst vor Knipperdollings Henkerschwert lastet. Inzwischen nörgelt man insgeheim so sehr herum, daß Bockelson, um die Müßiggänger zu beschäftigen, alte Häuser abreißen läßt[60], ja, wenn man Herrn Scheiffert von Merode und seinen etwas konfusen und etwas defätistisch klingenden Aussagen über die Stadt[61] Glauben schenken darf, so machen die Nörgler neuer-

die notorische Hungersnot von 1535 nicht zu erklären wäre. Die Zahl der Einwohner, die vor der Errichtung des Täuferstaates auf 12000 zu schätzen sein dürfte, gibt Zillis Leitgens auf 1100 wehrfähige Männer, 700 (!) Schüler und 2000 Weiber an. Graes — siehe unten — gibt übereinstimmend mit anderen Quellen und wohl auch richtiger 1300 Männer, 6000 (!) Weiber an. Graes, wohl im Bestreben, dem Bischof etwas Angenehmes zu sagen, behauptet, es seien schon im Dezember Katzen und Mäuse verzehrt worden. Kurioserweise wird auch über Weibermangel berichtet — alle Frauen, die Witwen der hingerichteten Apostel ausgenommen, seien nun vergeben.

60 ,Item na dem se buten (= außen) der stat nicht mer to arbeiten, danoch die gemeinheit (=Gemeinde) in arbeide geholden, rotten unde thosammenkompst der gemeinheit dairmede verschoent moechte werden / so laten se binnen der stat umblanx der muren und sunst allenthalven unnutte (=unnütze) huser nedderbrechen und verwoesten.'

61 Man kann ihm freilich nicht trauen. Er war im Sommer 1534, wie erinnerlich, in heller Begeisterung in die Stadt gekommen, Klopriss hatte vor ihm gewarnt und ihn scheinbar von vornherein als unzuverlässigen Menschen empfunden. Die Begeisterung kühlte merklich ob, sowie der allererste Mangel sich bemerkbar machte. Er ist anfangs Dezember 1534 aus der Stadt gelaufen. Seine Aussage

dings auch vor des Königs geheiligter Person selbst nicht mehr halt, da, nach Scheiffert, *die gemeinheit (=Gemeinde) up den konningk eine suspicie hebbe / derweil he boeke (=Bücher) und geld uthgesant / dat he vielleichte dem gelde na tho folgen werde*[62].

Münster, mit anderen Worten, wirft seinem König vor, daß er sein Archiv und sein Geld ins ‚Ausland' geschafft habe und traut ihm zu, daß er bald desertieren und seinem Gelde nachreisen werde, und alles in allem wären wir damit angelangt bei jenem Raunen und Tuscheln und jenem Gerede von umgehendem Verrat, das es in jeder belagerten Stadt ... im Paris von 1870, in dem von Bazaine verteidigten Metz und wahrscheinlich schon im belagerten Karthago und im mythischen Troja gegeben hat, da nun einmal das Leben in Gefahr, das dem einen Bedürfnis ist, den andern in seiner ganzen Jämmerlichkeit enthüllt ... heute, wie damals. Tatsächlich aber ist Münster, auch militärisch, damals schon schwächer, als der Bischof es durch seine Kundschafter erfährt, tatsächlich leidet es vor allem auch an Munitionsmangel und muß den Schwefel für sein Kanonenpulver von alten Weinfaßdauben abkratzen und gestattet seinen Geschützmeistern Schüsse aus schweren Kanonen nur noch auf besonders lohnende Ziele und stellt, um dem Geraune über diesen Mangel zu begegnen, in der Vorhalle des Rathauses, wo jeder sie sieht, zwei mit Kohlen gefüllte Fässer und gibt den Inhalt für Pulver aus.

Das alles ist wohl schlimm, will aber, da es 1760 mit dem Preußen des Großen Friedrich kaum weniger schlimm stand, noch nicht gar so viel besagen: Wahrsager mit glückhaften Kriegsprognosen hat zur Hebung der Stimmung auch Friedrich im Bunzelwitzer Lager auftreten lassen, und belangvoll sind für uns alle diese damals obwaltenden Umstände nur in einem einzigen Aspekte ...

Erfüllte nämlich dieses aus dem trüben sozialen Begehren der Zeit gekommene und durch seine kommunistischen Parolen beim Pöbel werbende Täuferreich wirklich ein gebieterisches und dauerhaftes Gebot inmitten einer großen Zeitwende, so hätte ihm kein Hunger und kein Defaitismus etwas anhaben können. So wäre, da nichts so siebenfach Erz bricht wie Märtyrerblut, aus der Blutsaat der toten Apostel ein unüberwindliches Heer erwachsen, so hätte die ganze alte schwarzgoldene Reichsherrlichkeit nebst Kaiser Carolus Quintus und allen vereinigten Königen des Abendlandes nie und nimmer genügt, um diese Bedrohung der mittelalterlichen Welt auszulöschen. Denn die mit den Energien einer großen Zeitwende aufgeladene Idee ist unbrechbar und unbesiegbar, und in eben solchen Zeiten ist der in

---

beim Verhör durch die Bischöflichen macht entschieden den Eindruck, als habe er sich durch geflissentliches Übertreiben der Münsterschen Nöte Vorteile verschaffen wollen.

[62] Ü.d.H.: die Gemeinde auf den König einen Verdacht habe, weil er Bücher und Geld ausgesandt hat, daß er vielleicht dem Geld nachfolgen werde.

der Brust des Menschen mit aller Leidenschaft und Todesbereitschaft gehegte Wunsch beinahe schon des Wunsches Erfüllung.

Und so wäre es ja wohl auch hier gewesen, wäre wirklich dieses aus Altem Testament, Kommunismus und gesteigerter Sexualität entstandene
Reich mehr gewesen als ein schauriger, aber doch eben nur im Nebenbette
eines großen Stromes entstandener Wirbel. Mehr als das hysterische Ge-
schöpf eines ehrgeizigen und hemmungslosen Unterweltlers, mehr als eine
jäh aufflammende, schließlich aber doch wieder einmal ausheilende Massenpsychose. Denn es sind noch nicht einmal die späteren Zeiten des wirklichen Hungers, es sind ja schon die relativ noch immer gesicherten Herbst-
monate, in denen die Stimmung zerbröckelt und das Schicksal kentert. Das
Schicksal nämlich erlaubt sich manchmal ein schaurig Spiel mit den Er-
densöhnen und wiegt sie dann in die Illusion von nie abreißenden Glücks-
serien und gestattet es wohl auch, daß ein Kneipenwirt König wird und mit
den Hebeln der großen Geschichtsmaschinerie spielen darf...

Bis dann diese Maschinerie plötzlich auf hohe Touren kommt und in ihr
Triebwerk den Maschinisten selbst hineinreißt und erbarmungslos zer-
malmt. Ist dieser Zeitpunkt erst erreicht, so geht es hemmungslos bergab.
Dann erst wird alles, was früher durch ein Wunder immer gut ausging, zum
unseligen Zufall, und wo selbst eine so hehre Erscheinung wie Karl XII.
von Schweden nach neun glückbegünstigten Jahren weitere neun voll unfaßbarer Schicksalsschläge erlebt, da macht dieses Schicksal mit diesem
Bockelson genannten Sohn des Chaos wahrlich keine Ausnahme.

Der wehrt sich gegen das aufsteigende Verhängnis wie er kann, faßt
noch einmal in einem Artikelbrief die Gesetze Zions strenge zusammen[63],
läßt eine neue Liste der Wehrfähigen aufstellen und läßt die Mannschaft
fleißig exerzieren und ersinnt, vielleicht in zeitgemäßer Anlehnung an die
von der Zeit neu entdeckte Antike, eine neue Kriegsmaschinerie: es werden
nämlich schwer bestückte und mit Sicheln versehene Wagen, die man nach
dem Muster des Florentiner ‚Carocchio' mit Fahnen ausgestattet hat, zu einer stoßkräftigen Einheit zusammengefaßt. Sie sollen bei einem Ausfall,
von dem man ja fortwährend spricht, als Kern des täuferischen Angriffes in
den Feind gefahren werden, bleiben aber leider, weil ein Ausfall[64] nicht

---

[63] 'Es finden sich Strafbestimmungen für unbegründete Denunziationen und Strafbestimmungen für
      ‚Falsche Propheten', unter denen aber nach Sachlage wohl alle diejenigen zu verstehen waren, die
      jammerten und trübe in die Zukunft sahen. Interessanterweise richtet sich übrigens ein Teil der Arti-
      kel erneut gegen verkappten Verrat, gegen Meuterei und gegen die Vorbereitungen zur Desertion.
      Entfernt sich jemand ohne Wissen seiner Vorgesetzten und seiner Ehefrau aus seinem Quartier, so
      soll schon nach drei Tagen die Ehefrau einen anderen Mann nehmen dürfen. Verboten wird außer-
      dem das Beziehen nicht anbefohlener Wachen. Man wußte wohl genau, daß es allzuoft der Vorbe-
      reitung einer Desertion gedient hatte.

[64] Nach den Aussagen von übergelaufenen und dann von den Bischöflichen wieder gefangenen
      Landsknechten ist ein Ausfall für die Oktober-Novemberwende geplant gewesen — also gerade für
      die Zeit, in der das bischöfliche Heer durch die erwähnte Seuche und die oben berührten Vorgän-

stattfindet und uns ja auch die Pferde fehlen, als Wagenburg und gewissermaßen als Zitadelle auf dem Markt stehen und spielen erst später eine Rolle, als das Schicksal Pech und Schwefel auf die Stadt regnen läßt. Die ‚Spieltage‘ auf dem Domhof, die bei der gerade in Ruhestellung liegenden Mannschaft mit Karten und Ballspiel für Ablenkung von allen unerwünschten Gedanken sorgen sollen, müssen leider wieder abgesagt werden, da ‚der Koningk sich duncken liet / dat sie wolten werden to wilde‘. Immer wieder tauchen die Gerüchte über einen geplanten Ausfall auf, und immer wieder lockt der Gedanke an die versunkene Welt draußen vor den Toren, und dazwischen hat der König, weitab von jeder Politik und aller Verwaltungsarbeit, seine Visionen und Stunden geschickt gespielter Abwesenheit, aus denen er dann mit neuen herrlichen Offenbarungen über die unausbleibliche Erlösung und eine neue herrliche Zukunft erwacht. ‚Unde so‘, berichtet Gresbeck, ‚hebben sie dem gemeinen volck dat schönste vorgelacht / so lang als sie immer konden. Sie mochten vast predicken / mehr (=aber) die verlosunge (=Erlösung) quam nicht.‘ Es will nicht mehr helfen, daß der König vom Fenster aus seinem Volke die Geschichte von David vorliest, für den der Engel des Herrn streitet, es will nicht mehr helfen, daß er mit seinem Rennspieß im Ringelstechen den ersten Preis gewinnt und auch in einem Wettlauf auf dem Domplatze Sieger bleibt und daß dann noch einmal vor etwas kärglich besetzten Tafeln ein gemeinsames Mahl folgt. ‚Dair geit kein hoveren for etten‘[65], stellt Gresbeck fest und meint, daß auch das glanzvollste höfische Spiel den Magen nicht füllt. Auch dann nicht, wenn hinterher die königlichen Trabanten — die zum Teil aus verkommenem niederen Klerus bestehen — dem Volke einen Schwertreigen vorführen, oder wenn gar Se. Majestät zum Abschluß unter dem Schall von Pfeifen und Trommeln mit seinen sechzehn Frauen dem Volk einen Schautanz vortanzt, samt dem ganzen Gefolge, das sich bei dieser Gelegenheit in den gestohlenen Kleidern und in dem Schmuck der vertriebenen Altgläubigen zeigt. ‚Et was‘, fügt Gresbeck mit der Giftigkeit des eingeborenen Münsterer Bürgers hinzu, ‚et was Hollenders werck. Wan ein Hollender is sieven jiar alt / so iss hei up dem allerweisesten als hei werden wil.‘[66] Es nützen also auch Schwerttänze und Wettspiele nichts mehr, und wenn die Stimmung der Massen erst sinken will, dann kommt ganz von selbst der Augenblick, wo auch der Terror nichts mehr nützt. Gerade diese öffentlichen Schauspiele, bei denen Bockelson noch immer prachtvoll wie die Morgensonne über dem Meer erscheint, sie untergraben sein Ansehen und seine Popularität, und es schadet ihm der höfische Pomp gerade bei dem Pöbel, dessen täuferische Begeisterung in nuce eine Begeisterung für den Programm-Kommunismus

---

ge beim Kleveschen Kontingent geschwächt war.

[65] Ü.d.H.: Da ging nichts Höheres über das Essen.

[66] Ü.d.H.: Es war das Werk eines Holländers. Wenn ein Holländer sieben Jahre alt ist, so gehört er zu den allerweisesten, von dem was er werden will.

Zions gewesen ist: wie denn, war die ganze Beschlagnahmung unserer armseligen Habe zu etwas anderem gut, als diesem Schneider eine fürstliche
Lebenshaltung zu gestatten, und haben wir dabei etwa mehr gewonnen als
eben einen hergelaufenen Lumpenkönig mit Harem und gestohlener Krone?

So spricht nun in Münster wohl der Arme. Und mit dem Wohlhabenden
von ehedem vereinigt er sich in dieser Frage: Ja, ist denn dieses Hadern um
das bißchen Taufe es wirklich wert, daß wir uns deswegen mit der ganzen
Umwelt und mit dem Kaiser und mit allen seinen Gewaltigen verfeindeten?
Und war der Streit um die Taufe am Ende nur eine Marotte, und lohnte es
sich wirklich, daß wir um dieser ‚Boferei‘ willen unser bescheiden oder
reichlich bemessenes Leben zerstörten und daß — dies ist die schwerwiegendste Frage — wir eingeborenen Münsterer nun hungern müssen, um die
Oligarchie dieser Holländer und Friesen zu schützen?

Die letztgenannte Frage, gestellt vom beleidigten Münsterer Lokalpatriotismus, ist die schwerwiegendste, weil auch die Ärmsten der Armen sie
stellen, und Tatsache ist jedenfalls, daß seit der Jahreswende König und
Propheten Zions es mit einer ständigen und schwer greifbaren Opposition
und gar mit einer ganz abscheulichen Neigung zu Verrat und Sabotage zu
tun haben. Opposition gibt es nun gar innerhalb der täuferischen Oligarchie,
und als Knipperdollings Weib — das legitime wohlgemeint und nicht etwa
die neben ihr gehaltene Kebse — zu murren beginnt, da sieht man sich dazu
gezwungen, sie mit dem Richtschwert in der Hand durch volle zwei Stunden auf dem Marktplatz auszustellen. Schlimmer noch steht es um sechs
münsterische Männer und Frauen, die um die Flucht von Überläufern gewußt und die eigene vorbereitet und den Deserteuren für den feindlichen
Hauptmann da draußen Briefe mitgegeben haben, in denen sie schmachvoll
von Zion abrücken und im voraus um Gnade betteln ...

Was ja wohl darauf schließen läßt, daß diese sechs mit dem Fall der
Stadt als mit einer Selbstverständlichkeit gerechnet haben. Dies wird natürlich mit dem Schafottod aller sechs Verräter geahndet, und daß eins von den
Weibern, ‚die Dreiersche‘, Knipperdollings Bettgenossin gewesen ist, ficht
den Herrn Statthalter nichts an. Er, der dieses Mal nicht selbst den Henker
spielen sollte, reißt, als der für diese Hinrichtung bestellte Scharfrichter zu
viel Zeit verliert, dem Manne das Schwert aus der Hand und köpft seine
ehemalige Geliebte eigenhändig ...

Und was ist denn das Verbrechen dieser sechs Leute erst gegen die gräß-
liche Tat, mit der ein Erwählter, der einzige heimgekehrte Apostel, sich befleckt? Wir entsinnen uns ja wohl, daß Heinrich Graes mit seinen Gefährten
in Osnabrück ergriffen und daß er als einziger gegen das Versprechen gewisser Gegenleistungen vom Bischof begnadigt wurde. Wir entsinnen uns
auch, wie er in die Heilige Stadt zurückkehrte und wie er dort als wunderbar

Gefeiter auftrat und wie er zum Propheten ernannt und fortan zum engeren Rat des Königs zugelassen wurde ...

So ist es mit Heinrich Graes ergangen. Und dann hat er an die zahllos in die Stadt flutenden bischöflichen Überläufer gedacht, die um diese Doppelrolle wissen und ihn früher oder später verraten mußten, und es hat dem Borkener Schulmeister das Feuer unter dem Stuhl gebrannt, und er hat sich plötzlich, natürlich auf Grund einer neuen göttlichen Aufforderung, zum Herbeiholen von mehreren tausend Bewaffneten aus Wesel, aus Amsterdam und aus Deventer erboten und für diese neue Apostelfahrt sich ein Beglaubigungsschreiben des Königs erwirkt ...

Und hat es denn auch ‚für den vom himmlischen Vater erleuchteten Propheten Heinrich Graes' erhalten und ist anfangs Januar 1535 damit aufgebrochen. Hat sich schnurstracks nach Iburg zu des Bischofs Gnaden begeben und hat ihm alles Wissenswerte, wie aus seiner noch erhaltenen Aussage ersichtlich, verraten: die innere Lage der Stadt, ihre mannigfachen unterirdischen Verbindungen nach außen, die geheimen niederdeutschen Brüdergemeinden, die auswärtigen Waffendepots und auch die namentliche Liste der Weseler, dem Bischof mithin ausgelieferten Brüder.

Das hat Graes getan. Vor allem hat er auch dem Bischof gesagt, wie nun die einzige Hoffnung des Königreiches auf die Intervention von außen eingestellt sei und wie Bockelson sich gar erboten habe, man solle ihn, den König, wie einen gemeinen Mann köpfen, wenn zu Ostern die Erlösung noch immer nicht gekommen sei.

Die Graesschen Angaben werden natürlich sofort an alle gefährdeten und von Graes bezeichneten Behörden and Magistrate weitergegeben, und diese Warnung erreicht es denn, daß später die auswärtigen Nester ausgehoben und die Verbindungen mit ihnen durchschnitten werden und daß jene von Bockelson so sehnlich erwartete Hilfe endgültig ausbleibt.

Denn nun wird Graes, der übrigens von Iburg aus an die Gemeinde zu Münster korrekterweise einen noch wiederzugebenden Absagebrief schreibt, von dem mißtrauischen Bischof mit zwei ihn überwachenden Begleitern ausgestattet, alle drei werden als Täufer vermummt und nach Wesel geschickt. Dort verschaffen die drei sich ohne weiteres mit Bockelsons Geleitbrief Zutritt zu den Täufergemeinden und fordern sie in des Königs Namen auf, alle Waffen in einem von Graes bezeichneten Hause zusammenzutragen. Kaum aber ist das geschehen, da rückt in Wesel unter ungeheurer Aufregung der aufsässigen Stadt der natürlich verständigte Herzog von Jülich ein und hebt das ganze Nest aus und hält streng Gericht. In weißem Gewand müssen die überführten Täufer einen Bußgang um den Kirchhof tun und müssen künftig stehend dem Gottesdienst beiwohnen. Worauf sie wieder in die Kirche aufgenommen werden. Ihre Führer Otto Vincke, Schlebusch und noch mehrere andere müssen, allerdings erst nach dem Niederbruch Münsters, das Haupt auf den Todesblock legen.

Graes aber, der ehemalige Apostel, der aus dem Paulus über Nacht ein Saulus wurde und die eigenen Brüder ans Messer lieferte?

Der wird, abseits der Münsterer Katastrophe, seine Tage friedlich als rehabilitierter Katholik und als Schulmeister in Borken beschließen und dahingehen im Schein der Sterbekerze und wohlversehen mit allen Tröstungen der altehrwürdigen Kirche. Und seine täuferischc Häresie und sein Apostelgang nach Osnabrück und seine Errettung durch den Engel des Herrn, das alles wird ihm samt seinem kurzbemessenen Prophetentum und samt dem kurzbemessenen Königreich Münster nur noch eine vage Erinnerung und so etwas wie eine im Alter schwer verständliche Jugendeselei sein.

Just so, wie der reife Mann, der eine Vogelhecke pflegt und mit den zierlichen Bauern von Star und Hänfling sich umgibt, es wirklich nicht mehr verstehen kann, daß er als Klippschüler eine kurzbemessene Periode hatte, in der er Vogelnester zerstörte und die junge Schwalbenbrut vor den Augen der jammernden Eltern zertrat.

So also verhält es sich mit Heinrich Graes. Denn auch so kann man eine feurig begonnene Prophetenlaufbahn beschließen, und vielleicht hat es sogar seinen verborgenen Sinn, daß es auch solche vielgewandte Odysseusse gibt, und wir wollen's heute, nach vierhundert Jahren, mit einem Lächeln quittieren ...

Und wollen hier erst, ehe wir für immer Abschied nehmen von Heinrich Graes, jenen Absagebrief zitieren, den er, schon im Januar 1535 von Iburg aus, an seine Münsterer Freunde schrieb.

An die gleichen Münsterer, deren erwählter Prophet er eben noch war und von denen er sich, gestern sozusagen, verabschiedet hat. . .

,Gott verleihe uns allen aus Gnade in milder Barmherzigkeit seinen Geist.

Amen.

Liebe Mitbürger. Derweil die Sache sich also begibt / daß Gott mir die Augen hat geöffnet, daß ich den falschen und vergifteten Brocken (=vergiftigen inbroke) des Handels gesehen habe / den man jetzt in Münster treibt / und da mich Gott also aus der Stadt vor einen Spiegel gefordert hat und daß jeder an mir sich spiegele / daß alles Betrug ist / was man jetzt in der Stadt treibt: so ist meine demütige Bitte (=demodige bede)/ daß Ihr alle einmal die Augen auftut — es ist hohe Zeit — und einsehet / daß Euer Treiben wider Gott und sein göttliches Wort ist.

Die vorigen Propheten sind nämlich alle Propheten gewesen
wie ich / so daß Ihr armen dummen Menschen nicht merken
könnt / daß es alles Betrug und Verführung ist (= altosamen
betrog unde verleidung) womit Ihr umgeht. Ich weiß Be-
scheid. Wolltet Ihr Euch doch noch bekehren und von dem
ungöttlichen Handel weichen / Ihr würdet alle Euer Leben
behalten.

Hiermit seid Gott befohlen. ,To morer erkenntnisse dat gy
mögen den Schriften geloven / soe hebbe ick min signet hir
unden an gedruckt / welck iuw bekant is.'(Ü.d.H.: Zur allge-
meiner erkenntnis, damit ihr den Schriften glauben möget,
habe ich mein Signet hier unten angedrückt, welches euch be-
kannt ist)

Dies alles in dem so bieder klingenden mittelalterlichen Westfälisch, das
die Worte doppelt gewichtig und treuherzig erklingen läßt. Nicht wir wollen
über den Schreiber, hinter dem möglicherweise für den Fall der Verweigerung der Henker bereit stand, den Stab brechen und wollen uns erinnern,
daß man solche Briefe schreiben kann und daß cs einem hinterher womöglich gut geht und man lange lebt auf Erden. Es sei denn, daß manchmal die
quälenden Erinnerungen kommen und alle die Plagegeister, die hinter dem
einherziehen, was der weise alte Fontane ein ,Untätchen' nannte. Vielleicht.

Das sei einem höheren Richter überlassen.

Wenn aber erst von einem ehemaligen Propheten und Apostel solche
Briefe geschrieben werden können, ist dann nicht der Zauber, der jede neue
Glaubensgemeinschaft mit unsichtbaren Feuerflammen umgibt,
verflattert ... ja, müssen dann nicht die Schwingen gebrochen sein, die sie
einst über alle Abgründe hinwegtrugen?

Und wenn somit die Großen und Erwählten Verrat üben — kann man
dann von den Kleinen, von den Namenlosen und Mitläufern und den Wider-
willigen gar verlangen, daß sie um einer fadenscheinig und brüchig gewordenen Sache willen hungern und leiden und die kurzen Tage verschütten,
dic der Kreatur beschert sind?

FAMES (Hunger)

Do hehben sie gegetten allerlei beeste up dem lande und in dem water.[67]

Grcsbeck.

Zu Ostern, heuer schon im März, da schlägt, obwohl in Wesel der Brand so herb gelöscht worden ist, aus der glimmenden Asche die helle Flamme der Täuferei hoch, und endlich kommt es in Friesland zum Aufbruch der interventionsbereiten Täufergemeinden.

Diese rabiaten Scharen also besetzen zwischen Sneck und Boiswerden das stark befestigte Oldenkloster, vertreiben die Mönche, verwüsten das Kloster nach Herzenslust, schänden die Kirche in münsterischer Technik, werden aber dort von dem Statthalter Schenck von Tautenburg gestellt, belagert und in das Innere der Klosterkirche gedrängt.

Brandfackeln können in den festen Gewölben leider nicht zünden, der Schenck muß also *,zehen starck groß geschütz vor brengen'* und für eine gehörige Belagerung des Nestes eilends den dritten Mann der bäuerlichen Bevölkerung aufbieten. Er kanoniert darauf los und setzt über die Schiffbrücke zum Angriff an und nimmt *,mit einem harten swaren sturm'* nach eigenem Bericht unter herbem eigenen Verlust die Kirche und erstickt den ganzen Aufstand in Blut. Es *,hieven do an beden siden in somma tuschen 800 und 900 dooden'*, wovon hundert Mann auf die Leute des Statthalters zu rechnen sind. Was an gefangenen Täufern die Kanonade überlebt hat, wird angesichts der empörenden Kirchenschändung bis auf zweiundsechzig Männer erbarmungslos niedergemacht. So daß außer den genannten zweiundsechzig Männern nur siebenzig Frauen und Kinder das Blutbad überleben.

Fast gleichzeitig aber versenkt der Herzog Karl von Geldern, *,catholicae religionis adiectissimus et sectariis infensissimus*[68]*',* auf der Yssel nebst Weibern und Kindern drei Täuferschiffe, und damit sind die gefährlichen friesischen und holländischen Brandherde gründlich gelöscht, und die der Belagerung Münsters drohende Gefahr ist beseitigt.

Und für Bockelson ist damit die allerletzte Hoffnung auf ,Erlösung' geschwunden. *,Iss ist sake / dat to Paeschen die vcrloesunge nicht en kompt / so soyt my / als ick diesem selven boesewicht wil doin ...* (= wenn zu Ostern die Erlösung nicht da ist, so tut mir, wie ich nun diesem Bösewicht hier tue).' Das hat im Winter unmittelbar vor der Hinrichtung irgendeines Delinquenten die Majestät von Münster selbst gesagt und hat damit ja wohl ein schwerwiegend Wort gesprochen und hat darauf allerhöchst eigenhändig den armen Sünder geköpft ...

---

[67] Ü.d.H.: Da haben sie allerlei Biester gegessen aus dem Land und aus dem Wasser.
[68] Ü.d.H.: Von der katholischen Religion abgefallene und sektiererische Feinde

Und nun ist Ostern ja wohl da, und es ist keine Erlösung gekommen, und da doch nun eigentlich und von Rechts wegen der König das Haupt auf den Block legen müßte, so zieht er sich, um über eine passende Ausrede nachzudenken, für einige Tage, wofern man Kerssenbroch glauben darf, aus der Öffentlichkeit zurück ...

Und kommt wieder ans Tageslicht mit der etwas überraschenden Erklärung, er habe natürlich die innere und seelische und nicht etwa die äußere, die kriegerische Erlösung gemeint, und die innere sei ja nun mit Gottes Hilfe da, und die äußere ... ja, die äußere müsse man freilich in Geduld erwarten, und schließlich werde auch die noch kommen.

Das ist ja nun für eine glanzvolle Prophezeiung ein etwas klägliches Ende, und was fangen wir Westfalen denn mit einer ,inneren und seelischen Erlösung' an, wenn uns doch von den Würsten und all dem Speck gesprochen wurde, die man den Bauern werde vor der Nase wegessen können?

Ach, in Münster ist nun weder von Speck noch von Würsten die Rede, und seit dem Ausgang des Winters leidet es nicht Mangel, sondern blanken Hunger. Im Winter schon ist wegen einer unrechtmäßig erbeuteten Pferdefleischration eine Frau geköpft worden und ein zehnjähriger Junge wird wegen eines simplen Gemüsediebstahls an eine der Domplatzeichen gehängt und, da der Strick reißt, kaltblütig zum zweitenmal aufgeknüpft.

Solch üble Dinge haben sich schon während des Winters ereignet. Nun aber, mit dem Frühling, da ist der Hunger, der wirkliche, der wütende Hunger über die Heilige Stadt gekommen, und zu Ende ist's mit dem leckeren Rauchfleisch des Apostelmahles und zu Ende ist bis auf lächerliche Reste das Gerstenbrot und selbst das Pferdefleisch, und da ist es denn so gekommen, *,dat wief undc kinder begunten tho schrieen umb broit'*. Die Diakonen kommen wieder und beschlagnahmen, was an kümmerlichen Resten noch in Bettladen und gar an noch weniger appetitlichen Orten versteckt ist *,und dat sie finden conden / dat meiste med gain / et wer vet (=Fett) oder oli oder salt oder smalt. It konde so kleine nicht gesain / sie nament den lueden (=Leuten)'*.

Nur daß das eben Brocken sind und daß sie den schaurigen Todeskampf der Gottesstadt auch nicht wesentlich verlängern können. Im Winter schon, wie erinnerlich, hat man Hauslisten angelegt und rationiert, und nun im Frühling gibt man den Leuten in den Vorbefestigungen und Außenwerken und gar in den verlassenen Gärten der verschollenen Großbürger Gemüseparzellen, und die armen Leute, die dort fleißig graben und jäten, sehen sich dann bitterlich enttäuscht, als man ihnen auch diese kargen Gemüseerträge sofort beschlagnahmt. Ja, und so ist sie über Nacht wirklich gekommen, die große Not.

Der Bäcker backt nicht mehr, der Müller mahlt, genau wie in den Tagen des Weltkrieges, allenfalls nur noch ,schwarz' für die wenigen, die es zahlen können, und für sie wagen auch jetzt noch immer ein paar ganz Verwegene ihr Leben, um draußen auf den Dörfern zu hamstern und es zu den phantastischen Preisen des Schleichhandels in der Stadt abzusetzen.

Wer aber nichts hat, der schreit vor Hunger, und daß der König fleißig alles köpft, was bei diesen Zuständen aus der Stadt laufen will, und daß gar die Prädikanten mit dem lieben Rothmann an der Spitze es wagen, bei diesem Elend über den ‚Bauchgott' zu zetern, dem Münster angeblich noch immer dient: das alles hilft nun wirklich nichts und macht das Los der Stadt von Tag zu Tag nur unerträglicher.

Es ist doch, bei Gott, nichts mehr zu teilen da! Es gibt nun kraft einer königlichen Verordnung ‚Weizenherren' und ‚Fettherren' und ‚Salzfleischherren', es gibt leider zu diesen Herren keinen Weizen und kein Fett und kein Salzfleisch, und im Frühjahr beträgt die für drei Wochen auf den Kopf der Bevölkerung berechnete Mehlration nur mehr einen einzigen Becher voll! Das also ist nicht mehr die Entbehrung, wie sie einem heldenhaften Volk wohl zugemutet werden kann — dies ist das absolute Nichts und die Auslöschung des Lebens. Und wäre es noch so, daß es alle gleichmäßig träfe und daß gleichmäßig hoch und gering hungerten und daß, wie in jener verschollenen Oktobernacht, der König sich vor die gleiche Tafel setzte wie sein Volk ...

Es ist aber nicht so. Der König beschlagnahmt munter für die eigene Tafel, er stopft seine Kammern voll mit Vorräten für ein ganzes Jahr, er nimmt den Armen und sitzt mit seinen Tappedürs und mit seinem Hurenstall vor Schinken und Würsten, während in den baufälligen alten Häusern am Wall die ersten Todesfälle an Hunger verzeichnet werden. Hier enthüllt er sich, der geborene Bastard, hier nützen keine nachträglichen Hinweise auf seine ‚Jugend' und auf seine ‚hinreißende Beredsamkeit'. Hier ist er ganz und gar demaskiert, der geborene Unterweltler, der ja nicht der Getriebene, sondern der Treiber, nicht der passive Exponent, sondern der Nutznießer einer Zeitwende war. Zahllos sind die Bockelsondramen, immer wieder fließen Tränen um ‚den armen jungen Mann, der ein Opfer seiner glänzenden Gaben wurde'. Um Milde und Menschengüte ist es gewiß ein schönes Ding. Die Zeiten aber des ‚um jeden Preis alles Verstehens', die sind ja wohl bis auf weiteres vorbei. Auch in der Geschichtsschreibung. —

Während der König sich's gut gehen läßt, treibt in der Stadt der Hunger widrige Nahrung ein. Hätten wir es doch noch, das gute Pferdefleisch, das im Winter auf der Freibank verteilt und über das damals so gemurrt wurde! Nun nämlich, seit Ostern etwa, essen wir *allerhand beester'*, essen wir Mäuse, Ratten und Katzen, essen wir Igel, Hamster und die Ringelnattern aus der Aa, schlingen das alles, um ja nur den empörten Magen zu beruhigen, samt Fell und Bein und sind unendlich froh, wenn wir solche früher herb verachtete Speise uns verschaffen können ...

130

Denn je weiter der Sonne Bogen sich nun streckt und je höher sie klimmt in ihrer Jahresreise, desto wunderlicher, abscheulicher und viehischer wird unsere Nahrung. Als es

Mai wird, gehen wir dazu über, von den Einbänden der Bücher, soweit der täuferische Zorn sie nicht verbrannt hat, die Lederrücken zu verschlingen, wir würgen auch, um nur irgend etwas in dem Gedärm zu haben, Stiefelleder herunter und sieden Suppen aus zerstückelten Riemen und richten sie an mit dem Fett geschmolzener Talgkerzen. Ja, gegen das Ende Zions, da wird es auf das Unausdenkliche hinauskommen und da werden wir Kuhfladen dörren und auf unseren Herden gar den aus den Abtritten bei der Aa geholten Menschenkot rösten. Bis unser armer Leib endlich revoltiert und wir uns in krampfhaftem Vomieren winden und, heulend vor Hunger, erkennen, daß wir arme Tiere geworden sind und daß der Begriff der Menschenwürde nur mehr aus weiter, weiter Ferne zu uns herüberleuchtet. Aus jenen sagenhaft gewordenen Bezirken nämlich, die jenseits der Wälle liegen. Und auch mit diesem Griff in die ‚Profeien‘ an der Aa sind wir noch immer nicht angelangt bei unserer tiefsten Erniedrigung, und draußen bei den Belagerern und auch hier in der Stadt geht von Munde zu Munde ein abscheuliches Gerücht und will nicht verstummen und erscheint in den Zeitungen und in den Flugblättern, die draußen im Reich Kunde geben von unserem Reich Gottes ...

Das Gerücht, daß wir Menschenfleisch essen. Das Gerücht, daß wir auf dem Domplatz die Gerichteten aus der Erde holen, um mit unseren Zähnen ihr Fleisch von den zerbrochenen Knochen zu reißen. Das allerabscheulichste Gerücht gar, daß Eltern bei uns ihre Kinder töten und einpökeln und daß man bei einer Nachschau die abscheulichen Töpfe mit dem abscheulichen Inhalt finden werde ...

In der Stadt und bei den Landsknechten draußen, ja in ganz Europa spricht man davon. Die Auditeure und die Profossen des Bischofs merken sich das Gerücht, und später, wenn König, Statthalter und Propheten auf der Folter liegen, wird man sie peinlich nach der Wahrheit befragen, und beide, Knipperdolling und Bockelson, werden mit fast den gleichen Worten und mit einer seltsam berührenden Zurückhaltung aussagen ‚sie wüßten nichts davon‘.

Und wie stand es damit in Wirklichkeit? Die Landsknechte fahnden in der eroberten Stadt eifrig nach Beweisen, Gresbeck hat das Gerücht wohl gehört, hat aber mit eigenen

Augen nichts gesehen. Es taucht gleichwohl auf bei fast allen Zeitgenossen, es taucht auf bei Corvinus und bei Lilie und in fast allen zeitgenössischen Flugblättern und Zeitungen, und jeder hat davon gehört und keiner hats mit eigenen Augen gesehen, und so mag sich das, was man der Allgemeinheit Münster nachsagte, auf einzelne verzweifelte Fälle beschränkt haben. Immerhin wollen wir feststellen, daß Kerssenbroch einen bestimmten Fall benennt. Den Fall nämlich der Ratsherrnfrau Menken, die ihre neugeborenen Drillinge einpökelte und aß. Und Kerssenbroch war als humanistischer Schulmeister immerhin zur Gewissenhaftigkeit erzogen und mag wohl gewußt haben, welche Verantwortung er sich mit der Benennung eines angesehenen Namens aufbürdete.

Das aber, was an unumstößlichen Tatsachen verzeichnet ist, das ist nachgerade genug. Der Hunger trocknet die Haut aus und färbt sie bleigrau, allenthalben treibt die minderwertige Nahrung Eiterbeulen. *,Das fell'*, berichtet ein zeitgenössisches Flugblatt, *,hieng one fleysch lär / los unde geruntzelt über die bloße bein / das haubt stund nit anders / dann wie das krauthaubt auff dem stilen. Oren / wangen / lefzen / nasen waren durchsichtiger / dann ein papyr'*[69], und der Frankfurter Justinian von Holtzhausen, der als Kriegskommissar die Belagerung mitmachtc und Überläufer oft genug zu Gesicht bekam, berichtet, daß die aus der Stadt Kommenden ,weiß wie Leinentücher und mit geschwollenen Beinen und Bäuchen', also mit allen Symptomen des Hungerödems ins Lager gelaufen seien. Kinder essen den Kalk, den sie in ihrem wütenden Hunger von der Wand gekratzt haben, und da Bockelson angekündigt hat, es würden die Steine zu Brot werden, so werfen sich Menschen, die einmal nüchterne und betriebsame Kaufleute und Handwerker waren, zu Boden und schnappen nach den Pflastersteinen und beginnen, da Stein leider Stein geblieben ist, bitterlich zu schluchzen.

Wer überhaupt noch gehen kann, schleppt sich auf Krücken fort, schon aber mehren sich die Fälle, wo Erwachsene auf der Straße tot zusammenbrechen. Der Schinderkarren fährt durch die Gassen und sammelt, genau wie in Pestzeiten, die Leichen auf, die Massengräber, in die man sie wirft, bleiben bis zur gänzlichen Füllung offen — alles wie in Pestzeiten. In diesen letzten Monaten des Bockelsonschen Regimes vermindert sich die Einwohnerzahl der Stadt in schauerlicher Weise, und später, als Münster gefallen ist und die Vertriebenen zurückkehren, da finden sie das alte Nest nahezu leer vor, und Gresbeck behauptet gar, es hätten, freilich nach Abzug der bei der Einnahme Erschlagenen, nur sechs oder sieben Einwohner den Frühsommer überlebt. Nie wurde in deutschen Landen ein Totentanz so bis zum letzten Atemzug und so bis zur Schwelle des Narrenhauses getanzt.

Der Mann, der dies alles vor der Geschichte wird verantworten müssen, der sitzt in seinem wohlverproviantierten Palast, läßt sich von seinen gut genährten Trabanten bewachen, hält noch immer jeden Versuch einer offenen Rebellion mit des Schwertes Schärfe nieder und weist neuerdings einen Unterhändler, den Wirich von Dhaun schickt, mit dem Bescheide zurück, ,er wolle die Stadt halten, und wenn sie Dreck fressen müßten'. Was sie freilich

---

69 Ü.d.H.: Die Haut hing fleischlos / lose und gerunzelt über dem Gebein / das Haupt stand nicht anders / als ein Krautkopf auf dem Strunk. Ohren / Wangen / Lippen / Nasen waren durchsichtiger als Papier.

ja schon tun und was vielleicht zu der Annahme berechtigt, es habe in seinem unbrechbaren Lebenswillen dieser fürchterliche Mensch noch immer und auch noch im Juni, als der Reichstag zu Worms[70] die finanziellen Kräfte des ganzen deutschen Landes gegen Münster mobilisiert hatte, im stillen auf Ersatz und Sprengung des Belagerungsringes gehofft. In der Öffentlichkeit spricht er jedenfalls auch jetzt noch immer von der Erlösung, läuft auf den Wällen herum und ruft den dort wohnenden armen Leuten zu, es sei diese Erlösung nun wirklich schon ganz nahe. Was weniger auf die Verhungernden Eindruck macht, als eben auf die Belagerer, die ihn von draußen bemerken und ihm höhnend zurufen ‚hei solde tho bedde gehn' ... die Majestät solle sich gefälligst schlafen legen. Aber in den Köpfen der Prädikanten spukt das Gerücht von der ‚Erlösung' noch immer und sogar das von einem Auszug aus der Stadt will nicht verstummen. Wie es inzwischen in Bockelsons Hirn aussah, mag folgendes beweisen: Als er im Mai 1535 zur Wahrung eiserner Disziplin die Stadt in zwölf Unterbezirke teilt und jeden dieser Bezirke einem ‚Herzog' unterstellt, da eröffnet er diesen ‚Herzogen', die de facto Handwerker, Krämer, verkommene Kleriker und verschollene Edelleute waren, er werde jeden von ihnen, da dem täufe- rischen Siege selbstverständlich die Vertreibung der jetzt noch regierenden Reichsfürsten folgen werde, beim Neubau des Reiches mit einem deutschen Lande belohnen. Und so verschenkt dieser Gewandschneider, großmütig wie er ist, das Herzogtum Sachsen an Johannes Dencker, Braunschweig an Bernhard thor Moer, Westfalen an Christian Kerkerinck, Jülich und Kleve an unseren alten Bekannten Redeker, Geldern und Utrecht an Johann Palck, das Bistum Köln aber an den Herzog Meier, der aus Ledde nach Münster gekommen und fraglos ein sehr braver Mann war[71]. So verhielt es sich in jenenTagen des aufziehenden Gewitters noch immer mit dem seltsamen Manne, der Bockelson hieß. Verschenkt werden in diesen Tagen, in denen doch sozusagen schon der Tod ans Fenster pocht, auch die übrigen Reichsländer: Kurmainz und das Bistum Osnabrück und Bremen und Hildesheim und Magdeburg und West- und Ostfriesland. Weiterhin regieren durfte nach diesem Plan nur das Haus Brabant in Hessen. Eben jener ‚liebe Lips', für den der Leydener Kneipenwirt nun einmal eine unbesiegbare, wenn ja auch nicht recht erwi-

---

[70] Er trat am 4. April zusammen und war von fast allen Reichsständen beschickt. Er bewilligte für die Belagerung die nach damaligen Begriffen immerhin außerordentlich hohe Summe von hunderttausend Goldgulden und ihre Verteilung auf alle Reichsstände. Die Fürsten merkten es eben, daß Münster nicht eine wunderliche Sekte, sondern in den so gesichert scheinenden Tagen des Frühkapitalismus eine Bedrohung der ganzen damaligen Welt bedeutet. Bemerkenswerterweise hatte Kurbrandenburg den Reichstag nicht beschickt. Dies mit der Begründung: ‚es sollten die drei beteiligten Kreise allein damit fertig werden'

[71] Ihre Namen wechseln in den einzelnen Quellen und selbst bei den Augenzeugen, die ihre Ernennung selbst mit angesehen harten. Fast scheint es, als habe die wachsende Panik einen raschen Wechsel der Herzoge, die ja zur Niederhaltung jedweder Rebellion bestellt waren, notwendig gemacht.

derte Vorliebe bis zu seinem Ende bewahrte. Ja, so verhielt es sich mit diesem allerseltsamsten König, der jemals deutsche Menschen regiert hat.

Die Geschichte aber schiebt, wenn es erst auf das Ende einer Episode geht, vor das Ende mit Schrecken gern ein Satyrspiel und eine Groteske, und just so, wie der große Napoleon zum Schluß seine Getreuen mit entwerteten Papieren dotiert, und just so, wie der einst Vergötterte, um dem Volkszorn zu entgehen, während der Fahrt nach Elba in

Bedientenlivree auf den Kutschbock seiner Kalesche flüchtet, just so beginnt auch hier in dem sterbenden Münster kurz vor dem Ende noch eine tolle Jagd gespenstischer Schattenbilder, vor denen wir schaudernd stehen, wie vor den Fabelgestalten eines Konrad Witz oder denen eines Mathias Grünewald. daß jetzt, wo kaum noch die Wälle besetzt werden können, die Straßen- und Tornamen geändert werden, haben wir schon gesehen, daß es gerade jetzt noch bei Strafe verboten wird, die verwüsteten Kirchen anders als ‚Steinkulen‘ zu nennen, das alles mag als eine der vielen Täufer- Marotten hingehen. Während aber an alle diese ‚Silber- und Goldtore‘ der Stadt schon eine knöcherne Faust pocht, da erwacht in dem Kneipenwirt von ehedem die Erinnerung an Leyden und an die Zeit, da in seiner Schenke ‚Zur silbernen Lilie‘ den verbuhlten Paaren die Flöten und Lauten klangen, da erwacht die Erinnerung an den halb vergessenen Klub der Rhetoriker und an die eigenen Literatentage: die Majestät von Münster also läßt im Dom das Spiel vom armen Lazarus und vom reichen Manne aufführen ...

Im Dom, im verwüsteten Dom, durch dessen zerbrochene Fenster im Winter die Schneeböen heulten, im Dom mit den verwaisten Altären und den geschändeten Grüften und den leeren Reliquiarien — in dem gleichen Dom, den seit einem Jahr die Menschen als Abtritt, die Hunde und die Ratten aber als Schauplatz für ihre unterschiedlichen Hochzeiten benutzt haben.

Dort also spielt man. Man spielt auf einem gardinenverhangenen Gerüst, man spielt zu den schwerfälligen Sarabanden der Blockflötenbläser, man spielt mit einer reichhaltigen Komparserie von Teufeln und Dämonen, die zum Schluß den reichen Mann holen: ja wie denn, du Harems- und Speisekammerbesitzer, bist du inmitten deines verhungernden Volkes nicht am Ende selbst dieser arme ‚reiche Mann‘? *Tho dem lesten sind die duvels gekomen und hebbet den rieken man geholt mit lief und mit sei und holeten den rieken Mann achter die gardin‘* [72]... ja, aber wird es dir am Ende nicht ebenso gehen, daß die Teufel dich ‚hinter die Gardine‘ zerren? *Dair war ein groit lachen in dem doem und datselve spiel was den luiden ir gesadden (=Gesottenes) und gebraten (=Gebratenes)‘* ... Ersatz für Kochfleisch und Braten also, nachdem Se. Majestät ihnen Kochfleisch und Braten fortgenommen hat. Und da außer diesem Mysterienspiel nun auch das Satyrspiel

---

[72] Ü.d.H.: Am Schluß sind die Teufel gekommen und haben den reichen Mann geholt mit Leib und Seele und führten den reichen Mann hinter die Gardine.

der Geschichte begonnen hat, so gefällt es plötzlich dem König, den Darsteller des reichen Mannes frisch von der Bühne weg, angeblich wegen einer Vorbereitung zur Desertion, verhaften und in aller Eile im Domhof aufknüpfen zu lassen. Womit die Vorstellung füglich zu Ende ist. Wohlgemerkt nur diese, denn da die Staatsleitung durch derartige Schaustücke auch weiterhin die Öffentlichkeit von ihren Nahrungssorgen ablenken muß, wird der Dom sehr bald Schauplatz einer schlimmeren Clownerie. Es wird nämlich aus Brettern und Decken dortselbst ein Altar improvisiert und in Gegenwart des Königs, des Hofes, der gesamten Gemeinde zelebrieren hier Lakaien Se. Majestät eine Messe ...

Eine Messe wohlgemerkt auf unsere eigene, auf münster- sche Art, da wir ja die alte, die heidnische der Papisten bei uns überwunden haben und unserer Gemeinde eben nur vor Augen führen wollen, was für eine pfäffische Narretei diese frühere Messe gewesen ist. Da also stehen sie, Hofnarr, Hausknecht und Schweinemetzger am Altar in ihren gestohlenen Meßgewändern, plärren in ihrer Weise den Introitus und das ‚Gloria in Excelsis‘ und das ‚Et in terra pax hominibus‘, und dann dreht sich plötzlich einer von diesen Schweinepriestern um und entläßt von seinen Lippen statt der heiligen Gebete über die Häupter der Gemeinde hinweg einen Kotstrom von Unflätigkeiten. Hinterher aber opfern König, königliche Weiber nebst der ganzen Gemeinde am Altar tote Ratten, verfaulte Katzenköpfe, tote Mäuse und die Hufe von geschlachteten Pferden, und daneben steht, das Manipel um die Hand geschlungen, der zelebrierende Priester und läßt sich die Hände küssen. Beim Gewandheben ergibt es sich zum Gaudium der Anwesenden, daß er unter dem Meßkleid keine weitere Hülle trägt, sondern beim Altarkuß den bloßen Hintern der Gemeinde entgegenstreckt, und um das Maß des bla8phemischen Wahnsinns vollzumachen, beginnt man, sich mit den am Altar geopferten Katzenfellen und Rattenköpfen zu bewerfen, beschüttet fingerdick mit Zucker die Katzen- und die Mäusekadaver und frißt sie an Ort und Stelle auf. Zum Schluß predigt Herr Rothmann über die Bedeutung dieser Spottmesse, und dann beendet unter den Klängen der königlichen Hofkapelle ein Schwertertanz der Trabanten die Orgie. So steht es gegen das Ende zu damals in Münster. Als der Bürger Klas Northorn, der es vor Hunger in der Stadt nicht weiterhin aushalten kann, wegen seiner Desertionsabsichten vom König geköpft und hinterher in zwölf Teile zerhackt wird, da reißen die gierig Ilcrumstehenden dem Leichnam sofort Herz und Leber aus, um cs zu Hause zu braten und zu fressen. Und eines Tages erscheint gar vor dem König selbst ein vom Bischof übergelaufener und durch den Hunger ganz närrisch gewordener Artillerist und schreit ihn an: ‚Her Koningk, ick moet (=muss) vretten‘ und fletscht in seinem wahnsinnigen Hunger die Zähne ‚und stalte sick an / wie hei den Koningk freten (=fressen) wolde‘ ... ja genau so, als wollte er die Majestät von Münster selbst anbeißen. ‚Up dat leste mochte er widder gein / als hei kommen was. Hei en

konde ock von dem Koningk nicht tho etten kreigen', bemerkt treuherzig
Meister Gresbeck. So weit ist es nun mit Münster, das einst eine wohlhabende und behäbige Stadt war.

Es ist schließlich so weit, daß die Straßen voll sind vom Gebrüll der
Verzweifelnden, daß der Hunger selbst die Begeisterung für die Vielweiberei abtötet und daß in den allerletzten Tagen sogar der König mit Ausnahme
Divaras seine Weiber entläßt. *„So begonde wol der Koningk und die so viel
frowen hedden / moede tho werden mit den schoenen frowen unde die werlt
tho vermeren mit inen. Ein deil wiederdoepers hedde wol ein stuck brodes
genommen für eine frowe / der it inen geboden hedde.'*[73] Nur daß es eben
einen solchen Mann, der für eines der ausgemergelten Wiedertäuferweiber
eine solche Kostbarkeit wie ein Stück Brot geboten hätte, in Münster nicht
mehr gab. Ja, so weit ist es mit uns gekommen.

Es ist nun so weit, daß es weiter nicht mehr geht. Der König fühlt ringsum den Widerspruch wachsen, er weiß, daß auf die Dauer auch der Terror
nicht mehr helfen wird. Der König hat, um die Leute nur zu beschäftigen,
vor allen Toren der Stadt Erdlünetten anlegen lassen, er hat auch, weil die
Hände zu wenig und die Münder allzuviel zu tun haben, neulich gar den
Abbruch der Jakobikirche angeordnet und sieht sich schließlich gezwungen,
den jämmerlichen Proviantetat der Stadt von den überflüssigen Essern zu
befreien ...

Der König kündigt, seinen früheren Prinzipien entgegen, an, daß, wer da
‚Urlaub‘ wolle, mit solchem Urlaub die Stadt verlassen dürfe ... wer also
hinaus will, braucht sich nur binnen acht Tagen für freies Geleit im Rathaus
zu melden.

Und so kommen sie denn, die Verhungerten und Verzweifelten, kommen mit entfleischten Gesichtern und schleppen sich mühselig über die Rat-
haustreppen, wissen, da man sie doch schließlich auch ohne Rathausgang
aus den Toren hätte lassen können, nur eben nicht recht, was sie hier eigentlich noch bei den Rathausschreibern sollen' ...

Es hat aber gerade damit seine eigene Bewandtnis, *‚und so froe / als sie
urlof begerten / konden sie nicht wedder tho huiss gain'.* daß nämlich ihr,
die ein königliches Dekret ‚verstossen an Leib und Seele‘ nennt .‚. daß ihr
uns verlaßt, kann uns nur recht sein, wie aber könnt ihr eigentlich erwarten,
daß wir euch ziehen lassen samt der Habe, die ihr doch hier in all den langen Jahren in Münster erworben habt?

Und nahezu bis aufs Hemd plündert man die Verzweifelten aus, beschlagnahmt zunächst alles, was sie mit sich tragen, beschlagnahmt, wie gesagt, den größten Teil ihrer Kleider, beschlagnahmt dann ihre daheimgelas-

---

[73] Ü.d.H. So begannen wohl der König und die so viele Frauen hatten / müde zu werden mit den schönen Frauen und die Welt mit ihnen zu vermehren. Ein Teil der Wiedertäufer hätte wohl ein Stück
Brot genommen für eine Frau / der es ihm geboten hätte.

sene Habe und schließlich auch ihre Häuser und das sonstige unbewegliche Gut. So schleppen sie sich denn, um Gnade schreiend und weiße Tücher schwenkend, auf die feindlichen Linien zu, wo zunächst einmal sämtliche Männer von den Landsknechten erschlagen werden. Den Frauen wird das Letzte genommen, was sie jetzt, nach der Ausplünderung durch die Stadt, noch besitzen, sie werden im übrigen, wohl aus naheliegenden Gründen, am Leben gelassen und fristen fortan bis zur Einnahme der Stadt im Königreich, wie man etwas euphemistisch das ‚Niemandsland‘ zwischen den beiderseitigen Linien nennt! — ein gespenstisches Leben. Nachts hört man aus diesem Niemandsland ein klägliches, ein tierisches Heulen, das von diesen verzweifelten Weibern kommt, und morgens im Frühnebel sehen die bischöflichen Posten vor den Schanzen diese zerlumpten Gestalten, wie sie in diesem ‚Königreich‘ genannten Hades umherirren, auf allen vieren kriechen und Gras fressen. Da sie in ihren geschwächten Eingeweiden auch diese grobe Kost nicht behalten können, kriechen sie, lederüberzogene Skelette, vor die Brustwehren und betteln[74] die Soldaten an, die ihnen dann hin und wieder eine Brotrinde herabwerfen. Worüber sie dann wie eine ausgehungerte und gänzlich verwilderte Hundemeute herfallen. Das also ist aus Menschen geworden, die vor zwei Jahren noch, zufrieden oder nicht, doch wenigstens noch ein Dach über dem Kopf und ein Kleid für ihre Blöße und Brot für ihren Tisch hatten. *,Datselve‘*, stellt Gresbeck fest, *,ist irst alles hergekommen von demselven paffen Rothmann.‘* Von dem gleichen Rothmann, mit dem seine bodenlose pastorale Eitelkeit durchgegangen ist und den die allzu verständnisvollen Betrachter des XIX. Jahrhunderts ‚den jungen feurigen Prediger Zions‘ zu nennen beliebten.

Münster ist nun zwar eine Menge unnützer Esser los, Münster treibt deswegen doch unaufhaltsam dem schrecklichen Ende zu. Jetzt freilich ist der Belagerungsring hermetisch dicht geworden, jetzt durchdringen ihn weder Hamsterer noch Apostel, und selbst die paar armseligen Kühe, die man noch nicht geschlachtet hat und die mangels anderer Nahrung auf den Wiesen des Königreiches weiden, werden von den erbarmungslosen Belagerern immer wieder zurückgescheucht. Wohl wird innen noch immer mit dem Terror regiert und — mehr denn je und gerade auf das Ende zu durch den König selbst! — hingerichtet. Trotzdem ist es zu Ende mit der alten grimmigen Kampfesstimmung des Vorjahres, und müde sind nun selbst die Terroristen, und Leben und Tod sind ihren Opfern unendlich gleichgültige Dinge geworden. Die Psychose verflattert, hinter den .zerreißenden Schleiern des Massenwahns leuchtet von fern wieder so etwas wie der Sinn für Maß und Ziel aller menschlichen Dinge. Wenn es erst so weit ist, hilft kein Terror mehr, wenn es so weit ist, kommt der Thermidor oder, wie hier, die Johannisnacht.

---

[74]   ... ‚begern / daß man sie darfür tot schlage / wollen vil lieber sterben / den wieder in die stat gen‘ berichtet unter dem 13. Mai Wirich von Dhaun an den Landgrafen von Hessen.

Noch hat man die Wahl dieser Herzöge, die Palck und Kock und Meier und Katerberg heißen, feierlich begangen, der König hat, genau wie später die Könige von Preußen es mit den neuernannten Schwarzadlerrittern tun, den Neuerwählten die ‚Accollade‘ ... die Umarmung nebst Wangenkuß gewährt, mit denen die Fürsten des anhebenden Barock die Nächsten am Thron auszuzeichnen pflegen ... man hat hinterher auch, inmitten aller Hungersnot, ausgiebig geschmaust. Aber die Lichter an dieser Festtafel mögen wohl ein wenig trüb gebrannt haben, es mag in die Ciaconnen und Sarabanden der Kapelle hinein allzu oft von draußen, von den Verhungernden her, ein Todesschrei geklungen sein.

Zu Ende geht das Spiel. Auf der Parade nach dieser Wahl hält der König wohl noch eine zündende Ansprache und meint, es möge getrost von ihm weichen, wer nicht bleiben wolle und *‚got werde syn huepeken (=Häuflein) nicht verlaten‘*, nötigenfalls werde er allein die Stadt halten. Und wirklich findet sich keiner, der neuerdings ‚Urlaub‘ nimmt und geht. In der Stadt aber murrt man desto lauter über das Mahl und über die güldenen Amtsketten und die kostbaren ‚engelloten und rosennoblen‘, die der König den Herzogen als Zeichen ihrer Amtswürde verliehen hat ... haben wir denn unser Edelmetall seinerzeit dazu abgeliefert, daß diese papiernen Herzoge sich nun damit schmücken? Man murrt nun so laut, daß schließlich die Herzöge ihre Ketten und Medaillen nicht mehr anzulegen wagen, ja, es kommt gar so weit, daß selbst der König es für richtiger befindet, die berühmte Goldkette mit der goldenen, von Schwertern durchbohrten Weltkugel zu Hause zu lassen. Da aber auch der Mensch, gar wenn er in Massen auftritt, ein unkonsequentes und in Zeiten der Panik höchst unvernünftiges und mitunter kindisches Wesen ist, so murrt Münster, das eben doch noch über das Tragen des Geschmeides geraunzt, neuerdings wieder über das Fehlen all dieser Herrlichkeiten und sieht in diesem Fehlen nur ein Zeichen des gesunkenen Mutes und der mangelnden Zuversicht. Es kommt so weit, daß der König selbst die Leute auf der Straße zurechtweisen muß. Er kenne das Gerede, trage die Kette oder trage sie nicht, ganz nach seinem Belieben. Wolle keinen von ihnen um Erlaubnis fragen, sei ja von Gott und von keinem anderen zum König gemacht worden ...

Sagt Bockelson und trägt fortan wieder seine schöne goldene Kette. Rothmann hat die nämliche Menge bei der letzten Parade gefragt, ob sie denn nun auch wirklich jetzt, wo die Stunde der letzten Prüfung gekommen sei, um Gottes willen alles, Hunger und Kummer und Tod, leiden wolle, und noch damals, in den ersten Maitagen, hat die Menge nach altem deutschem Schwurzeremoniell stumm und feierlich über sich die Hand gehoben. Ihr Schwung ist trotzdem gebrochen, die Augusttage des heldenmütigen Widerstandes liegen nun lange hinter uns. Desertion und Sterben haben die Zahl der Wehrhaften so gelichtet, daß —— was der Gegner zur Stunde noch gar nicht weiß schon im Mai große Strecken des Walles unbesetzt bleiben, und da die Sicherheit der draußen im ‚Königreich' weidenden Kuhherden nun weit wichtiger ist als alles andere, so sieht man, da für solch Amt es an zuverlässigen Leuten scheinbar fehlt, anfangs Juni die Herren Herzoge, wie sie, die präsumtiven Thronfolger zu Sachsen und Braunschweig und Kurmainz, in ihren Herzoghüten und samt ihren Amtsketten und Rosennobln das Vieh hüten. Niemand rennt mehr mit Bußegeschrei und göttlichen Visionen durch die vergrasten und verödeten Straßen, kein Knipperdolling tanzt mehr vor dem königlichen Stuhl, der, seiner Teppiche und Purpurdecken beraubt, nun verwaist auf dem Markt steht — selbst der liebe Rothmann, der doch sonst die gepflegte Pastorenstimme nicht oft genug hören konnte, hält in Gottes Namen endlich den Mund. Münster verstummt, Münster klingt nun hohl wie ein leeres Faß. Das Königreich ist sozusagen eine abgegessene und wüste und versudelte Tafel, an der in Abwesenheit der Herren die Lakaien sich toll und voll gesoffen haben, und nun, wo sie bei heruntergebrannten Lichtern kleinlaut herumsitzen, nun kommt ja wohl bald die Stunde, wo der Herr heimkehrt und Gericht hält! ‚Up dat leste', sagt Gresbeck, der nun selbst die Stadt verlassen wird, ‚up dat leste hedden sie wol gnade begert / hedden sie gnade krigen kont. Aver do was die gnadentür to.' Nur der König äußert jetzt des öfteren, er werde ‚nie und nimmer einen Menschen um Gnade bitten'. Was freilich sich als leichter gesagt denn getan erweisen wird. Auch in diesem Falle.

Seltsam still wird es nun um ihn. Noch immer blitzt, da Verrat und Widerspruch bei steigender Not sich mehren, verzweifelt oft und häufiger denn je das Richtschwert, und passionierter denn je handhabt es in seinen letzten Königswochen dieser Vater aller Todsünde. Der Fähnrich Johann von Jülich und der Wehrmann Heinrich Randau planen Abfall und Desertion und büßen mit dem Tode, des Verräters Heinrich Graes in Münster verbliebenes Eheweib kommt seltsamerweise erst jetzt an die Reihe. Klaus Northorn, der ja ebenfalls mit dem Feinde konspiriert hat und dessen Herz und Leber die hungrigen Münsterer hinterher verspeisen, brüllt noch angesichts des Todesblockes den königlichen Scharfrichter an und nennt ihn einen ‚verzweifelten Bluthund' und fragt ihn gar, wer ihn eigentlich zum König erwählt habe, und fragt ihn auch, was viel peinlicher ist, wo denn nun eigentlich die zu Ostern so fest versprochene Erlösung sei, und fordert ihn zum Jüngsten Tage vor Gottes Richterstuhl ...

Worauf der König höhnisch den Delinquenten fragt, ob ‚er vielleicht so lange warten wolle'. Und ihm lege artis den Kopf abschlägt.

Bürgerfrauen, die ihren Schmuck zurückbehalten haben oder ihren Ehemann im Zwist bedrohten, folgen in diesem letzten Todesreigen ebenso wie königliche Trabanten, die nun ebenfalls mit dem Feinde verhandelt haben und ihm die unersetzlichen Kuhherden zutreiben wollten oder mit königlichen Schmuckstücken zu entweichen suchten. Nikolaus Snider hat dem

Feind einen Brief geschrieben, der Gerber Floer will ohne königlichen Urlaub entfliehen, Alexander von dem Bussche, Lakai im Königsharem, will ebenfalls entwischen, nachdem er zuvor gesagt, ‚es sei des Königs Lehre ja doch nur eitel Betrug'. Sie alle fallen durch des Königs Hand, und in dem ersten und zweiten Junidrittel, also noch ganz kurz vor dem Höllensturz, ist fast jeder Tag — und mancher sogar doppelt! -— mit einer Hinrichtung besetzt ...

Nicht zu vergessen jener schon im Mai an der königlichen Kebse Elisabeth Wantscherer wegen grober Unbotmäßigkeit vollzogenen Justifikation, bei der alle anderen ‚Königinnen' Zusehen müssen und bei Todesstrafe nicht die Augen schließen dürfen, und es gefällt Se. Majestät, die einstige Bettgenossin vor dem Tode noch einmal ‚eine Hure' zu nennen und hinterher, nachdem durch zwei Streiche das Haupt gefallen ist, auf dem kopflosen Rumpf gründlich mit den königlichen Füßen herumzutrampeln, worauf denn im allerhöchsten Diskant, wie ihn am Ende die Angst eingegeben haben mag, die königlichen Damen als passendstes Lied für diese passende Gelegenheit ‚Allein Gott in der Höh sei Ehr' anstimmen.

Dies also ist das Finale des wunderlichen, vom Satan selbst gekrönten Königs, der da Bockelson heißt. Zu guter Letzt scheint ihm die Fülle der Toten, die seit dem Beginn seines Regimes im Boden der Stadt eingegraben sind, geschreckt zu haben, und noch in den letzten Tagen seiner Regierung ordnet er an, man möge sie hinfort vor den Toren einscharren. Der Domplatz mag auch seit einem Jahr, seit dort der Schmied Röscher und samt seinen Genossen der Büchsenmeister Mollenhecke versunken ist, allzuviel unterirdische Anwohner gehabt haben.

Täuscht nicht alles, so hat dieser Bockelson, ausgestattet mit einer schier unbändigen Lebenskraft, auf einen Entsatz der Stadt, der seit Aprilbeginn doch wirklich ein Ding der Unmöglichkeit war, bis zu seinem letzten Tag gehofft. Und erst ganz zum Schluß, als rings um ihn das einst so lebendige Gottesreich in Apathie versunken ist und am Himmel allenthalben die feurigen Zeichen des Unterganges stehen, da sieht Gresbeck ihn des öfteren sitzen und das Haupt in die Hand stützen und vor sich hinstarren.

‚Want hei merkede wol / wat dair noch up dat leste af werden wol / dat et ein boess ende wolte hebben.'[75]

Und keiner freilich nimmt ein böseres Ende als der, den man nur gefürchtet und niemals geliebt hat.

---

[75] Ü.d.H.: Wenn er es doch merken würde / was das noch am Schluss werden sollte / dass es ein böses Ende haben würde.

DIES IRAE (Der bittere Tag)

Ach Knipperdollinck / Knipperdollinck / wat ein rare dantz hebbe gy gehalten.[76]

Chronik.

Die nun sechzehn Monate währende Belagerung von Münster hat um die Stirn des Feldherrn keinem Ruhmeskranz gewunden. Zweimal rennt er im Sommer 1534 mit einer dem Verteidiger gut und gern drei- bis vierfach überlegenen Macht an gegen Wälle, deren artilleristische Abwehr bei dem notorischen Munitionsmangel der Stadt nicht übermäßig stark gewesen sein kann, und beide Male ist der Erfolg für den Stürmenden schweres Schädelweh. Um die Stadt aber zu zernieren, muß er um Münster sozusagen eine zweite Festung bauen, und auch so braucht er volle zwölf Monate, um eine halbwegs wirksame Blockade zustande zu bringen.

Und wie steht es nun, im sechzehnten Monate dieses Spieles? Trotz aller zwischen Lager und Stadt hin und her pendelnden Überläufer und Zwischenträger muß gerade in diesen letzten Wochen der Nachrichtendienst, da jede der beiden Parteien im Dunkeln tappt, miserabel gewesen sein. Es ist ein seltsames Bild. Wirich von Dhaun, der nun auf dem Wormser Reichstag als Kaiserlicher Feldhauptmann vor Münster in aller Form bestätigt worden ist, weiß nicht, wie schwach die Stadt schon ist, Bockelson seinerseits ahnt nicht, welch gewaltige Kräfte sich gegen ihn zusammengeballt haben. Es ist richtig, daß seit dem Mai die Landsknechte sorglos bis dicht unter die Bastionen plänkeln, es ist aber auch richtig, daß gerade in dieser Zeit ihre Offiziere beschwert sind durch den Gedanken an einen großen Ausfall, den diese rabiaten Täufer nun nach völliger Einäscherung ihrer Stadt angeblich unternehmen wollen. Bockelson erbleicht, als er durch einen Parlamentär vom Wormser Reichstag hört und daß nun die gesamte wirtschaftliche Macht des gesamten Reiches gegen ihn aufgeboten sei. Gerade aber um die gleiche Zeit, zehn Tage vor dem Falle der Stadt, schreibt der uns schon bekanntgewordene und bislang doch recht optimistisch gestimmte Justinian von Holtzhausen, es werde diese ruhmreiche Belagerung wohl noch über den Sommer hinaus andauern, *,woho nicht anderst verretei uns helffe'*. Es wäre ohne diese dann ja auch tatsächlich erfolgte Verräterei nicht abzusehen gewesen, wie lange dieses Ringen, das nach dem gleichen Holtzhausen bislang mit sechstausend Menschenleben bezahlt worden war, noch hätte andauern sollen.

Was nun den Landsknecht mit dem Gangsternamen Hänsgen von der Langestrate angeht, so ist er ein unzuverlässiger Patron und ein Windkutscher, der, im Jahre 1534 von den Bischöflichen zur Stadt übergelaufen,

---

[76] Ü.d.H.: Ach Knipperdolling /Knipperdolling / was für einen seltsamen Tanz habt ihr vollführt.

141

dortselbst königlicher Trabant wurde, nun aber, bei einsetzendem Hunger, den Aufenthalt in der Stadt als ungemütlich empfindet und zum zweiten Male und dieses Mal aus Münster wieder zu den Belagerern desertiert, die natürlich auf ihn keineswegs gut zu sprechen sind.

Das ist Hänsgen von der Langestrate. Was aber Heinrich Gresbeck, unseren biederen Münsterer Tischlermeister Gresbeck, betrifft, so haben wir hier wohl oft genug die treuherzigen Worte gehört, mit denen er nach dem Niederbruch des Bockelsonschen Königreiches die Geschichte dieses seltsamen Thrones beschrieben hat... wir haben nur eben allerlei aus der Vorgeschichte des Chronisten nachzutragen.

Der Mann, offenbar Hintersasse eines westfälischen Landgeschlechtes, ist anfangs 1534 in Geschäften nach Münster und somit mitten hinein in die ausbrechenden Unruhen gekommen, ist keineswegs mit den vertriebenen Altgläubigen ausgewandert, sondern ist hübsch dageblieben und hat geheiratet und hat sich taufen lassen, um nicht mit der Staatsgewalt in Konflikt zu kommen.

Und schreibt nun, da er für Münster das Ende mit Schrecken kommen sieht, an seinen alten Patrimonialherrn, den er drüben bei den Belagerern weiß, einen Brief, in dem er sehr kleinlaut im voraus um Gnade bittet. Das ist Heinrich Gresbeck. Wendiger, als die monumentalen Worte seiner Chronik vermuten lassen, schreibt er, der zurzeit ja noch königlich Bockelsonscher Wehrmann ist, an ,syne leven (=lieben) jonckere', daß er seinen Posten gegenüber dem kleveschen Wachthaus beim Kreuztor habe, daß man ihn aber dort beileibe nicht bei seinem richtigen Namen — denn er wohnte in Münster offensichtlich unter falschem! — anrufen sollte ...

Das schreibt er und bereitet mit diesem wohl schon im April verfaßten Brief den Verrat vor, dem in der Johannisnacht die Stadt endlich zum Opfer fallen sollte. Am 23. Mai laufen fünf Mann, unter ihnen Gresbeck, Hänsgen von der Langestrate und ein Mann namens Sobbe, über, werden von den Schanzen aus trotz der Dunkelheit bemerkt, verlieren zunächst, da ja allen männlichen Überläufern der Tod geschworen ist, unterwegs und mitten im ,Königreich' den Mut und trennen sich. Mit einem Gefährten kriecht Hänsgen von der Langestrate geradeaus, Gresbeck will nach dem schon in seinem Brief erwähnten geldrischen Blockhaus, verirrt sich aber und liegt plötzlich im Graben dicht unter den Vorwerken des Bischofs. Seitwärts, wo Hänsgen von der Langestrate auf die Linien des Belagerers gestoßen ist. werden ein paar im Vorgelände weidende Pferde scheu, dort dröhnen schon die Alarmtrommeln. Hier aber in seinem Graben sitzt Gresbeck, sieht dicht über sich ein paar Soldaten, die ihn vorerst noch nicht bemerkt haben, hält sich mäuschenstill und weiß, daß er nicht mehr in die Stadt zurück kann, weiß aber auch, daß der Tod ihm hier, bei ,syn leve jonckere', fast ebenso gewiß ist und ,was levendigh un doit' ... ist also in einem Zustand, in dem er vor Angst sozusagen nicht leben und nicht sterben kann. Da das aber nicht in alle Ewigkeit so weitergehen kann mit Heinrich Gresbeck, faßt er sich ein Herz, klettert aus seinem Graben und geht auf sein geldrisches Blockhaus zu.

Von der Stadt aus ist er im Frühlicht bemerkt und erkannt worden, und von den Wällen aus, genau so wie sie im Vorjahr dem Überläufer Ramert getan, rufen ihm die münsterischen Posten zu, er solle sofort zurückkommen — hüben tun die Landsknechte, die ihn nun auch sehen, das gleiche. Gresbeck zieht es natürlich vor, seinen Marsch zu den Landsknechten fortzusetzen, erlebt es zitternd, daß man eine Büchse auf ihn richtet und ihn zunächst durch und durch schießen will, und ist dabei *„so bestorven / dat hei half doit (=halbtot) was unde wiste nicht / wat hei sagen solde'*. Inzwischen erzählt er den Leuten, er sei selbst einmal ein Landsknecht gewesen, und wirklich schenkt man ihm, nachdem man ihn zunächst bis aufs Hemd ausgeplündert hat, das Leben, ,da er ja noch jung sei'. Spediert ihn über Graben und Dornverhau des Forts und bringt ihn zum Kommandanten.

Der fährt ihn zunächst ziemlich bärbeißig an, läßt aber dem Verhungerten Essen und Trinken vorsetzen, und während die Leute belustigt zusehen, stillt er seinen Wolfshunger und bittet dann für seine abhanden gekommenen Kameraden, die zur Stunde ja noch irgendwo im ,Königreich' stecken müssen. Als freilich der in diesem Lager übel verschriene Name ,Hänsgen von der Langestrate' fällt, droht man, man werde das ,Hänsgen', sollte man es erwischen, stante pede in Stücke hauen, sucht aber den alten routinierten Überläufer vergeblich, weil der inzwischen sich durch die Linien geschlichen hat und erst später in Hamm wieder auftauchte. Die übrigen Leute, die man erwischt, läßt man ebenso wie Gresbeck am Leben.

Inzwischen kommen zwei höhere Offiziere, die scheinbar von dem Eintreffen eines Überläufers gehört haben, vor das Blockhaus geritten, verhören den Mann ausgiebig, lassen ihn vor das Oberkommando und den Bischof bringen, wo Graf Robert Manderscheid, der vielleicht mit Gresbecks Patrimonialherrn identisch ist, ein gut Wort für ihn einlegt. Und bei dem nun folgenden Verhör packt der Meister gründlich aus: eingehend schildert er den Zustand der Befestigungen und den mangelhaften Wachtdienst, stellt die Einnahme der Stadt als eine Kleinigkeit dar und ist so, wie er stolz feststellt, *,der aller irst gewesen / der den hern den anschlagh heft gegeven / die stat Monster tho winnen'*.

Während seiner Vernehmung hat es im ,Königreich' ein Gefecht mit ausfallenden Täufern gegeben, er wird mit den Gefangenen, die man dieses Mal ausnahmsweise lebend angenommen hat, nach Wolbeck gebracht, wo man ihn zunächst in ziemlich strenger Haft hält und wo er zur Orientierung der Offiziere aus Erde ein vollständiges Modell der Befestigungen herstellt und nochmals erläutert. Einmal wird er nachts vor die Stadt geholt, muß in

Gegenwart mehrerer höherer Offiziere sich an die städtischen Vorwerke heranschleichen, über den, Graben schwimmen und probeweise, während vom andern Ufer die Herren zuschauen, den Wall erklettern ...

Was für einen Überläufer sicherlich keine angenehme Aufgabe war, was aber bei der seit dem Frühling notorisch schlechten Besetzung des Walles anstandslos gelingt, ohne daß drüben ein Posten Lärm schlägt oder gar, was fraglos für Meister Gresbeck sehr dunkle Folgen gehabt hätte, den Überläufer an den Kragen faßt und in die Stadt zurückholt. Als er dann wieder auf der bischöflichen Seite des Grabens ist, sagt er den Herren, man hätte nun ja wohl, wäre man an dieser Stelle in entsprechender Kriegsstärke versammelt gewesen, die Stadt ohne weiteres nehmen können. Was die Herren denn auch einsehen müssen und was Gresbecks Schicksal entscheidet: er hatte bei seinen Vernehmungen über die tatsächliche Schwäche der Stadt Dinge erzählt, die den bischöflichen Offizieren nachgerade wie Räubergeschichten geklungen haben mögen, und er wäre als zweifelhafter Aufschneider fraglos geköpft worden, wenn das eben geschilderte Experiment anders ausgegangen wäre.

Nun aber ist es geglückt, und fortan wird er nicht mehr geschlossen verwahrt, sondern genießt nun allerhand Freiheiten und wird nach Bevergern gebracht, wo er zu seiner Überraschung das schon tot geglaubte Hänsgen von der Lange- strate wiederfindet.

Der scheint, wenn die über sein Schicksal vorliegenden Nachrichten nicht täuschen, zunächst nach Hamm entwischt zu sein[77], hat dort dem Hauptmann Meinhard seinerseits die üble Lage der Stadt geschildert und ist dann vermutlich, genau wie Gresbeck, zunächst ‚auf Probe‘ begnadigt worden: Du behältst das Leben, wenn das, was du sagst, sich als wahr erweist, und du verlierst den Kopf, wenn du, was sich ja bald klären wird, uns angelogen hast. So ungefähr. Und später, nach dem Falle von Münster, wird Hänsgen von der Langestrate über fünfzig Emdener Gulden quittieren, die er für seine Dienste inzwischen erhalten hat.

In jedem Falle tagt hier in Bevergern in Gegenwart der beiden Überläufer ein höchst wichtiger Kriegsrat, in dem man eifrig über eine Überrumpelung der Stadt diskutiert. Denn trotz all dieser Nachrichten sind die Herren unsicher. Gerüchte über eine Absetzung des Königs, eingeschleppt durch eine Überläuferin, zirkulieren im Lager und werden dementiert, da es sich herausstellt, daß der König nicht dem Thron entsagt, sondern nur Bernhard Krechting zu seinem Leutnant ernannt habe ... Krechting, der nach Gresbeck beim König ‚im korve (=Korb) saß‘, also enfant gaté war. Das alles, zusammen mit den noch immer umgebenden Ausfallsgerüchten und dem aus der Stadt nun des öfteren herüberschallenden Sturmläuten macht die

---

[77] Alle fünf Überläufer kamen mit dem Leben davon. Die günstigen Resultate der Vernehmung scheinen auch den übrigen das Leben gerettet zu haben.

Herren nervös. Jedem von ihnen liegt noch immer schwer die Erinnerung an die beiden ersten mißglückten Stürme auf der Seele, der klevische Kommissar vor allem und selbst Wirich von Dhaun widerraten heftig einer übereilten Unternehmung, und nicht zuletzt wird immer wieder auf die Möglichkeit hingewiesen, daß die beiden Überläufer und ganz besonders das im bischöflichen Lager ja nicht eben gut angeschriebene ‚Hänsgen von der Langestrate‘ den Belagerern eine Falle stellen könnten.

Gleichwohl wird schließlich der Sturm für die Johannisnacht endgültig festgesetzt. Es werden sofort Bauern für die Vorarbeiten aufgeboten, in Goerde werden nach den Anweisungen der beiden Überläufer Sturmleitern und zwei transportable Grabenbrücken hergestellt, ein strenger Lagerbefehl verbietet, in schmerzlicher Erinnerung an die beim vorjährigen Pfingststurm gesammelten trüben Erfahrungen, allen Marketendern den Ausschank von Alkohol in jedweder Form, *,up dat die lantzknecht sick nicht solden druncken drincken'.*

Noch einmal fordert am 22. Juni Wirich von Dhaun die Übergabe der Stadt, der dieses Mal freilich nur bei Auslieferung der Rädelsführer Straffreiheit zugesichert wird — noch einmal gibt Münster durch Rothmann einen abschlägigen Bescheid, bei dem es wieder einmal ohne Beleidigung des Kaisers, des Reiches und der Fürsten nicht abgeht. Am Vorabend der Sturmnacht aber bricht ein gewaltiges Donnerwetter mit Hagelböen und Sturm vom Himmel, übertönt alle Geräusche der Vorbereitungen, hinterläßt eine pechschwarze und neblige Nacht und begünstigt auf diese Weise das, was nun vor den Bastionen von Kreuz- und Judefelder Tor sich anspinnt. Drüben auf den Wällen sind die spärlichen Täufer, die noch zur Besetzung der Wachen zur Verfügung stehen, durchnäßt und frierend und verhungert in ihre Unterstände gekrochen. ‚Erde‘ heißt in dieser Nacht die Losung auf der täuferischen, ‚Maria‘ heißt sie auf der Seite der Belagerer.

Ruhmeskränze flicht auch diese letzte Nacht den Belagerern nicht — sie belastet zumindest die mittlere Führung, wo nicht den Feldhauptmann siehst mit dem Vorwurf unfaßbarer Liederlichkeit. Zuerst geht alles nach Wunsch. Vor dem Kreuztor durchschwimmt um elf Uhr nachts Gresbeck den Graben, zieht hinter sich an einem Seil eine der beiden von den Bauern herbeigeschafften Brücken und befestigt sie drüben am Wall. Während er selbst im Wasser stehen bleibt[78], rückt eine von Hänsgen von der Langestrate geführte Vorhut von 35 Offizieren über die Brücke, und es folgt unter Wilkin Steding das Gros des Stoßtrupps in einer Stärke von etwa vierhundert Mann. Die Leitern sind bald angelegt, die Erdwälle der vor dem eigentlichen Tor angelegten Vorwerke bald erstiegen, ohne daß nennenswerter Widerstand geleistet oder Lärm geschlagen worden wäre: schlafend werden die

---

[78] In der Bewertung der zwei Überläufer scheint es zwischen den Offizieren Unstimmigkeiten gegeben zu haben. Die einen mißtrauten Gresbeck, die anderen dem Landsknecht mehr, und jedenfalls erklärt im vorliegenden Falle Gresbeck kleinlaut, man habe ihn nicht in die Stadt lassen wollen.

spärlichen Posten, die es hier noch gibt, angetroffen und allesamt niedergemacht bis auf den Gerber Schulten, der sein Leben durch Verrat der täuferischen Losung ‚Erde' erkauft.

Es geschieht hier nun das schier Unglaubliche, daß Wilkin Steding weitermarschiert, ohne das Tor, seinen einzigen Rückzugsweg, besetzt zu haben, es geschieht, daß, wie wir später noch sehen werden, hinter ihm die endlich wach gewordenen Täufer der umliegenden Gassen das Tor und damit hinter Wilkin Steding die Falle schließen. Der marschiert, wahrscheinlich um beim Plündern der Erste zu sein, ohne jede rückwärtige Sicherung hinein in das nächtliche Labyrinth der Gassen, findet erst auf dem Domplatz einigen Widerstand.

Denn nun endlich ist die Stadt erwacht und ist wahrlich ein aufgescheuchtes Hornissennest. Da jeder weiß, daß es nun ums liebe Leben geht, entstehen in Windeseile Barrikaden, die die Zugänge zum Markt und zum Lambertiviertel sperren, die Margaretenkapelle verwandelt sich in ein festes Fort für wütende Ausfälle, und schließlich fegt ein verzweifelter Gegenangriff die Eindringlinge vom Domplatz fort.

Das ist schon um ein Uhr früh bei während tiefer Dunkelheit. Und inzwischen, wie schon erwähnt, haben im Rücken Wilkin Stedings die Täufer das Kreuztor zugeschlagen und besetzt, und auf dem Walle stehen ihre rasenden fanatisierten Weiber und rufen ins bischöfliche Lager hinüber, man möge nur ‚die großen Hansen' wieder holen ... ja, und so elend werde es jedem ergehen, der Gottes Stadt antaste ...

Das hört Wirich von Dhaun, der draußen zwischen Kreuz und Judefelder Tor mit der Hauptmacht hält und auch seinerseits in dieser Nacht keine Lorbeeren pflückt: ließ schon Wilkin Steding in seinem Rücken die Verbindung abreißen, so durfte es der Höchstkommandierende in keinem Falle geschehen lassen, daß vor seiner Nase die Vorhut in Nacht und Nebel verschwand. Nun steht er hier, hört das Geschrei der Weiber, hört aus der Ferne den Gefechtslärm und merkt, wie seine Leute unruhig werden. Die reden wieder einmal von Verrat und von einer Wilkin Steding gestellten Falle und bezichtigen den mit der Vorhut einmarschierten Hänsgen von der Langestrate des Verrates, und auch Gresbeck, der nun frierend aus dem Wasser gestiegen ist und von einem mitleidigen Offizier einen Mantel zum Schutz gegen die kalte Nacht erhalten hat, wird von den aufgeregten Leuten beinahe erstochen. In der Stadt wird Wilkin Steding vom Domplatz ins Südviertel der Stadt abgedrängt, gerät in der heute ‚Die Bux' genannten engen Gasse vollends ins Gedränge, kann sich nur retten, indem er höchst unrühmlich durch Hintertüren und über Höfe auf Schleichwegen die Pferdegasse erreicht.

Ein klares Bild über seine Kämpfe geben die Berichte nicht, es mag denn auch in der Dunkelheit, wie bei jedem Nachtgefecht, in all den verschlungenen Dachsröhren der Altstadt ein heilloses Durcheinander gegeben haben. Tatsache ist, daß er auf dem Domplatz sich von neuem formiert, und daß ihm jetzt Bockelson, der hier in den Berichten erstmalig auftaucht, Waffenstillstand auf Gnade und Ungnade anbietet. Was bei Bockelson ‚auf Gnade und Ungnade‘ heißt, weiß Wilkin Steding und weigert sich, und es gibt hier im Verhandeln ein Hin und Her, das einige Zeit andauert. In jedem Falle aber ist es nun zum dritten Male wieder so weit, daß an dem Widerstand dieser fanatischen Täufer alle Waffen der Berufssoldaten zerbrechen, und daß wieder einmal die Welt lachen wird über diese Belagerer, die, unterstützt vom ganzen Reich, seit sechzehn Monaten an dieser, Münster genannten Nuß knacken und sich einen Zahn nach dem anderen ausbrechen ...

Es ist wieder soweit, und man wagt kaum daran zu denken, was wohl geschehen wäre, hätten in dieser Nacht noch einmal die Waffen Zions triumphiert — ob es dann nicht doch zur endgültigen Auflösung des Belagerungsheeres und zum fürchterlichen und alles versengenden niederdeutschen Generalaufstand gekommen wäre. Es wäre wohl so gekommen, und daß es trotzdem nicht so kam, liegt nicht an jenem ‚Zufall‘ genannten Ding, das es in der Geschichte für tiefer blickende Augen gar nicht gibt: es liegt daran, daß im kranken Münster das Fieber abgeklungen und die Stunde reif ist und daß hinfort alle wie unausdenkliche Glücksfälle aussehenden Verkettungen und Fügungen nur dem Einbringen jener blutigen Ernte dienen, zu der die Geschichte nun sich anschickt.

Wie der Fahnenträger Johann von Twickel in diesem heillosen Straßengefecht zum Wall beim Judefelder Tor kommt, bleibt dunkel — er mag bei dieser heillosen Menschenjagd in den dunklen Gassen dorthin versprengt gewesen und nun aufs Geratewohl nach dem Walle zu gelaufen sein. In jedem Falle steht im ersten Morgengrauen der Mann auf den Wallzinnen, schwenkt seine Fahne und schreit zur draußen stehenden Hauptmacht diese Worte hinüber: ‚Waldeck, Waldeck, Monster is unse / tredet an / leve lantzknechte.‘

Sein Geschrei bringt die ‚lieben Landsknechte‘ endlich in Bewegung. Wirich von Dhaun rückt, was er ebensogut schon vor ein paar Stunden hätte tun können, ein, macht alles nieder, was sich ihm in den Weg stellt und befreit Steding aus seiner prekären Lage. Beide erzwingen sie sich dann die Zugänge zum Markt und zur Lambertiparochie, die ja seit den fernen Februartagen des vergangenen Jahres die Brutstätte des fanatischsten Täufertuns gewesen ist. Und hier, wo dieses Täufertum geboren wurde, soll es auch sterben.

Wir wissen nicht viel von seiner Agonie, wir wissen nicht einmal, ob der König, der doch eben noch auf dem Domplatz verhandelt hatte, hier noch kämpfte. Wir wissen nur, daß es im Zwielicht eine abscheuliche Schlächterei wurde und daß hier, täuscht nicht alles, den lieben Rothmann sein Geschick ereilte. Ein sehr gnädiges Geschick, nebenbei gesagt, da Ordre gegeben war, ihn lebend zu fangen, und da nach Dorps an Luther gegebenen Bericht *,der anfenger dieses spils und aller buben könig / Rothmann / auch solch reigen solt gedantzt haben'* ... den gleichen Folterreigen also, den hinterher Bockelson, Knipperdolling und Krechting haben tanzen müssen. Wie Rothmann zu Tode gekommen ist, wird nie ganz geklärt werden. Gewiß ist, daß man ihn hier zuletzt gesehen hat, und eine dunkle Mär besagt, daß er hier einen furchtbaren Schwerthieb in die Schulter und zwei Speerstiche in die Brust erhalten habe. Wir werden annehmen müssen, daß es sich so verhält, wenn man auch noch nach zehn Tagen unter den Leichenhaufen vergeblich nach ihm sucht. Das Schicksal hat ihn hier aus dem Spiel verschwinden lassen, und es ist ja schließlich gleichgültig, auf welche Weise es ihn traf. Exit Rothmannus, defunctus et exstinctus est, und nur eine dunkle Mär bleibt übrig von ihm. Die Mär nämlich, er habe um viele Jahre den Niederbruch Münsters überlebt, habe alt und gebrochen und als Gast eines friesischen Edelmannes seine Tage geendet, sei aber vorher noch in Rostock und in Lübeck und wohl auch in Wismar gesehen worden. Ein Steckbrief, der auf uns überkommen ist und noch 1537 von Münster aus hinter ihm hergesandt wird, bleibt jedenfalls das letzte greifbare Dokument seines Erdenwallens. *,Is von personen ein drangen (=gedrungener) verkant (=vierschrötiger) man / under ogen wit / bleck / brun / starck har kort / dricht intgemein eine spaniske kappen unbosettet.'* So heißt es in diesem Steckbrief. Und Lübeck, an das er sich wendet, verspricht auch, sein Bestes zu tun, verhaftet aber leider versehentlich statt des verschollenen Pastors nur den Arnheimer Arzt Heinrich Bentinck. Und muß ihn natürlich wieder laufen lassen und schickt dafür eine gesalzene Rechnung wegen gehabter Kosten und Auslagen. Ja, das ist das Ende des lieben Rothmann.

Noch aber ist es zur Stunde nicht so weit, daß behäbige und wiederum gut katholische und patrizische Stadtväter vom gotischen Rathaus von Münster Steckbriefe hinter den Propheten und Prädikanten erlassen, noch sieht dieses Rathaus nieder auf ein erbarmungsloses Schlachten, das nun — ein paar hundert[79] verhungerte Täufer gegen ein paar tausend mit Pumpernickel, Rindfleisch und süßem dunklen Bier wohlgefüllte Berufssoldaten — auf dem Markt anhebt. Auf dem gleichen sauberen und strahlenden Markt, über den vor dem Kriege mit Tubaton und Paukenkrach blinkende wilhelminische Kürassiere ritten, und über den nun gelblackierte Trambahnen und die schwerbepackten Lastzüge der Ruhr rumpeln. Hier in dieser unheiligen Nacht ist es ein Schinden und Stechen mit viel Geschrei und Blutdampf gewesen. Die Bischöflichen jedenfalls gedenken der vielen vor Münster gebliebenen Kameraden, sie ärgern sich auch wohl, wie alle Berufssoldaten, über diese wildgewordenen Bürger und geben keinen Pardon, und es hilft den Täufern keineswegs, daß sie nun wütend schreien, sie seien mehr wie

---

[79] Die Angaben über die Stärke der Täufer bei diesem letzten Kampf schwanken und bewegen sich zwischen zweihundert und achthundert Mann.

Schlachtvieh, sie seien keine Türken und Scythen, und also wüte man doch nicht in einer Heiligen Stadt, und in jedem Falle verbäten sie sich solch abscheuliche Metzelei.

Es hilft ihnen alles nichts. Zum Schluß, als sie sich in die hier zur Zitadelle zusammengefahrene und grimmig bewehrte Wagenburg zurückziehen, triumphieren sie über den Gegner ein letztes Mal. Ein letztes Mal verhandelt der Belagerer, der das Blutopfer eines ganz gewiß schweren Sturmes scheut, mit dem hier kommandierenden Krechting ... er verhandelt und schließt ab gegen freien Abzug der Überlebenden und vermehrt die zahllosen Vertragsbrüche, die es im Laufe der letzten anderthalb Jahre in Münster hüben und drüben gegeben hat, um einen allerletzten ...

Er läßt es geschehen, daß die nach Hause hinkenden, die zerschundenen und todesmüden Täufer auf der Straße überfallen, aus ihren Wohnungen geholt und von den wütenden Landsknechten fast bis auf den allerletzten Mann abgeschlachtet werden. Es gibt kein Halten und keine Subordination, und in der Dämmerung dieses Sonnenwendtages sehen wir sie nun Mann um Mann verschwinden, die Träger der altbekannten und berühmten oder auch berüchtigten Täufernamen. Beim Ägidienkloster erwischt man den ehemaligen Bürgermeister Tilbeck, der in jener unheilvollen Februarnacht die Stadt endgültig den Täufern in die Hände spielte — man sticht ihn nieder und wirft ihn dann ‚wie einen verreckten Esel‘— so nennt Kerssenbroch diese Bestattung in den nächsten Graben. Da ist der Herzog Heinrich Xantus, der auf dem Markte abgeschlachtet wird, der Hofmetzger Boentrup, der vergebens um Gnade bittet und dicht beim Pranger niedergehauen wird. Da gibt sich einer, der mit seinem weißen Haar und dem bartlosen schmalen Gesicht wohl wie ein geistlicher Herr aussieht, vergeblich für einen in der Stadt verbliebenen Prälaten aus und wird erkannt und erschlagen, da wird der im Februar 1534 erwählte Bürgermeister Kibbenbrock niedergestochen, und da zerhackt man auch jenen ‚schrecklich langen Cyklopen‘ Tile Bussenschute, den Münster einst, dem Bischof zum Hohn, vor anderthalb Jahren als Delegierten zum Wolbecker Landtag schickte und dem Se. Gnaden damals als einem unwürdigen Abgeordneten den Rücken drehte. Er wird auf der kleinen Aabrücke, nicht weit vom Domplatz, hingeschlachtet und ins Wasser geworfen, es werden die zahllosen anderen, die Herzoge, die kleinen Propheten, die Diakonen und die ‚Herren über die fette und die über die magere Kost‘ aus den Dachböden des Rathauses geholt und auf die Straße geworfen. ‚Was sich verborgen‘, sagt ein altes Flugblatt, ‚ward mit fleyss gesucht / herfür gerückt und getrieben / zu stund on einich verhör zerstochen und zerhackt. Da was keyn mitleyden / kein menschlich barmherzigkeyt / sonder über zehen tag weret solch suchen / morden und würgen.‘ Die Wächter des Lambertiturmes aber fliegen brevi manu von der Wachtstube herab in die bereitgehaltenen Spieße der Landsknechte.

Es gibt kein Verstecken und kein Verstellen, man kennt die verhungerten Täufer an ihren bleigrauen Gesichtern und schlägt sie tot, wo man sie antrifft. Da liegen die Kadaver denn viele Tage lang in ganzen Klumpen auf den Straßen und verpesten arg die Luft, *‚und do wurden die buren nunmehr in de stat gelaten / die doten corporen umb des groten stanckes willen to begraven. De buren togen de doden nacket uth unde spolierten desulvigen / groven grote kulen up den kerckhoven unde worpen de doten so nacket in de kulen, den einen up den anderen / gelick dat beeste werden gewesen.‘* Das geschieht also auf dem Domplatz, auf dem für so stille Anwohner seit anderthalb Jahren der Platz eigentlich ja wohl ein wenig enge geworden war.

Dies also ist das große Schlachten, das diese Nacht beschließt, und wir werden noch sehen, daß es mit dem aufgestiegenen neuen Tag noch keineswegs zu Ende war und daß es noch gut und gern eine volle Woche andauerte. Verschont hat man nur die Weiber, soweit sie sich von der Täuferei losgesagt haben. Wobei zu bemerken ist, daß bei weitem nicht alle Damen von Münster durch den Tod der Männer sich bekehren ließen, und daß manche von ihnen — wie das eine der schon erwähnten Fräulein von der Recke — unbelehrbar blieben und als heimatlose Sektierer aus der Stadt gelaufen und draußen im Elend verschollen sind. Sonst aber, wie gesagt, ist es nicht eine Eroberung, sondern ein hemmungsloses Vernichten, ein Ausrotten mit Stumpf und Stiel, und es berührt beinahe wohltätig, daß man in den Berichten hie und da auf eine abseitige und vom Blut der Nacht nicht bespritzte Episode stoßen kann.

Da also ist ein Landsknecht, und er ist einmal hierselbst an einer der Lateinschulen Kastellan gewesen und kennt mithin die Stadt. Der Mann schleicht sich, beutelüstern wie er ist, aus der Kampflinie zum königlichen Palast, dringt dort bei noch während der Nacht ein, findet aber keine rotgrauen Lakaien und keine Trabanten und auch keinen weißdamastenen König mehr, findet auch keinen wohlbesetzten Harem ...

Sondern findet hier nur einen kränklich aussehenden zwölfjährigen Knaben, der durch die verödeten Zimmer irrt und dem Landsknecht sofort den Tresor mit dem königlichen Schmuck zeigen muß ...

Und da liegt sie denn, die berühmte dreifache Goldkrone und die ebenso berühmte Kette mit der goldenen, von zwei Schwertern durchbohrten Weltkugel, und da liegt bei zahllosem Geschmeide, bei Ringen und Anhängern und Schaumünzen und Medaillons das Staatssiegel ...

Und ‚Gods kracht‘ ist nun nicht mehr ‚min macht‘, sondern Gottes Kraft hat, wofern sie sich bei ihm je aufgehalten hat, den verschollenen Sohn der Unterwelt verlassen, und es ist kein König mehr da ...

Kein König, kein Statthalter, keine Königin Divara und kein Großsiegelbewahrer, und der Landsknecht sackt nach Herzenslust Ringe und Medaillons und Schaumünzen ein und nimmt von der Krone, die er schließlich in seinen Taschen nicht gut unterbringen kann, insofern Abschied, als er mit seinen derben Stiefelabsätzen fleißig darauf herumtrampelt und sie ganz und gar verdirbt. Worauf er denn mit seinen vollgestopften Diebsäcken sich wieder auf den Markt begibt und ruhig weiterficht.

Das ereignet sich in dieser Nacht auf einer der Nebenbühnen, und Gott weiß, was sich auf zahllosen anderen ereignete, während auf der großen Bühne, auf dem alten gotischen Markt, große blutige Oper und Vorübung zur Bartholomäusnacht gespielt wurden.

Nun aber ist es hell geworden und unter Gottes Sonne ein neuer blanker Tag, und er sieht nach bitteren anderthalb Jahren, in denen wir Belagerer vom ganzen Reich ausgelacht wurden, endlich den Sieg. Den Sieg, der uns so lange vorenthalten blieb.

Nun aber ist er da und nun ist es wohl Zeit, den Kriegsherrn herbeizurufen und ihm die gedemütigte Stadt zu zeigen. Und in den ersten Sonnenstrahlen sattelt ein Reiter den schnellsten erreichbaren Klepper, setzt über Blutlachen und Leichenberge und zerbrochenen Hausrat und fortgeworfene Waffen, fliegt hinaus zum Bischof. ‚Halokanti tai Attanai' schrieben, als sie Athen im Peloponnesischen Krieg genommen hatten, die Spartaner in ihrem plumpen Unteroffiziergriechisch auf den Depeschenriemen, und hier mag's ein ähnlich lakonisches Telegramm gewesen sein, das von den Blutorgien dem milden Bischof noch nichts verriet ...

Waldeck, Waldeck, Münster ist nun dein!

Und nach vier Tagen, als man wenigstens in den Hauptstraßen die Leichenberge ein wenig fortgeräumt hatte, rumpelte über das vergraste Pflaster von Münster, umgeben von Landsknechten und berittenen schwarzsamtenen Kavalieren, eine Kutsche, hielt auf dem Marktplatz, wo Offiziere mit den Siegestrophäen, mit der zertretenen Königskrone, den goldenen Sporen und dem goldbeschlagenen Reichsschwert von Zion warteten.

Der Mann, dem alle diese funkelnden Dinge übergeben wurden, war Franz von Waldeck, Bischof von Münster. Endlicher Sieger über eine wahnsinnig gewordene Stadt teuflischer Häresien.

NE PERENNI CREMER IGNI (Angst vorm Scheiterhaufen)

Also ist aus dem koningk ein monstrum und schouwspel geworden.

Zeitgenössischer Bericht.

Zu bemerken aber ist, daß dieser Einzug des Bischofs wegen der von den zahllosen Kadavern drohenden Ansteckungsgefahr erst nach vier Tagen stattfindet, und daß in dieser Zeit Münster so ziemlich alles über sich ergehen lassen muß, was nach langer und verlustreicher Belagerung damals das Los so ziemlich jeder eroberten Stadt war: Haussuchungen Denunziationen, Mord im Überfluß und nicht zuletzt eine recht ausgiebige Plünderung.

‚Es werden noch täglich gefunden und erstochen‘, schreibt nach Frankfurt Holtzhausen, und so manchen Wiedertäufer, der sich tagelang auf dem Dachboden und im Keller versteckt hat, treibt allmählich Hunger und peinigender Durst ans Tageslicht und somit auch in die Spieße und Hellebarden der mordenden Soldateska. Wer solchen Dingen fernsteht, mag die Stirn runzeln. Wer die Zeitumstände berücksichtigt und jemals ähnliche Stunden erlebte, der berücksichtigt ja wohl, daß ein Heer ein Massenwesen ist und nach verlustreichem Straßenkampf nur zu leicht die Anspannung seiner Nerven abreagiert. Immerhin ...

‚Die gewunnen statt was erschröcklich anzusehen / in allen gassen lagen tödten / das weyber geschrey schallt auf allen orten. Es lagen in vielen heusern die von hunger gestorbenen noch auff einander unbegraben. Und ist ein über großer gestank und sonst vil ander unlust in der statt und ein jemmerlich wesen.‘ Was wahrlich kein Wunder ist, da nun fleißig verhaftet, hingerichtet und geplündert wird, und da man sofort, um einigermaßen die hohen Kosten der Belagerung wieder einzubringen, nicht nur die bewegliche Habe, sondern auch das unbewegliche Gut der Täufer einzieht und so den spärlichen Überlebenden alles ... aber auch alles nimmt.

Ihr Hausrat zumal, den die Landsknechte sofort aus den Häusern gerissen haben, zerstreut sich hinterher in alle Winde, und in den allerentferntesten Winkeln des Reiches, selbst in süddeutschen Ganthallen und Trödelbuden erscheinen während der nächsten Monate Sachen, die einmal in den winkligen Häusern von Münster gestanden haben. Übrigens entspricht die Beute, die vertragsmäßig zwischen dem Bischof als dem Kriegsherrn und den Landsknechten geteilt werden soll, in keiner Weise den wohl etwas zu hoch gespannten Erwartungen. In den Laufgräben vor der Stadt, da sprach man wohl von fabelhaften Goldschätzen, die im Rathaus aufgehäuft sein sollten — man hat Schulden gemacht in Erwartung dieser sagenhaften Schätze und ist nun einigermaßen enttäuscht, als man nicht einmal den zehnten Teil vom Erhofften vorfindet. Ganz rabiat aber werden die Landsknechte, als einer von ihnen, der längere Zeit Gefangener der Täufer gewesen ist, ihnen in der Trunkenheit klarmacht, er habe im Rathaus seinerzeit viel mehr gesehen und nun sei es natürlich von des Bischofs Beutemeistern unterschlagen und der Teilung entzogen worden. *‚Do begunten die landsknecht tho rasen'* und bedrohen selbst Wilkin Steding so, daß er aus der Stadt fliehen muß. Und fünfzig von ihnen brechen gar mit Gewalt in die Stadtkämmerei, wo der Goldschatz aufbewahrt wird, und werden dabei erwischt und büßen's schwer. Sieben werden hingerichtet, der Rest im Hemd aus der Stadt getrieben.

Was die Laune der übrigen natürlich nicht gerade bessert. Da sie sich allenthalben betrogen glauben, so bedrohen sie ständig ihre Offiziere, bemächtigen sich der Beutemeister und legen, um das Versteck des vorenthaltenen Goldes zu erfahren, zwei von ihnen gar auf die Folter.

Was die ersehnten Schätze leider auch nicht herbeischafft. Als sie zu randalieren fortfahren und sogar ganz Münster anzünden wollen, müssen sie mit mehr oder minder sanfter Gewalt entwaffnet und aus der Stadt getrieben werden. Sechzehn Gulden beträgt der ganze Gewinst, der sich für jeden von ihnen aus der Beute errechnet. Wirich von Dhaun hat übrigens bei dem ganzen Handel, da er nach eigenem brieflichen Bekenntnis *‚gern mit gantzer haut slaffen geht'*, ein Auge zugedrückt. Der Bischof behält von dem unruhigen und verwilderten Heer schließlich nur zwei Kompanien unter den Fahnen und läßt zur besseren Beherrschung dieser unberechenbaren Stadt innerhalb der Mauern zwei Forts errichten.

Denn in einer soeben eroberten Stadt, in der man nach zwei Jahren eines heillosen Chaos Ordnung schaffen muß, gibt es natürlich allerhand zu tun für die Staatsautorität, und zu tun gibt es, wie es in der ersten Zeit auch nicht anders sein kann, leider auch für Henker und Profosen. Da sind nun vor allem, nachdem man ihnen die Männer totgeschlagen hat, diese rabiaten Täufermegären, die, wie der Bischof in diesen Tagen seinen Bundesgenossen schreibt, *‚tettig (=tätig) und zum teil tettiger (=tätiger) sind / als die mans personen'*, und die nun, soweit sie nicht widerrufen[80] wollen, mit Gewalt aus der Stadt entfernt werden müssen ...

Da sind vor allem schwere und vordringliche Fälle. Da ist, nachdem die andern königlichen Damen ja wirklich entkommen zu sein scheinen, die schöne Königin Divara, da ist Knipperdollings Weib, da ist des toten Tilbecks Schwester und eine Reihe von andern fanatischen Weibern, die man

---

[80]   Der Bischof hatte sie, als er wieder in der Stadt war, zu sich rufen lassen, hatte ihnen ihre Verirrungen vorgehalten und ihre förmliche Abkehr gefordert. Der Aufforderung kamen nur wenige nach, da die meisten Armut und Verbannung der verlangten Buße vorzogen. Viele sind nach Holland ausgewandert, einige scheinen nach England und gar nach Amerika verschlagen zu sein.
Der Kommission, die den Verkauf ihrer konfiszierten Güter leiten sollte, gehörten unter anderen Johann von Merfeld, die beiden neu ernannten Bürgermeister von Münster und Coesfeld sowie der uns aus der ominösen Februarnacht 1534 bekannte Rotger Schmising an.

um der eigenen Sicherheit willen nun wirklich nicht begnadigen kann und die in den ersten Julitagen hingerichtet werden ... da sitzen vor allem nun auch noch in festem Gewahrsam die drei armen Sünder, die einst in diesem närrischen Zion König, Statthalter und Königslieutenant waren und nun wieder Bockelson und Knipperdolling und Krechting Bernt heißen und die doch, weil man zuvor aus ihrem Munde noch viel Wissenswertes hören muß, als allerletzte im langen münsterischen Todesreigen tanzen sollen ...

Denn vorerst ist anderes zu tun, und viel Sorgen lasten vom ersten Tag an auf diesem Bischof, dem die Täufer in ihrem Grimme, wie vielleicht noch erinnerlich, ,ein Haarseil durch den Hintern ziehn' wollten, und der doch im Grunde ein weicher, ein etwas bequemer und vielleicht gar mit dem Protestantismus ein wenig kokettierender Grandseigneur war. Schwer lasten auf ihm fortan die Schulden, die er um dieser närrischen Stadt willen hat machen müssen, schwer auch alle die Aufgaben, die sich aus der Neuordnung der Dinge ergeben. Da ist zum Beispiel dieses Überwasserkloster, das Franz von Waldeck, weil seine Insassinnen ja ,nach unkeuschen Kerls rasten', nicht wieder erstanden wissen will, obwohl es doch ein Refugium für westfälische Edelfrauen ist und die ganze Ritterschaft gegen den bischöflichen Entschluß protestiert ... da sind die Emigranten, die wieder zu dem Ihren kommen wollen, da sind die vertriebenen Kleriker, die kein Obdach haben, die Pfründener und die Rentner, denen man doch alle Schuldbriefe und geschriebenen Rechtstitel verbrannt hat ...

Der Reichstag, der vier Monate nach der Eroberung der Stadt abermals in Worms zusammentritt, regelt die Fragen recht radikal. Der Erzbischof von Köln und der fanatisch katholische klevische Herzog sorgen dafür, daß sie den tief verschuldeten Franz von Waldeck, der ihnen viel zu tolerant und viel zu lässig verfahren ist, wirtschaftlich in der Hand behalten. Im übrigen werden alle Emigranten, die je mit dem Täufertum kokettiert oder es gar unterstützt haben, enteignet und alle, die treu geblieben sind — Grundeigentümer, Kleriker, Rentner — in ihre alten Rechte wieder eingesetzt: eine Kommission mag in Zweifelsfällen entscheiden, wer als Verräter und wer untadelig aus diesem Handel hervorgegangen ist. Und der Protestantismus? Die Reichsstädte, Philipp von Hessen und Kursachsen legen für ihn mehr als ein gutes Wort ein, der Reichstag aber geht über alle Proteste hinweg. Der Protestantismus hat, das ist die Meinung der katholischen Majorität, in seinen allerletzten Auswirkungen alle diese schrecklichen Verirrungen verschuldet, es ist mithin für ihn in Münster bis auf weiteres kein Platz. Täuscht nicht alles, so hat es bis zum Ausgang des achtzehnten Jahrhunderts in Münster keinen protestantischen Gottesdienst gegeben. Der Tag der Befreiung von der Täuferherrschaft aber wird wohl noch heute feierlich im Dom begangen.

Das alles aber wird erst im November verhandelt und entschieden werden, und vordringlich haben wir es ja wohl zunächst mit den drei Rädelsführern zu tun, die nun so jäh Zions Herrlichkeit versinken sahen und die vor unseren Augen in jener Blutnacht so plötzlich verschwanden. Was Knipperdolling angeht, so dürfen wir wohl annehmen, daß er nach dem Zeugnis fast aller zeitgenössischen Berichte am Endkampf auf dem Markte teilgenommen hat, und wir werden sehr bald sehen, wie sein weiteres Schicksal sich gestaltete. Was aber diesen König angeht, der sein Gottesgnadentum und seine göttliche Sendung so oft betont hatte, so durfte von ihm ja wohl nun auch die Bewährung seiner Königswürde, der Kampf bis aufs Messer, der Abgang mit Donner und Blitz erwartet werden, da doch nun einmal, um es auch bei dieser Gelegenheit festzustellen, erst die unmittelbare Gefahr und die Todesnähe erweisen, ob ein Gekrönter ein wirklicher König oder nur der zufällige Träger eines Krone genannten Goldreifes ist ...

Was wir von diesem Abgang aus den Aufzeichnungen des — später als Küster am Münsterer Dom geendeten — Landsknechtes Röchell erfahren, ist eigentlich niederschmetternd und klärt schon jetzt alle Zweifel, die über den wirklichen Charakter dieses von der Geschichtsschreibung so oft und so liebevoll entschuldigten Mannes noch obwalten könnten. Da also flüchtet sich mit der Hellebarde in der Hand — wahrscheinlich um die Zeit, da das Einrücken des feindlichen Gros sich bemerkbar machte — Bockelson in seinen verlassenen Palast und wird von Röchell verfolgt. Der König retiriert in eine im Obergeschoß gelegene Kammer und wirft hinter sich die Tür zu, der Landsknecht aber rennt wie ein Berserker diese Tür ein, rennt mitten ins Zimmer, übersieht es zunächst, daß hinter ihm der König, der sich im ersten Augenblick hinter der aufgesprungenen Tür verborgen hat, entwischt.

Vom Obergeschoß nach unten führt eine enge gotische Wendeltreppe, und hier, in der Todesangst, wirft Bockelson seine Hellebarde hinter sich, versperrt damit dem Landsknecht den Weg, entwischt, von Röchell verfolgt, mit einigem Vorsprung über den Ägidikirchhof nach dem gleichnamigen Tor, wo er sich abermals versteckt. Hier aber wird er gefangengenommen[81]. Ein Gewährsmann berichtet von dieser Gefangennahme, es habe Bockelson dabei, wohl etwas großmäulig und wohl gar unter Berufung auf die gesalbte Heiligkeit seiner Person, die Landsknechte davor gewarnt, Hand an ihn zu legen. Als man seiner sich trotzdem bemächtigt, liefern die Knechte ihn zunächst an Herrn Wirich von Dhaun aus, dem er aber sehr bald, wie der Feldhauptmann klagt, von den Stedingschen Truppen ,wieder abgerungen wird'. Woraus übrigens ja wohl hervorgeht, daß man ihn von vornherein wie ein seltenes Menagerietier als Schauobjekt betrachtete.

---

[81] Tagelang hatte man ihn vergeblich, wie Rothmann, unter den Gefallenen gesucht und dann Viertel auf Viertel der hermetisch abgesperrten Stadt nach ihm durchforscht. Er hatte sich, vom Kampf gänzlich erschöpft, im Hause der Frau Katharina Hobbels versteckt, die dann nach Tagen den kompromittierenden Gast an die Truppenführung verriet. Angeblich hat sie Sicherheit für Leben und Besitz mit diesem Verrat erkauft.

Rund einen Monat sitzen die drei Gefangenen Bockelson, Knipperdolling und der gleichfalls dingfest gemachte ‚Königslieutenant' Bernhard Krechting in münsterischem Gewahrsam, und fast scheint es, als habe man sie mit den Einzelheiten jenes Strafgerichtes, das in diesen Tagen auf ihr Königreich niederging, nicht vertraut gemacht[82]. Den gefangenen König persönlich aufzusuchen, läßt der Bischof sich freilich nicht nehmen, trägt aber von diesem Besuch im Kotter keineswegs angenehme Eindrücke heim, da der vom Thron gefallene Schneider allen Wert darauf legt, durchaus als ein nur durch mißliche Zufälligkeiten am Regieren behinderter Souverän behandelt zu werden, der Waldeck es aber aus seiner bischöflichen und reichsfürstlichen Perspektive nicht über sich gewinnt, in ihm mehr als eben einen politischen Gangster zu sehen. ‚Bist du ein König?' fragt, wohl mehr erstaunt als hochmütig in diesem Aspekt der Bischof, und ‚Bist du ein Bischof?' fragt prompt das ehemalige Mitglied des Leydener Rhetorikerklubs zurück. Eine nähere Aussprache, die die beiden Herren diesem strittigen Thema widmen, ergibt, daß Se. Gnaden nur durch Kaiser und Papst, Se. Majestät aber durch Gott persönlich und durch seine Propheten bestellt worden ist, und als der Bischof ihm die ungeheuerlichen, dem Lande durch die münsterischen Wirren erwachsenen Kosten vorhält, hört er aus des Königs Munde den Bescheid, er, Bockelson, wolle ihn wieder reich machen ... der Bischof brauche ihn ja nur in einem eisernen Käfig als Schaustück durch die Lande fahren und Eintrittsgeld erheben zu lassen. Wer mit den psychologischen und soziologischen Voraussetzungen solch zündender Worte nicht vertraut ist, wird die damit verbundene Zungenfertigkeit bestaunen. Was dahinter sich verbirgt, ist aber nicht jene stolze Todesverachtung, mit der vor dem Revolutionstribunal Marie Antoinette den Jakobiner Hebert abfertigte, es ist auch nicht jener die beamtete Mittelmäßigkeit verspottende Hochmut, mit dem vor dem gleichen Forum der angeklagte und todgeweihte Danton dem protokollierenden und nach seinem Namen fragenden Geschichtsschreiber antwortete: ‚Danton, ein Name, der in der Revolutionsgeschichte ziemlich bekannt geworden ist.'

Es ist heute, bei genügend zeitlichem Abstand von der Hinrichtung, ein bißchen Zynismus und ein gutes Stück Unverschämtheit. Wer jemals gefangene Bravos oder gar politische Unterweltler verhört hat, weiß Bescheid und wird mir recht geben.

Dem Wunsch aber, als Schauobjekt durch die Lande geführt zu werden, soll nun baldige Erfüllung winken. In Neuß, wo im Juli die Alliierten tagen, haben Köln und Kleve, als die unversöhnlichsten unter Münsters ehemaligen Gegnern, die baldige Überführung der drei Gefangenen an einen si-

---

[82] Aus dem weiter unten behandelten Gespräch, das später die beiden hessischen Prediger Corvinus und Kymäus mit Bockelson kurz vor dessen Tode im Januar 1536 führten, geht wohl hervor, daß Bockelson scheinbar selbst damals noch nicht einmal um die doch bereits im Juli, also vor rund sechs Monaten, erfolgte Hinrichtung der Divara gewußt hat.

cheren Ort und ihre sofortige Vernehmung verlangt, und am 22. Juli werden sie in Erfüllung dieser Forderung nach Dülmen geschafft. Und zwar unter Umständen, die Bockelsons oben angedeutetem Wunsche durchaus entgegenkommen. Der zeitgenössische Bericht, man habe ihn an den Schwanz eines Pferdes gebunden und dieses in beständigem Trab erhalten, mag, obwohl solch Verfahren den Gepflogenheiten der Zeit durchaus entsprochen hätte, übertreiben — sicherer erscheint, daß man ihnen die eigens zu diesem Zwecke geschmiedeten Halseisen anlegte und sie an Leitseilen wie Jagdhunde davonführte. Übrigens jeden für sich, da der Bischof angeordnet hatte, daß sie miteinander nicht sprechen dürften. Herr Christian Kerkerinck aber, den man als vierten dieser Koppel zweibeiniger Rüden beigesellte, hätte das sowieso nicht lange tun können, da man ihn unterwegs ‚in loco amoeno et herbido‘ — also immerhin auf einer anmutigen Wiese — von seinen Fesseln befreite und köpfte. So also schafft man sie nach Dülmen.

Den Erzbischof von Köln haben in bezug auf Bockelson jedenfalls die freundlichsten Absichten geleitet, da er in einer Instruktion für seinen Gesandten in Münster den Wunsch ausspricht, ‚den vermeintlichen Koningk nit alsbalde umzubringen / sondern zum spiegell der weit ein zeit lanck / als ungeverlich ein viertheil oder halb jar / in einem weiteren oder gerumen korbe / darinnen er sich legen mocht / mit gekürzter Zunge ufzuhangen / doch kümmerlich zu erneren und zu erhalten‘. Und tatsächlich hat, um dem Ablauf der Dinge ein wenig vorzugreifen, der Waldeck den entthronten König zumindest dem klevischen Herzog zur Ergötzung nach Schloß Sparenburg bei Bielefeld geschickt, ohne daß leider überliefert worden wäre, wie dieses Zusammentreffen zwischen dem fanatischen Katholiken und dem zungenfertigen Häretiker abgelaufen ist.

Das alles aber ereignet sich erst viel später im Herbst, und vorderhand, Ende Juli, langen die drei Gefangenen in Dülmen an, und hier, von der Menge umgafft, leistet Bockelson sich den billigen und zu seinem bisherigen Gesamtbilde nicht übel passenden Scherz, daß er auf die Frage, ob er denn wirklich soviel Weiber genommen, antwortet, er habe keineswegs Weiber, sondern Mädchen genommen und sie zu Weibern gemacht‘. Ja, auch dieses war Bockelson. —

Wohlgemerkt jener zynische, von Geltungsbedürfnis und Glück hoch emporgehobene Abenteurer, und nicht so dieser arme Schächer, der nun, jämmerlich frierend im kalten Herbst 1535, in seiner Zelle sitzt und eigentlich schon ein Sterbender ist. Wir aber wissen vom Tode doch wenigstens dies eine, daß er, vom Sterbenden richtig als der Herold eines fernhin leuchtenden Orplid empfangen, am Menschen sub finem vitae tiefgreifende seelische Veränderungen vornimmt und daß er vor allem das Unwesentliche fortmeißelt und daß das, was wir hinterher als Totenmaske in der Hand halten, ein getreues Abbild des übriggelassenen ‚Wesentlichen‘ ist...

Es hat natürlich von diesem seltsamsten aller Könige niemand die Totenmaske gegossen, und selbst die Berichte über seine Todesstunde decken sich nicht in allen Linien. Was er von Kindesbeinen an war — ein heilloser Sohn des Chaos — ist hier oft genug gezeigt worden; was aus ihm die Gewißheit, des Sterbens machte, ersieht man wohl am besten aus den mit ihm aufgenommenen Protokollen, und vielleicht noch besser aus den letzten Gesprächen, die er mit den ihn besuchenden Geistlichen führte.

Für ein Verhör der verbliebenen drei Rädelsführer aber hat der Kurfürst von Köln eine lange Reihe von Fragen zusammengestellt, die man nun in Dülmen den Gefangenen vorlegen wird. Wissen will das Gericht also, wie solch seltsames Wesen wie dieser Bockelson aufgewachsen ist, wie er mit der Schrift, wie er mit der Wiedertäuferei in Berührung kam, und ob er etwa leugnen wolle, daß er allein für die Vielweiberei und alle daraus entstandene Verwirrung verantwortlich ist.

Vor allem aber, ob *,nyt anfangs allzyt syne Meinunge gewesen, Ehre / Herrlichkeyt und Wollust dieser werlt zu erlangen und zich zum grossen Hern uff zu werffen'*... mit anderen Worten, ob nicht am Ende alles, sein Sektierertum, sein Zug nach Münster, die Königswürde nebst allem Drum und Dran nur seinem ungeheuerlichen Geltungsbedürfnis entsprochen habe.

Dies werden wir Bockelson fragen. Von dir aber, Bernt Knipperdolling, wollen wir erfahren, wieviel du mit eigener Hand geköpft, warum du alle Urkunden vernichtet hast, ob man in Münster wirklich die Kinder gefressen und ob der König nicht bei während der Hungersnot selbst einen reichbesetzten Tisch gehabt hat ...

Endlich aber: *ob du ,nyth aus bloissem Haiss (=Haß) und boshaftigem Gemute / so du van wegen zyner vorigen gefencknisse widder den Biskof zo Munster zu dieser ufrür verursacht seyst'* ... ob also nicht alles, wie bei Bockelson aus Eitelkeit und Geltungshunger, so bei dir aus Rachsucht[83] und gänzlichem Unvermögen zum Vergessen empfangener Kränkung gekommen ist.

Das alles wollen wir von euch erfahren. Und so, wenn wir beide euch zunächst nach dem ,Woher' und ,Warum' befragt haben, so sollt ihr uns noch Rede und Antwort stehen in ein paar kitzlichen Angelegenheiten, und ihr wißt ja wohl, welche Apparatur wir bereithalten, um die Antwort von euch gegebenenfalls zu erzwingen ...

Wissen also wollen wir, wo die ganze Bewegung wurzelte, wohin Münsters unterirdische Verbindungen führten, welche Gesinnungsgenossen und

---

83 Knipperdolling hatte sich im Jahre 1527 an der gewaltsamen Befreiung eines vom Vorgänger des Bischofs Franz v. Waldeck in Haft gesetzten Bürgers beteiligt und hatte dafür selbst eine Gefängnisstrafe von einem Jahr abbüßen und seine Freilassung mit einer beträchtlichen Summe erkaufen müssen.

Freunde ihr in Amsterdam, Wesel, Mastrich, Aachen, Essen und Hamm ... in Soest und Lippe und natürlich auch in unserer Stadt Köln hattet ...

Und endlich richten wir an dich, Bernt Knipperdolling, den immerhin von guten Eltern gezeugten Bürger, die Frage, die du zusammen mit diesem Krechting beantworten magst, und die uns, die Reichsfürsten, natürlich am meisten interessiert ...

,Wo es komen zy (=Wie es gekommen ist)/ dat Johan von Leiden / so doch ein uisslendiger junger / lichtfertiger bube geweset / vor Knipperdolling / Rothmann oder den anderen im koningklichen Regiment furgesetzt (=vorgesetzt) zy ...'

Diese Fragen also sollen den Gefangenen vorgelegt werden, und so stehen sie denn nun endlich den von ihnen so lange geschmähten ‚Großen Hansen' gegenüber und haben nicht viel mehr zu tun, als jene Würde zu wahren, die zu wahren so schwer ist: die Würde des überwundenen Mannes.

Würde aber ist in solcher Stunde jawohl gleichbedeutend mit Mut zur Wahrhaftigkeit, und erst dann werden wir uns von einem Verbrecher innerlich abkehren, wenn der Mann auf der Anklagebank nicht mehr zu dem Mann der Freiheit von gestern passen will, wenn der brutale Wüterich von gestern sentimental, der Lästerer bigott, der scheinbar Kühne, der gestern noch die ganze menschliche Gesellschaft herausforderte, feig vor dem Richter zu zittern beginnt. Liest man in diesem Aspekt die vom Kölner Bischof zusammengestellten Fragen, so sieht man sehr bald, daß es in diesem Verhör für jeden der drei Gefangenen mindestens eine Stelle gab, wo er sich unverhüllt zu zeigen und Farbe zu bekennen hatte; list man hierzu aber die Antworten, so wird man sehr bald zu dem Ergebnis kommen, daß Knipperdolling menschlich besser abschnitt als der König.

Was nämlich Knipperdolling angeht, so mag er getrost die Zahl der von ihm geköpften Opfer als zu niedrig, seine eigene im Königreich gespielte Rolle als zu subaltern angeben: er bleibt immerhin der, als den wir ihn kennen ...

Der eigensinnige, schwerblütige und verstockte Sektierer, der Mann, *,den ein fremd bister (=düsteres) wisen (=Wesen) angekommen sy / also / dat hy niet woeste, wat hy dede'.* Ein wirkliches Ausplaudern der auswärtigen Verbindungen und der auswärtigen Gesinnungsgenossen findet sich in keinem seiner Protokolle — weder in diesem noch in den beiden späteren, die unmittelbar vor seiner Hinrichtung gewonnen wurden und von denen das letzte ‚in peinen' — will sagen auf der Folterbank — zustande kam. Nichts derlei, weder bei ihm noch bei Krechting. Wohl aber gibt Knipperdolling auf die eine prekäre Frage, ob bei ihm nicht alles aus Rachsucht gekommen sei, diese eine gute und gerade Antwort: ‚er sei nicht um seiner verbüßten Gefängnisstrafe ein Anhänger des Bockelsonschen Regimes gewesen und habe sich, obwohl er doch dazu die Macht gehabt, weder am Bischof noch an der Ritterschaft rächen wollen ...'

Das ist der Verzicht ‚auf mildernde Umstände', und wir werden sehen, daß dieser Knipperdolling nur um so halsstarriger wurde, je näher der Tod kam. Bockelson aber?

Der erzählt von vornherein weit redseliger, erwähnt die so seltsam zueinander gekommenen Eltern, die Schulzeit, die Wanderschaft in England, Flandern, Lübeck und wie seine Frau in Leyden gegen weiteres Vergeuden von Geld protestiert habe. Er verschweigt den Rhetorikerklub, erzählt nichts von der Literatenzeit und noch weniger von der Gastwirtschaft zur ‚Silbernen Lilie' und ist eigentlich auch über den Ursprung seines Täufertums und seiner Berufung zu einer ergiebigen Auskunft nicht zu bewegen. Er erzählt lediglich, wie er gegen den Willen der ersten Frau nach Münster gegangen, weil er gehört, ‚datt dappere praedicanten bynnen Munster seyn'... spricht ein wenig von seinem ersten Aufenthalt in der Stadt, von seiner Heimkehr, von Matthys von Leyden und Melchior Hofmann und von dessen Befehl, zum zweiten Male nach Münster zu gehen ...

Und dann folgt alles, was wir schon wissen — der Ausbruch der Münsterer Orgien und Knipperdollings Visionen und jene von ihm selbst gesehene, in der sich Matthys schrecklicher Tod angekündigt hat... ja, aber hatte denn der Bischof von Köln ihn nicht ausdrücklich fragen lassen, ob er nicht am Ende nur aus purer Eitelkeit gehandelt habe, und hat dieser Bischof ihm, dem Inkulpaten, damit nicht am Ende das Stichwort gegeben für eine große zündende Apologie, wie Savonarola sie hielt, wie der todgeweihte Danton sie den Richtern entgegenbrüllen wird, wie sie jüngst Luther gelang, als er in zehn herrlich gestammelten Worten sagte, ‚daß er da sei und daß Gott ihm nun helfen möge?'

So war es doch mit anderen Angeklagten. Bockelson aber ... ist er denn nicht ein König, der über das Leben der Untertanen verfügte, Blut vergoß, von Gott die aus beschlagnahmtem Dukatengold geschmiedete Krone und von Gott selbst auch jedweden Rat empfing ... ja, ist es nicht Gott selbst, der nun aus Bockelson sprechen wird?

Nichts von alledem in diesen Stunden der Prüfung! Gott spricht nicht, Gott hilft zu keinem großen Wort. Keine Apologie, keine fulminante Rede, und nicht einmal würdevolles Schweigen. Mit zynischen Redensarten sticht er später, wenn man ihn im Lande als gefesseltes Menagerietier herumschickt, noch des öfteren um sich und gibt damit doch nur jene Zungenfertigkeit zu erkennen, um die der geborene Literat nie verlegen sein wird. Ein Wort aber, wie man's wohl erwartete, ein Wort, das durch die Gewichte der Wahrhaftigkeit auf die Knie zwingt, es wird nicht gesprochen. Und alles — auch diese ewigen und allmählich ermüdenden Berufungen auf die inneren Gesichte — all das war ja doch nur ein Theaterfeuer, über dem die Kessel des Massenwahns sich erhitzen konnten. Seht, es steht nun wirklich ein Nichts vor den Schranken. Ein Bastard mit dem ewigen Bastardressentiment und dem unstillbaren Geltungsbedürfnis der Mißratenen. Ein mundfertiger Literat, der mit dem Terror regierte und in der Zeit des Hungers seine Vorratskammern füllte und in der Stunde der Entscheidung sich versteckte ...

Ein hemmungsloser Psychopath, den die Geschichte eine Weile an den Hebeln ihrer großen Maschinerie herumspielen und viel groben Unfug anrichten ließ und den sie nun unbarmherzig zerfleischen lassen wird. Ich aber sagte schon eingangs, daß nicht der Mann selbst so interessant ist, sondern das, was er anrichten konnte in dem behäbigsten und besonnensten Winkel Deutschlands.

Im Herbst trennt man die Gefangenen, schafft Knipper- dolling und Krechting nach Horstmar, Bockelson aber nach der festen Burg Bevergern, deren Garnison man für alle Fälle verstärkt hat. Später, auf das Ende zu, verhört man sie ein zweites und am Tage vor ihrem Tode in Münster ein drittes Mal, und schon hier seien, obwohl ich damit den Ereignissen abermals vorauseile, aus diesen Vernehmungen ein paar Einzelheiten vermerkt. Nein, sie wissen nichts von dem Gerücht, das man sich zuraunte — daß sie, um die lästigen Esser loszuwerden, am Ende der Belagerung Gift in das Mehl getan hätten, sie wissen auch nichts von der vielberedeten Menschenfresserei im belagerten Königreich. Bockelson hat sich keineswegs selbst zum König gemacht, sondern ist dazu berufen worden; Knipperdolling, finsterer und trotziger denn je, hat keineswegs die Zerstörung der Kirchen selbst angeordnet, allenfalls nur dazu geholfen. *,Dan (=denn) die Babilonische hoer (=Hure) moest umgesturzt sin.‘* Und unter ,Babylonischer Hure‘ versteht Knipperdolling alles, was zum Katholizismus gehört. *,Het hie (=Hätte er) die pabstische und christliche Ordnung vur ufrecht und gut geacht / er het die widerdoef und den nihen geloeven (=Glauben) nit angenommen. Ist ock gefragt / war (=wofür) hier die andern Christen halte. Sagt / er hielt sie dar fur / dar Got sie fur halt / und er wil by sinen geloeven leven und sterven.‘* Vorher war er noch gefragt worden, ob er nicht am Ende alle diese münsterischen Gesichte und Prophezeiungen für eine ,angerichte boverey‘ ... für aufgelegte Büberei und Schwindel gehalten habe. Worauf er antwortet, er hätte diesen Gesichten und Visionen kaum gehorcht, wofern er sie für Schwindel gehalten hätte. Alle diese Antworten werden wohlgemerkt auf der Folter gegeben, es gehörte zu ihnen also wohl einiger Mut und einige Verachtung von Quälerei und körperlicher Bedrängnis. Auf jeden Fall blieb er auch in dieser Stunde das, was er immer war. Verbohrt und käuzisch bis zur Schwelle der Psychose, im Grunde aber wohl ehrlicher als alles, was von Täufern in jenem Jahre in Münster zugezogen war. daß er von jenem Typ war, der in Zeiten allgemeiner Unruhe immer schwere Erschütterungen über ein Gemeinwesen bringen wird, ist richtig. Verächtlich aber wird man ihn beim besten Willen nicht nennen können. Und die Geschichte wird von ihm ein helleres Bild zeichnen als von all den Prädikanten, die, wie jener liebe Rothmann, hinter der Fassade der Entrücktheit immer nur recht unvollkommen ihre pastorale Eitelkeit verbergen können.

Alle diese zuletzt wiedergegebenen Aussagen werden erst im Januar 1536, unmittelbar vor der Hinrichtung und teilweise sogar erst nach der drei Tage zuvor erfolgten Überführung nach Münster, erhoben. Vorher aber, also noch in Bevergern und in Horstmar, haben andere Protokollanten die Gefangenen besucht, und sie kommen freilich nicht, um ‚in peinen‘ zu verhören, sie kommen vielmehr, um mit verirrten Menschen menschlich zu reden und sie, im Sinne der Zeit, aus den Irrgärten ihrer Seelen wieder in das helle Licht des Luthertums zu führen ...

Es sind die schon erwähnten Prediger Corvinus und Kymäus, die, wohl vom ‚lieben Lips‘ hierher gesandt, sich den König vorführen lassen und dann auf ihre Weise mit ihm reden. Da also setzt Bockelson sich zu ihnen am Feuer nieder, klagt über die grimmige Kälte seines Kerkers und über seine Herzbeschwerden, will dies alles ‚nach Gottes Willen mit Pazienz‘ ertragen, begegnet aber den beiden geistlichen Herren, die ihn sofort in ein theologisches Gespräch verwickeln und nachher ‚beinahe Wort für Wort‘ an Georg Spalatinus berichten, nicht gerade in der rosigsten Laune ...

‚Was mich betrifft und Kymäus, so haben wir es unternommen, den Überführten mit solcher Milde auf den Weg zurückzuführen, daß, wenn wir leibliche Brüder gewesen wären, wir es nicht liebevoller vermocht hätten. Mit dem Könige kamen wir zusammen in einer Unterredung über das Reich Christi, über die Obrigkeit, über die Rechtfertigung und die Taufe, über das Abendmahl, über die menschliche Natur Christi und über die Ehe. Schon über das irdische Reich Christi, welche Dinge, guter Gott, schwatzte er! Wie verdrehte er zugunsten seiner Träume die Schrift und wie erfüllte er die Räume mit seinen Worten. Du würdest es das dodonäische Becken nennen ...‘

Und so weiter in jener schon vom anhebenden Barock geformten bilderreichen Sprache, der wir ja auch bei Kerssenbroch begegnet sind. Und was ist geschehen? Die überspitzte, heute uns so schwer verständliche Dialektik der damaligen Theologen ist auf die ein wenig trübe, ein wenig von nebulösen Wunschbildern erfüllte Welt des Leydener Rhetorikers gestoßen, und auf das eleganteste reden beide Teile aneinander vorüber ...

In der Frage der Vielweiberei beruft er sich zum Ärger der beiden Pastoren auf die Erzväter, und ‚mit der gleichen Unwissenheit schwatzte er von der Obrigkeit, und obgleich er sie als eine Ordnung Gottes anerkannte, so billigte er doch die Auflehnung, wenn sie irgend etwas anderes befehle als Christus lehrt — gestützt auf jenen Ausspruch des Petrus, man müsse Gott mehr gehorchen denn den Menschen. Als wir ihm antworteten, Gehorsam sei man zwar nicht schuldig der Obrigkeit, wenn sie wage, uns Christi Lehre zu nehmen, daß es aber deswegen Privatpersonen doch noch nicht erlaubt sei, Gewalt mit Gewalt zu vertreiben, da antwortete er ... ich weiß nicht was ... über die Tyrannei derer, die ihnen Anlaß zum Widerstand gegeben hätten.‘

Und mit der gleichen Zungenfertigkeit hätte ja wohl um 1900 ein in den Rednerkursen der Sozialdemokratie geschulter Versammlungsredner aufgewartet.

In der Frage der Kindertaufe bleibt er unbelehrbar, und als man gar auf das heikle Kapitel des Abendmahles kommt und in einer beinahe bewunderungswürdigen Technik die beiden Prediger auf ihn mit den Florettklingen ihrer theologischen Dialektik einstechen, da geht der Disput vorerst zu Bruch. ‚Der König antwortete jedenfalls: Wie es von meiner Seite euch freisteht, dieses oder jenes zu meinen, so duldet es auch, daß ich glücklich bin bei meiner Meinung.‘

Womit im wesentlichen die erste Unterredung, die unter keinem glücklichen Gestirn stattgefunden hat, zu Ende gegangen ist. Bei Knipperdolling und Krechting vollends, zu denen die beiden geistlichen Herren, sich begeben, machen sie noch schlimmere Erfahrungen und müssen verzeichnen, ‚daß beide recht ungeschickte Antworten geben und keine Besserung zeigen‘, und ‚daß dieser Knipperdolling sich weit eher zu einem Gladiatorenkampf denn zu einer theologischen

Disputation eigne‘. Was wir nach allem, was wir von diesem streitbaren Tuchhändler wissen, gern glauben wollen. ‚An Schlauheit und Gewandtheit der Rede kamen sie dem Könige nicht gleich, flößten uns aber noch größeren Ekel und Widerwillen ein. Wenn jemand eine Beschreibung dieses Knipperdolling wünscht — Sallust hat über den Katilina nichts geschrieben, was nicht aufs genaueste auf ihn paßte. Seine Bösartigkeit und Verwegenheit tadelt selbst der König ...‘

Mit Krechting aber, der die Kenntnis der Schreibkunst mit der Wiedertäuferei für unvereinbar befunden und sich daher bewußt zum Analphabeten zurückentwickelt hat ... mit diesem Krechting geht es keineswegs besser. ‚An Trotz und Unruhe hat er offenbar einen gleichartigen Nachbarn gefunden. Diesen Ungeheuern überliefert ... guter Gott, welchen Unsinn, welch lächerliches Zeug, welche Widersprüche gegen die Schrift haben wir vernommen!‘

So also mißglückt auch bei Knipperdt Hing und bei Krechting der geistliche Bekehrungsversuch, und die beiden Herren wären wohl wieder nach Hessen abgereist, wenn nicht in letzter Stunde sie ein Ruf Bockelsons erreicht hätte. Der aber will, wie er nunmehr verspricht, jetzt zugänglicher sein als das erste Mal, und sehr bald wird es auch offenbar, was ihn nun so gefügig macht.

Denn siehe, nun pocht an die Kerkertür schon jener unerbittliche Prediger, der da Tod heißt, und es ist der unbändige Lebenswille, der sich im Gefangenen regt, und die nackte Angst, die aus ihm schreit. Kam es aber in dieser zweiten Unterredung zur wirklichen Umkehr, zu jener ‚Kathairesis‘ der antiken Tragödie?

‚Wenn man ihn wollte in Gnade annehmen, wolle er mit Melchior Hoffmanns und seiner Königin[84] alle Täufer, deren denn in Holland, Brabant, Engelland und Friesland überaus viele seien, bereden zum Stillschweigen und Gehorsam, also daß sie hinfort keinen Aufruhr erweckten, sondern still und gehorsam seien und ihre Kinder taufen ließen‘, und dies ist ja wohl, wenn nicht alles täuscht, angesichts des Schafotts der schmähliche Abfall von der eigenen Sache, das Dementi der eigenen Persönlichkeit, der Sturz in die Kloake der Schande.

Hier und in allen übrigen Punkten dieser zweiten Unterredung: ‚Und wiewohl wir uns in Sachen des leiblichen Regimentes Christi, das nach seiner Meinung tausend Jahre währen soll, nicht haben vergleichen können, so hat er dennoch bekannt, daß das angefangene Reich zu Münster nur ein eitel tot Bild gewesen sei. Von der Obrigkeit aber hat der König bekannt, daß er sich unbilligerweise ihr widersetzt habe, und wenn er solchen Verstand zur selben Zeit gehabt, wie Gott ihm jetzt gegeben, wolle er es nicht getan haben. Von der Obrigkeit bekennt er, daß sie Gottes Ordnung sei, der man um Gottes willen gehorsam sein müsse, wenn sie gleich Türken und Buben wären.‘

Soweit ist es nun mit Bockelson ...

‚Er sagt auch, er wisse die Täufer zu überzeugen, daß sie nie recht getauft haben und deshalb schuldig seien, ihren Glauben im Herzen zu haben und ihre Kinder zu taufen.‘ Und dies ist vielleicht der jämmerlichste Satz, und von Rechts wegen hätten ja nun wohl alle die Münsterer Toten ... der Schmied Rüscher und mit seiner blutigen Schar der Waffenmeister Mollenhecke, Jan Matthys und Hille Feicken und alle diese verbrannten und geköpften Apostel in diese Zelle kommen und ihn fragen müssen, zu was ihr Leiden und Sterben eigentlich gut gewesen, nun sie der König, das Haupt der Gemeinde und der Höchste auf dem Berge Zion, verleugne. ‚Und wiewohl wir größeren Glimpf denn vorhin bei ihm gefunden, so haben wir doch nichts anderes bei ihm vermerken können, denn daß er Errettung seines Lebens suchte.‘ Das berichten von dieser Unterredung die beiden Prediger, die der Vorsicht halber — für die Behörden — alle diese Erklärungen von Bockelson haben protokollieren lassen. *Ick Johan von Leiden mit mynder eighne hand ondertekent (=unterschrieben).‘* Was leider nicht mehr hilft. Vor der Tür stand schon der Henker.

---

[84] Man sieht, daß Bockelson damals noch nichts von dem sechs Monate zuvor erfolgten Tode der Divara wußte.

Es ist beinahe schon ein Wunder, daß bei dem ungeduldigen Drängen von Kleve und Köln die Hinrichtung erst jetzt, in der zweiten Januarhälfte, stattfindet und dem unglücklichen König noch Gelegenheit zu den eben geschilderten Gesprächen gegeben worden ist. Nun aber ist die Galgenfrist vorüber, und am 19. Januar werden die Gefangenen nach Münster übergeführt. Die Tage, die noch bis zum Schicksalsmorgen des 22. Januar verstreichen, werden noch ausgenutzt zu dem oben schon erwähnten Schlußverhör, wobei zu bemerken ist, daß Knipperdolling, von dem man scheinbar mehr über die auswärtigen Verbindungen der Stadt erfahren will, im Gegensatz zu Bockelson und auch zu Krechting in der Folter befragt wird.

Wozu des Tuchhändlers störrisches und wortkarges Wesen nicht wenig beigetragen haben mag, während den König wohl seine Zungenfertigkeit und Wendigkeit vor der Marter bewahrten. Was Bockelson angeht, so bejaht er auch freudig die Frage, ob man ihm einen katholischen Priester schicken solle, und empfängt am Tag vor seinem Tode den bischöflichen Kaplan Johann von Syburg, der ziemlich lange bei dem Verurteilten weilt. Kerssenbroch, der dem armen Schächer bis zum Schluß nicht wohl will, behauptet, der König habe bei dieser Gelegenheit dem Kaplan für die — nach Bockelsons Meinung ja noch immer lebende! — Divara einen mehr als seltsamen Auftrag mitgegeben ... einen durchaus obszönen und für die Ohren eines geistlichen Herrn kaum geeigneten Auftrag, den man auch nach vierhundert Jahren nicht gut dem Papier anvertrauen kann. Wir wollen lieber im ungewissen lassen, ob es wirklich so war. Kerssenbroch war auf die armen Sünder nicht gut zu sprechen und hat manchmal die Farben allzu dick aufgetragen. Und der geistliche Herr wird wohl so spezielle Dinge aus dem letzten Bekenntnisse eines Sterbenden nicht weitererzählt haben. Wir wissen, daß er tief erschüttert die Zelle verlassen hat. Tief erschüttert über die Reue dessen, der vor ein paar Monaten in Münster noch Herr über Leben und Tod gewesen war. Die anderen Delinquenten haben übrigens mürrisch den geistlichen Zuspruch abgelehnt und im Tenor guten Protestantentums erwidern lassen, ,es sei Gott sowieso bei ihnen in der Zelle, und eines anderen brauche es nicht'. Der König dagegen hat seinem besonderen Kummer darüber Ausdruck gegeben, daß er des Landgrafen von Hessen wohlgemeinten Rat — er denkt wohl an den zur Jahreswende 1534/35 gepflogenen Notenwechsel — so leichtfertig ausgeschlagen habe: wäre der Landgraf nun persönlich zur Stelle, er wollte ihn wohl kniefällig um Verzeihung bitten. Seine Meinung über die Kindertaufe und über die menschliche Natur Christi dagegen widerruft er nicht. Man sieht, daß er sich in der unmittelbaren Nähe des Todes endlich zu einer schlichten und geraden Haltung durchgerungen hatte.

Die Hinrichtung, der ja die eigentliche Verurteilung unmittelbar vorausgehen mußte, findet am 22. Januar, morgens um acht Uhr, statt. Vorher ist mit einer Kavalkade von dreihundert Reitern und mit den Kommissaren von

Jülich und Köln der Bischof in die Stadt eingezogen, hinter ihm aber haben sich für die Dauer der Aburteilung die Tore hermetisch geschlossen, die Mauern werden doppelt scharf bewacht. Auf dem Markt tagt das Gericht, die Anklage lautet auf Verbrechen wider Gott und die Staatsbehörden, auf Verbrechen gegen Leben und Eigentum, auf Kirchenschändung, auf Zusammenrottung, auf Anmaßung der königlichen Würde. Da steht Bockelson, sieht drüben im Holthusschen Hause seinen alten Gegner, den Bischof, am Fenster thronen, sieht auch die beiden Feldöfen, auf deren Kohlenfeuer die Henker nun die Zangen glühend machen. Dem Richter gibt er zu, gegen die Obrigkeit sich vergangen zu haben — ein Vergehen gegen Gott leugnet er. Die beiden anderen gestehen mürrisch ihre Schuld ein. Wenn diese armen Schächer nun ihre Augen erheben, sehen sie wohl auch schon die in Dortmund geschmiedeten und nach Münster geschafften eisernen Käfige, in denen man ihre zerfetzten Leiber noch an diesem Tag an den Lambertiturm hängen wird.

Den mittelalterlichen Strafvollzug belastet der moderne Mensch gern mit dem Vorwurf des Grausamen und Barbarischen, ohne sich, wie es wohl am Platze wäre, zu fragen, ob denn wirklich die sozialen Verhältnisse, wie in seiner Blütezeit sie der Kapitalismus herangebildet hatte, ob ein Leben in den Slums von Chicago oder das Erdulden einer Pressehetze von gestern wirklich von dem so oft behaupteten ‚Fortschritt der Humanität und der Zivilisation' zeugen. Im vorliegenden Fall wird als erster[85] Bockelson an den Pfahl gebunden und dreimal mit den glühenden Zangen der Henker angefaßt. So, daß die Flammen aus dem Fleisch aufzucken und die gaffende Menge vor dem entsetzlichen Geruch zurückstiebt. Täuscht nicht alles, so hat Bockelson diese Marter, die nach einigen Berichten eine Stunde währte, ziemlich standhaft ertragen. ‚Und derweil', heißt es in einem zeitgenössischen Flugblatt, *man den König also gemartert / hat er nichts geredet oder geschrihen / darnach aber stetigs mit solchen Worten zu Gott geruft: ‚Vatter erbarm dich mein!'* Täuscht nicht alles, so hat dann, wie später bei den übrigen Delinquenten, ein Dolchstoß in die Brust dem Jammer ein Ende gemacht. *‚Do er aber seins lebens nit lang zu sein empfunden, riefft er: Vatter in dein Hend bevehl ich meinen geist! Und also sein ende genommen.'* Als Knipperdolling auf die eigentliche Richtstatt geführt wird und die Vorbereitungen für die Tortur sieht, sucht er sich mit dem Halseisen, das man jedem von ihnen angelegt hatte, zu erdrosseln, wird aber von den Henkern an einem so raschen Abgang gehindert. Ein zeitgenössischer Berichterstatter hat den Eindruck, daß er sowohl wie Krechting, vermutlich wegen seiner Halsstarrigkeit bei den letzten Verhören *swarer und dapperer mit den gloningen (=glühenden) tangen angetastet worden / als de Koningk'.* Knipperdolling stirbt nach Corvinus, der ja Augenzeuge der ganzen Prozedur gewesen

---

[85] Scheinbar hat man die Hinrichtungen zeitlich getrennt vorgenommen, so daß Bockelson als erster starb, die beiden anderen aber nicht Augenzeugen seiner Marterung und seines Todes waren.

166

ist, mit den Worten: ‚Gott sei mir Sünder gnädig‘, nur Krechting stöhnt und schreit: ‚O Vater, o Vater!‘ Wie Corvinus giftig behauptet ‚ganz gewiß unter großem Beifall und Vergnügen der Priester, an denen Münster immer sehr reich gewesen ist. Diesen fehlte zur vollen Freude nichts, als daß nicht auch die Lutheraner durch dieselbe Strafe hinweggeräumt wurden‘. Das mag übertrieben gewesen sein, weil zumindest der Bischof Franz selbst dem Luthertum innerlich nicht ganz fern stand. Die verbrannten und zerrissenen Leiber werden in den drei bereitstehenden Käfigen aufrecht stehend an der Westseite des Lambertiturmes aufgehängt. Der König, wie es für einen König sich wohl ziemt, in einem etwas größeren in der Mitte. Der Gestank verpestet monatelang die Straßen der Stadt. Erst nach Jahr und Tag scheint man die Überreste entfernt und auf dem Schindanger verscharrt zu haben. Zangen und Käfige haben sich bis in unsere Tage gerettet. Dies ist das Ende des allerseltsamsten Königtums, das es je auf deutschem Boden gegeben hat.

Es ist auch das Ende der Massenpsychose, von der hier die Rede war, und was später in den Niederlanden, in England, ja im fernen Amerika auftaucht, was später der sanfte Menno Simons organisiert — was hat das alles noch zu tun mit dem schwarzbärtigen Propheten Matthys und seiner gewalttätigen Häresie und seinem Erben Bockelson, der nun zerschunden und zerrissen und verbrannt am Lambertiturm hängt?

Es ist richtig, daß dieser auf Münster niedersausende Schlag nicht in allen seinen Schlupfwinkeln das streitbare Täufertum zertrat, es ist richtig, daß es in den Sekten des Jan Batheburg[86], der Jorris und Ubbe in Friesland, Holland und auch in Westfalen unterirdisch noch eine Weile weiterlebte, und daß es so die Akten des Bistums Münster noch für ein volles Jahrhundert füllt. Mit Protokollen über die Terrorakte der Batheburgschen Rotte, mit Urteilen über spät ergriffene Teilnehmer der münsterischen Wirren, mit bischöflichen Mahnschreiben an die unterschiedlichen Magistrate des Bistums, es möge die Beamtenschaft haarscharf achtgeben auf Leute, die in Tracht und Gruß und geheimen Abzeichen als Täufer sich verrieten, und es mögen die Behörden auf der Hut sein vor Überraschungen im Stile des Jahres 1534 ...

Erst nach einem runden Jahrzehnt erhält Münster die ihm natürlich genommenen Privilegien zurück, der Kaiser schreibt inzwischen ungnädige Briefe, weil die Wiederherstellung der katholischen Religion nicht genügende Fortschritte macht. Ein Kaplan wird gemaßregelt, weil er von der Kanzel aus Zweifel am Dogma vom Fegefeuer äußert, und noch 1625, fast volle

---

[86]   Die Batheburgische Sekte war nichts anderes als die geradlinige Fortsetzung der Bockelsonschen Gemeinde. Sie war die einzige, die, in Matthys' und Boekelsons Spuren wandelnd, das Prinzip des Terrors und der Gewalttätigkeit vertrat. Batheburg wurde 1537 hingerichtet. Die übrigen Sekten waren durch Melchior Hoffmanns sanftmütigere Lehren bestimmt und warteten geduldig auf den automatischen Einsturz aller weltlichen Gewalten, die dem erträumten Gottesreich sich widersetzten.

hundert Jahre nach Bockelson, erinnert der Generalvikar von Münster die Stadt daran, daß unter keinen Umständen den noch immer auftauchenden Wiedertäufern Wohnrecht zu gewähren sei.

Das alles ist richtig. So wie es richtig ist, daß es in Frankreich nach dem Thermidor noch eine Verschwörung des Gracchus Baboeuf gab, so wie Carlyle behauptet, es habe der Pariser Jakobinerklub insgeheim noch bis ins vierte Jahrzehnt des neunzehnten Jahrhunderts und darüber hinaus weitergelebt. Was will das alles denn noch bedeuten? Die Verschwörung des Baboeuf war eine Angelegenheit von wenigen Tagen, der Bürger Tallien war, als ihn im Dezember 1812 die Pariser Polizei gelegentlich einer Razzia in einer Dachkammer aufspürte, ein verkommenes und gebrochenes Individuum, und die Jakobiner von 1835, von denen Carlyle spricht, werden wohl einen geruhigen Stammtisch von behäbigen alten Herren mit stattlichen Bäuchen und stattlichen Bankkonten und großen Erinnerungen an alte glanzvolle Zeiten gebildet haben ...

So geht es mit den seelischen Massenerkrankungen. Wie Individuen haben sie ihre Jugend, wo sie die ganze Welt aus den Angeln zu heben scheinen und unwiderstehlich sind wie zürnende Erzengel ...

Und sie haben ihre Zeit, wo der Ansteckungsstoff stumpf wird und wo in den Halluzinationen wieder die ersten Pfosten der Wirklichkeit auftauchen und die Befallenen langsam sich zurücktasten in die Welt nüchterner und gesunder Realitäten.

Sie gleichen auch darin körperlichen Erkrankungen, daß ihr Abwehrfieber um so höher klettert, je jünger und kräftiger der befallene Organismus ist und daß es im Anfang immer so scheint, als wolle das Fieber den ganzen Leib des Kranken verbrennen. Ist die Krise überstanden, so sind die Wahnbilder und Delirien dem Kranken selbst unverständlich und achselzuckend geht er daran, sie hinter sich zu werfen. Wo aber sich ein so junges Volk wie das deutsche des späten Mittelalters so schwer mit dem ihm fremden Gedankenvirus der Renaissance, der Entgottung, der ‚Versachlichung‘ des Denkens und des anhebenden Kapitalismus infizierte: wie konnte es da wohl abgehen ohne die beiden großen seelischen Fieberkrisen, die da Bauernkrieg und münsterisches Zion heißen? '

Wir werden vielleicht überhaupt guttun, die Keime der ganzen Bewegung nicht s0 in den religiösen, wie eben in den antikapitalistischen Problemen, nicht so in den umstrittenen theologischen Fragen, wie in den trüben sozialen Wünschen der spätmittelalterlichen Massen und in ihrer Erfüllung durch den münsterischen Kommunismus zu suchen. Nicht der religiöse Monomane Knipperdolling hat die Vorgänge bestimmt, sondern der der Unterwelt entstiegene Bockelson, der ja, wie wir sahen, noch in seinen letzten Lebensstunden für sein Leben bereitwillig die Kalmierung des ganzen Täufertums anbot. Nicht die religiösen Gesichte und Halluzinationen waren die

Motive dieser ersten Räterepublik, sondern es kam auch zu diesen Produkten der Massenhysterie nur, weil die Zeit in ihrem gesamten sozialen und ständischen Gefüge außer Rand und Band geraten war. daß unter diesem Hexenkessel ein großer politischer Gangster seine Feuer schürte, war das unselige Schicksal dieser Stadt, die das alles schwer genug hat bezahlen müssen.

Wir stehen heute, genesend vom neunzehnten Jahrhundert, dem Ding, das man gemeinhin ‚Renaissance' nennt, anders gegenüber als noch unsere fortschrittsgläubigen Väter, wir beginnen uns zurückzufinden zu der Weisheit, daß die Landschaft gleichbedeutend mit dem Schicksal eines Volkes ist und daß die tödlich sich auswirkenden Eiterabszesse sich nur dort entwickeln, wo ein Volk ‚gegen die Geographie' zu leben versucht.

Mit all ihren großartigen Fanalen war die Renaissance für Deutschland ja doch gleichbedeutend mit dem Einbruch eines fremden Lebensgefühles, sie hat dieses münsterische Teilgewitter ausgelöst und in ihrer gesamten Auswirkung vier Jahrhunderte deutscher Geschichte wo nicht verfälscht, so doch getrübt und verwirrt.

An den feinsten Barometern der Zeit heute ihr mähliches Abebben ablesen zu dürfen, bedeutet jene große Hoffnung, die die Hoffnung einer leidensbereiten und genesenden Generation sein mag.

Quellen zum Hauptteil

1. Hermann von Kerssenbroch: Anabaptistici furoris Monastium inclitam Westphaliae Metropolim evertentis historica naaratio. (Kommentierte Ausgabe Detmer, Geschichtsquellen des Bistums Münster, Band VI, Münster 1899.)

2. Fässer: Geschichte der Münsterischen Wiedertäufer. Münster 1852.

3. Geschichtsquellen des Bistums Münster, Band I, Die Münsterischen Chroniken des Mittelalters. Herausgegeben von Dr. Julius Ficker.

4. Ebenda, Band II, Berichte der Augenzeugen über das Münsterische Wiedertäuferreich. Herausgegeben von C. A. Cornelius. Münster 1853.

5. Ebenda, Band III, Die Münsterischen Chroniken von Büchel, Slevermann und Corfey. Herausgegeben von Dr. Johann Janssen.

6. Niesert: Münsterische Urkundensammlung, Band I. Coesfeld 1826.

7. Nuedecker: Urkunden aus der Reformationszeit. Cassel 1836.

8. Corvinus: Acta — Handlungen — Legation und schrillte etc. 1536.

9. Gespräche und Disputation Antonii Corvini und Joannis Kymei mit dem Münsterischen König 1536.

10. Ranke: Deutsche Geschichte usw., Band III.

11. Hammelmann: Ecclesiaticae de renato evangelio et motu postea incepto in urbe Monasteriensi explicatio brevis.

12. Bolandus: Motus Monasteriensis. Colu 1546.

13. Briefe Lening und Fabricius an den Landgrafen von Hessen 1533 (Archiv zu Cassel).

14. Henricus Dorpius: Wahrhaftige Historie, 1536 (Ausgabe Merschmann, Magdeburg 1847).

15. Kurtze historia vom anfang, mittel und ausgang des königreiches zu Münster, 1536.

16. Des Münsterischen königreiches und wiedertäuffer an- und abgang. 1536.

17. Der gantze handel, Flugblatt. Münster 1536.

18. Historia der belagerung und eroberung der stat Münster, 1535.

Bei den Zitaten aus den Münsterischen Propagandaschriften wurde stellenweise auf die in der Löfflerschen Dokumentensammlung „Die Wiedertäufer zu Münster", Jena 1923, zurückgegriffen.

Anhang

Masse und Macht

Masse und Macht[87] ist das 1960 erschienene philosophische Hauptwerk des Nobelpreisträgers Elias Canetti. Er analysiert und beschreibt darin die Entfesselung des Menschen in der Masse und die Herrschaft soziopathischer Machthaber über Menschenmassen.

Das Buch beginnt mit der Behauptung: „Nichts fürchtet der Mensch mehr als die Berührung durch Unbekanntes. […] Es ist die Masse allein, in der der Mensch von seiner Berührungsfurcht erlöst werden kann." Nicht nur Empathie charakterisiere den Menschen, sondern auch die Furcht vor der Berührung anderer Menschen. Befinde sich der Mensch in der Öffentlichkeit, verlangten zufällige Berührungen mit anderen Menschen nach einer Entschuldigung. Stehe der Mensch im Aufzug, dränge er sich in eine Ecke, um nicht in Kontakt mit den Anderen zu geraten. Und das Einschließen in die Häuser sei nichts anderes als ein Versuch des Menschen, sich dem bedrohlichen Fremden in der Welt zu entziehen.

Einzig in der Masse, diesem von „Affekten" geleiteten Gebilde, verliere der Mensch seine Furcht vor der Berührung, könne es zu einem Zustand der „Entladung" kommen, zu dem Moment, an dem alle „ihre Verschiedenheiten loswerden und sich als gleiche fühlen". Der Verlust jeder Individualität werde dabei als befreiender Akt betrachtet, da der Einzelne nicht mehr alleine der chaotischen Welt gegenüber stehe. Jetzt, da sich alle gleich fühlten, sei die Furcht vor dem Fremden innerhalb der Masse zwar aufgehoben, doch das Andersartige der Welt da draußen werde der Masse umso deutlicher bewusst. Das Andersartige gefährde das „Überleben" der Masse, da es Alternativen zu dem Zustand der Gleichheit aufzeige. Und so sei die auffälligste Eigenschaft einer Masse die „Zerstörungssucht". Um ihr eigenes Überleben zu sichern, wolle sie das Andere vernichten.

Vier allgemeingültige Eigenschaften einer Masse benennt Elias Canetti in *Masse und Macht*:

1. Die Masse will immer wachsen.
2. Innerhalb der Masse herrscht Gleichheit.
3. Die Masse liebt Dichte.
4. Die Masse braucht eine Richtung.

---

[87] Seite „Masse und Macht". In: Wikipedia, Die freie Enzyklopädie. Bearbeitungsstand: 17. Mai 2019, 10:08 UTC. URL: https://de.wikipedia.org/w/index.php?title=Masse_und_Macht&oldid=188661198 (Abgerufen: 27. Juni 2019, 14:45 UTC)

Die Masse an sich existiert nicht. Massen sind entweder mit Todesdrohungen verbundene „Jagd- oder Fluchtmassen" oder lebensbejahende, euphorisierende „Festmassen". Die Masse flieht vor äußeren Gefahren als „Fluchtmasse" oder erhebt sich zum Beispiel als „Umkehrungsmasse" revolutionär gegen bestehende Unterdrückung. Massen sind vielfältig und nicht immer real. In einer „Doppelmasse" stehen beispielsweise die Lebenden bildhaft der Masse der Toten ohnmächtig gegenüber. Den Toten will man nicht angehören. Man ehrt und besänftigt sie, ruft sie um Hilfe an, fürchtet ihre Rache oder triumphiert ggf. mit jedem neuen Lebenstag über den Tod und die Masse der Toten. Canetti dehnt seine Masse-Untersuchung im Verlauf von *Masse und Macht* auf imaginäre „kollektive Erscheinungen aus, die bei Menschen Massenempfindungen hervorrufen", Canetti nennt sie „Massensymbole". Zu diesen Symbolen zählt er für Menschen faszinierende Erscheinungen in der Natur, wie *Feuer* (vom Funken über Flammen zum Inferno), *Wasser* (vom Tropfen über den Regenguss zum Fluss und Meer) oder *Wald* (vom Gebüsch über Bäume zum Urwald), aber auch soziale Phänomene, wie Kunst (vom Kult- oder Kunstobjekt über die Sammlung zum Kunstschatz) oder Geld (von der Münze über das Sparguthaben zum Geldschatz). Spezifische Massensymbole finden sich ferner bei den einzelnen Nationen wieder. Eine Nation ist für Canetti weder über ihre Sprache, noch über ihr Territorium oder ihre Kultur oder ihre Geschichte definiert. In einer Nation sieht Canetti vielmehr eine Religion. Die Vorstellungen und Gefühle, die eine Nation von sich habe, seien als Massensymbole in tiefere Bewusstseinsebenen der Masse eingedrungen. Ein Massensymbol der Deutschen war für Canetti bis zu dessen totaler Niederlage im Zweiten Weltkrieg das Heer. „Aber das Heer war mehr als das Heer: es war der *marschierende Wald*."

Im Gegensatz zu Freuds und Le Bons Analysen benötigt die Masse bei Canetti keinen Führer. Bindet ein Machthaber eine Masse trotzdem an sich, ist die Libidobindung an den Führer kein primärer Grund für ihren Zusammenhalt, so Canetti, sondern ein „erst aus der Erstehung der Masse hervorgegangenes Phänomen." Der „positiven" Bindung an den Machthaber durch Hypnose oder Libido stellt Canetti eine „negative" Bindung entgegen: die Todesdrohung.

Masse und Macht ist auch ein Buch über den Faschismus und den damit verbundenen Führerkult, obwohl Canetti diese Begriffe vermeidet. Canetti will nicht den Nationalsozialismus als Zivilisationsbruch erklären, er will elementare Machtstrukturen in totalitären Systemen aufdecken. Die Person Hitlers ist für ihn kein einzigartiges Phänomen, sondern lediglich ein Typ unter anderen.

In totalitären Systemen ist die Macht in der Hand des Machthabers gebündelt. Für Canetti ist Macht eine Chiffre für Gewalt. So schreibt er in

Masse und Macht, dass die Macht sich in ihrem archaischen Moment als „Augenblick des Überlebens" offenbare, immer dann wenn ein Lebender triumphierend einem Toten gegenüberstehe.

Machtbesitz bedeutet Überleben. Das Recht, über Leben und Tod zu entscheiden, ist folgerichtig das sicherste Instrument zur Macht- und Lebenserhaltung. Dieses Instrument des Schreckens, so Canetti, komme in totalitären Systemen nun als Recht daher und verleihe dem Diktator den Anschein einer Gottesähnlichkeit.

Doch ein Diktator ist kein Gott. Stattdessen definiert Canetti ihn als paranoiden Machthaber. Die Wahrung seiner Macht sei ihm das Wichtigste und gleichzeitig sei in ihm das permanente Gefühl der Bedrohung präsent. Die Masse seiner Untertanen könne der paranoide Machthaber nur dadurch unter Kontrolle halten, dass er exzessiv über ihr Leben und ihren Tod entscheide. „Seine sichersten, man möchte sagen seine vollkommensten Untertanen sind die, die für ihn in den Tod gegangen sind" – ob im Krieg, in Schauprozessen oder in Vernichtungslagern.

Die Herrschaft eines *Machthabers* äußert sich in seinen Befehlen. Und der Mensch, so sieht es Canetti, sei nicht nur „von klein auf an Befehle gewöhnt, aus ihnen besteht zum guten Teil, was man Erziehung nennt". Canetti, der sich selbst als Erwachsener nie ganz von der autoritären Macht seiner Mutter hat befreien können, sieht im Befehl und dessen Ausführung die natürliche Verhaltenskonstante – für Canetti ist der Befehl etwas Grundlegendes, etwas, was älter als die Sprache ist. Wird ein Befehl erteilt und verstanden, so wird die Handlung, die auf ihn folgt, vom Handelnden als fremd empfunden. Sie ist ihm auferlegt worden. Der Handelnde spürt die Macht, die im Befehl liegt. Für Canetti bedeutet Macht im übertragenen, alles umfassenden Sinn, auch über *Leben und Tod* entscheiden zu können. In jedem Befehl schwinge daher anthropologisch begründet eine ursprüngliche *Todesdrohung* mit. Totalitäre Machtsysteme basieren auf dem Gesetz des Stärkeren und Umkehrungen dagegen sind deswegen so schwierig, weil die Ausführung eines Befehls im Verhaltensmuster des Menschen elementar verankert ist. Was aber macht einen Befehl so unumstößlich?

Um die Abhängigkeit des Menschen vom Befehl zu verstehen, zerlegt Canetti den Befehl in einen „Antrieb und einen Stachel". Der Antrieb, die *Angst vor der Bestrafung*, erzwingt beim Menschen die Ausführung des Befehls. Danach bleibt im Inneren des Menschen ein *Befehlsstachel* als „Fremdkörper" zurück. In diesem schmerzenden Stachel erhält sich die Erinnerung an den von außen angeordneten Befehl. Da die Stacheln Fremdkörper sind, trachten die Menschen nach deren *Auflösung*. Die Auflösung eines Stachels könne nur durch die Umkehrung der ursprünglichen Befehlssituation bewirkt werden, dann wenn der Befehlsempfänger denselben Befehl als Befehlsgeber weitergibt. Eine Machtspirale, die sich immer weiter nach unten zieht bis zum endgültigen *Opfer*, welches niemanden mehr hat, an den es den Befehl weitergeben kann. Den Verletzungen des Befehlsstachels kann der Befehlsempfänger nur entgehen, wenn er den damit verbundenen Auftrag unmittelbar weitergibt oder erledigt, in die geforderte Tat umsetzt, so wie z. B. ein Bogenschütze auftragsgemäß den Pfeil abschießt und das befohlene Ziel trifft.

Nicht aufgelöste Befehlsstachel können zur pathogenen Selbstverleugnung und zu psychischen Erkrankungen führen: „Es ist bekannt, daß Menschen, die unter Befehl handeln, der furchtbarsten Taten fähig sind. Wenn die Befehlsquelle verschüttet ist, und man sie zwingt, auf ihre Taten zurückzublicken, erkennen sie sich selber nicht". Mit anderen Worten, ist der Machthaber tot, bleibt der Masse nur die kollektive Selbstverleugnung. Weniger dramatisch, für die Psyche und Gesundheit der einzelnen Betroffenen aber ebenso folgenreich sind Verletzungen, die sich durch "unauflösbare Befehlsstachel" z. B. bei fremdbestimmter Arbeit und sonstigen befohlenen Handlungen aufaddieren oder sogar multiplizieren.

Islamischer Staat

Der sogenannte Islamische Staat[88] (IS), ist eine seit 2003 terroristisch agierende salafistische Miliz mit tausenden Mitgliedern, die ein als „Kalifat" deklariertes dschihadistisches „Staatsbildungsprojekt" war. Die Organisation kontrollierte bis Dezember 2017 Teile des Irak sowie bis März 2019 Teile Syriens und wirbt um Mitglieder für Bürgerkriege sowie Terroranschläge. Sie wird des Völkermords, der Zerstörung von kulturellem Erbe der Menschheit wie auch anderer Kriegsverbrechen beschuldigt.

Mitte Oktober 2006 wurde in einem Video von einem anonymen Vertreter des ISI-Informationsministeriums eine Gründungserklärung des Islamischen Staates verlesen. Als politische Begründung für die Ausrufung eines islamischen Staates wurde angeführt, dass die Sunniten, anders als die Kurden im Norden und die Schiiten im Süden, noch immer nicht über ein eigenes Staatswesen verfügten, sondern weiter unter Fremdherrschaft leben müssten. Zur religiösen Begründung wurde auf einen Spruch des Propheten Mohammed im Hadith verwiesen, dass Muslime von einem Muslim regiert werden müssen. Als wichtigste politische Ziele wurden bereits damals die Vertreibung aller „Invasoren und Aggressoren" aus dem Irak und nachfolgend die Schaffung von Frieden und Sicherheit, die buchstabengetreue Ausführung der Scharia und damit einhergehend die gerechte Verteilung der Ressourcen des Landes an alle Gläubigen genannt.

Anfang 2007 veröffentlichte ISIS eine neunzigseitige Schrift mit dem Titel Benachrichtigung der Gläubigen über die Geburt des Islamischen Staates. Darin wurde unter Berufung auf Koranverse und Stellungnahmen berühmter mittelalterlicher sunnitischer Staatsgelehrter versucht, die Rechtmäßigkeit der Staatsgründung im Sinne des sunnitischen Rechtsverständnisses nachzuweisen. Die Bestimmung des Staatsführers solle durch „Usurpation durch Unterwerfung mit dem Schwert" (Recht des waffenstärksten Bewerbers auf die Führungsposition im Krisenoder Streitfall) erfolgen. Da aus sunnitischen Quellen nicht abzuleiten ist, wie groß das Territorium sein muss, auf dem ein Islamischer Staat ausgerufen werden darf, gilt aus der Sicht des ISI, dass dies überall dort ist, wo seine Kämpfer öffentlich mit Waffen auftreten. Bald nach ihrer Veröffentlichung wurde die Schrift durch den palästinensisch-jordanischen Gelehrten Abū Muhammad al-Maqdisī auf seine viel beachtete Internetseite tawhed.ws gestellt war dort auch noch zu lesen, nachdem al-Maqdisī nach seiner Haftentlassung im Juni 2014 versuchte, sich als Kritiker des Islamischen Staates darzustellen.

---

[88] Seite „Islamischer Staat (Organisation)". In: Wikipedia, Die freie Enzyklopädie. Bearbeitungsstand: 26. Juni 2019, 12:26 UTC. URL: https://de.wikipedia.org/w/index.php?title=Islamischer_Staat_(Organisation)&oldid=189885210 (Abgerufen: 27. Juni 2019, 14:36 UTC)

In seinem Herrschaftsgebiet führte der IS einen auf der Scharia und dem Wahhabismus basierenden 16-Punkte-Katalog ein, der das öffentliche und private Leben massiv normiert. Demnach sind der Konsum und Verkauf von Alkohol, Tabakwaren und anderen Drogen ebenso untersagt wie das Abhalten von Versammlungen, „Götzen-Bildnisse" und Schreine. Das Rasieren und Trimmen des Bartes ist verboten. Frauen müssen „züchtigbedeckende Kleidung" tragen, Verlautbarungen in Moscheen unterliegen der Zensur. Im Juni 2015 wurde das im Nahen Osten beliebte Taubenzüchten verboten, weil es die Muslime vom Beten abhalte und der Anblick von Taubengenitalien ihre Sittlichkeit verletzte. Bereits vor dem Verbot wurden drei Männer wegen Taubenzüchtens hingerichtet. Dies verhindert gleichzeitig, diese als Nachrichtenmittel zu nutzen. Der Gebrauch von Mobiltelefonen, die über GPS ortbar sind, ist genau geregelt. Apple-Produkte sind generell verboten, bei anderen Herstellern muss die GPS-Funktion außer Betrieb gesetzt werden.

Entgegen der Botschaft von Amman wird beobachtet, dass der IS gegen Muslime anderer Glaubensrichtungen eine rigorose Version der islamischen Praxis des Takfīr anwendet: Alle Abweichler (z. B. die Schiiten) sind demnach „Ungläubige" bzw. „Gottesleugner" (Kāfir) und werden als todeswürdig eingestuft und getötet, wenn sie sich im Machtbereich des IS aufhalten.

Az-Zarqawi hegte einen besonderen Hass gegenüber Schiiten, der die gesamte anti-schiitische Ausrichtung des IS prägte. Er war der Überzeugung, dass man diese nicht konvertieren könne, sondern auslöschen müsse. Diese Ansicht stand der Meinung al-Qaidas diametral gegenüber, die in Schiiten nur fehlgeleitete Muslime sehen, die man mit der richtigen Anleitung zurück zur Wahrheit führen kann. Dies war einer der Gründe, warum az-Zarqawi niemals ernsthaft mit al-Qaida kooperieren wollte. Er stufte al-Qaida als schwache Institution ein, die falschen Vorstellungen folgte und machte sich in der Entstehungsphase des IS ausschließlich ihre Popularität zunutze, um Aufmerksamkeit und finanzielle Mittel für seine Organisation zu generieren.

Obwohl die Christen keineswegs die einzigen Opfer der religiösen Gewalt durch den Islamischen Staat sind, macht die Tatsache, dass sie bis heute die einzige nicht-muslimische Religionsgemeinschaft Syriens sind, ihre Gefahrenlage zusätzlich prekär. Schon kurz nachdem der Islamische Staat 2014 ein Kalifat in großen Teilen des syrisch-irakischen Gebietes ausgerufen hatte, häuften sich Drohungen gegen die Christen, entweder zum Islam zu konvertieren, Syrien und den Irak zu verlassen oder bei einer Verweigerung dieser Anordnungen getötet zu werden. Zwar hatte der Anführer des IS, Abu Bakr al-Baghdadi, am 26. Februar 2014 in ar-Raqqa den Christen nach prophetischen Vorbild im islamischen Recht einen sog. Dhimma-Status angeboten – bzw. oktroyiert. Damit verbunden war aber, dass die Christen jeglichen feindlichen Akt gegenüber dem Islamischen Staat unterlassen müssten. Diese bewusst vage Aussage führte dazu, dass der Islamische Staat einen völlig willkürlichen Umgang mit den Christen praktiziert, weil er immer behaupten kann, dass die christliche Bevölkerung ihnen gegenüber feindselig sei. Beispielsweise wurden nach der Eroberung der Stadt Mossul durch den IS im Sommer 2014 viele der dort ansässigen Christen entgegen dem „Schutzvertrag" (Dhimma) gezwungen zum Islam zu konvertieren. Häufig wurden sie bei einer Verweigerung zu konvertieren beraubt, vertrieben oder mit dem Tod durch das Schwert bestraft. Teile der sunnitischen Bevölkerung in Mossul unterstützten die Islamisten sogar dabei, christliche Häuser zu identifizieren, indem sie die Gebäude der Christen mit dem arabischen Buchstaben Nun markierten. Im Koran werden die Christen häufig als Naṣāra (Nazoräer, nach Jesus von Nazaret), bezeichnet, wobei der arabische

Buchstabe (ن) "Nun" entsprechend für den Buchstaben "N" steht. In Mossul wurde das "Nun" missbräuchlich zur Brandmarkung der christlichen Minderheit verwendet. Während viele Sunniten in Syrien ihre vorher relativ unbelasteten Beziehungen zu ihren christlichen Nachbarn beim Ansturm der Islamisten vergessen hatten, begannen auch Teile von ihnen in der Folge selbst Jagd auf Christen zu machen. Der Einfall des IS in Mossul mit der anschließenden Vertreibung der dort seit zwei Jahrtausenden ansässigen Christen stellte für die Christenheit in der Levante die bislang schärfste Zäsur des Krieges dar. Weitere einschneidende Vorfälle wie die Entführung orthodoxer Bischöfe und Nonnen und letztendlich die weit verbreiteten christenfeindlichen Übergriffe durch Islamisten bestätigten die schlimmsten Befürchtungen der Christen.

Bei seinem Vormarsch im Sommer 2014 vertrieb der IS die jesidische Bevölkerung aus dem Nordirak; ein großer Teil, der nicht rechtzeitig fliehen konnte, geriet in seine Gefangenschaft. Im Oktober 2014 erklärte der IS in seinem Propagandamagazin Dabiq, dass sein „Ziel die kulturelle und religiöse Auslöschung der Identität der Jesiden" sei. Scharia-Studenten des IS hätten die Jesiden nicht als ehemalige islamische Sekte eingestuft, sondern als eine heidnische Religion aus vorislamischer Zeit, somit als Muschrik (Götzendiener, also eine abwertende Bezeichnung für Polytheisten). „Nach islamischem Recht sei man damit auch berechtigt, jesidische Frauen und Kinder zu versklaven."

Der Artikel mit dem Titel Die vorzeitige Wiedergeburt der Sklaverei führt weiter aus, dass man Frauen und Kinder unter den Kämpfern des islamischen Staates aufgeteilt habe, „nachdem ein Fünftel von ihnen der Regierung des Islamischen Staates als Steuer übergeben wurde." Nach Berichten geflohener Mädchen gehört es zur Praxis in allen vom IS besetzten Territorien, junge Frauen und Mädchen ab neun Jahren als Konkubinen zu versklaven. Ausländische Anhänger der Milizen werden mit Frauen versorgt.

2015 wurde durch geflohene Jugendliche bekannt, dass der IS Kindersoldaten ausbildet. In den überfallenen jesidischen Dörfern im Irak versucht der IS, Jungen umzuerziehen und als Kämpfer auszubilden. Beobachter sehen das Training als Teil der IS-Bemühungen, eine neue Generation von Kämpfern heranzuzüchten. Neben gewaltsamer Rekrutierung werden die Jugendlichen und Kinder mit Hilfe von Geschenken, Drohungen und Gehirnwäsche gefügig gemacht. Der IS nutze ein Video, in dem ein Junge, der unter Aufsicht eines erwachsenen Dschihadisten steht, einen syrischen Soldaten enthauptet. In einem anderen Propaganda-Video werden 25 Kinder gezeigt, die 15 gefangenen syrischen Soldaten in den Kopf schießen. Im Lager Faruk werden laut IS-Quellen Jungen mit Drill zu Kämpfern ausgebildet.

Verschiedene Menschenrechtsorganisationen gehen von 2500 bis 7000 Verschleppten aus. „Die Selbstbezichtigung von IS ist nun ein wichtiges Indiz dafür, dass die Terrormiliz den Versuch eines kulturellen Genozids an den Jesiden unternimmt."

Im April 2016 ermordete der IS 250 Frauen, weil sie sich nicht als Sexsklavinnen missbrauchen lassen wollten, ähnliche Mordaktionen hatten auch schon früher in kleinerem Umfang stattgefunden.

Der IS betreibt einen scharfen Ikonoklasmus und zerstört systematisch Kulturgüter der vorislamischen Vergangenheit. Im September 2014 wurde die armenische Gedächtniskirche am ehemaligen Konzentrationslager Deir ez-Zor aus den Zeiten des osmanischen Völkermords an den Armeniern gesprengt. Im Februar 2015 wurden im Museum von Mossul gezielt Statuen, insbesondere aus der assyrischen Zeit, zerschlagen. Es liegen auch Berichte vor, wonach sich die Zerstörungswut generell gegen archäologische Monumente richte. Im Irak sollen zwischen Ende Februar und Anfang März 2015 die Überreste der antiken Städte Nimrud, Hatra und Dur Šarrukin ebenso wie die Zitadelle von Assur mit Sprengstoff und Bulldozern vernichtet worden sein. Der Umfang des Ikonoklasmus erinnerte Beobachter an die Sprengung der Buddha-Statuen von Bamiyan durch die afghanischen Taliban im März 2001. Es wird vermutet, dass der IS verschiedene Ziele damit verfolgt und dass bei dem Bildersturm auch propagandistische Motive eine Rolle spielen. Stellenweise wurde auch berichtet, dass Kulturgüter möglicherweise mit LKW abtransportiert wurden, um sie im westlichen Antikenhandel zu Geld zu machen.

Muslimische Gelehrte und Institutionen wie das in Kairo ansässige oberste islamische Rechtsinstitut Dar al-Ifta verurteilten die Zerstörung der Kulturgüter durch den IS und wiesen darauf hin, dass selbst frühere Kalifen oder Gelehrte wie Abu Hanifa im Irak lebten und diese Stätten erhielten und nicht zerstörten.

Gezielt wurden historische Gotteshäuser der christlichen Minderheit im Irak und in Syrien zerstört. Das chaldäische Sankt-Elias-Kloster aus dem 5. Jahrhundert wurde ebenso wie die syrisch-orthodoxe Grüne Kirche in Tikrit, eine der ältesten des Irak, bereits 2014 vollständig abgerissen. Die Grabstätte vom Mar-Behnam-Kloster in Bachdida wurde 2015 gesprengt und die alten Manuskripte verbrannt, das Mor-Mattai-Kloster bedroht. 2016 wurde in Mossul die katholische Kirche Unserer Frau der Stunde aus dem 19. Jahrhundert mit Sprengstoff beseitigt. Auch schiitische Bauten wie die 2014 abgerissene Moschee des Oweis el-Karni in Rakka blieben nicht verschont.

Am 20. Mai 2015 eroberte der IS die antike Metropole Palmyra und das dortige UNESCO-Weltkulturerbe mit den bis dahin noch erhaltenen vorwiegend römischen Ruinen. Im August und September 2015 begann der IS mit der systematischen Zerstörung mehrerer bedeutender Bauwerke der Ruinenstadt, darunter die Grabtürme am Stadtrand sowie der Baaltempel und auch der Baalschamin-Tempel, welche durch Sprengung völlig zerstört wurden.

Am 19. März 2015 veröffentlichte das UNO-Hochkommissariat für Menschenrechte einen Bericht, in dem die Einschätzung vertreten wurde, dass die durch den IS verübte Gewalt das Ausmaß von Völkermord erreicht habe. Besonders das Vorgehen gegen die Jesiden habe das Ziel, diese als Gruppe zu vernichten, so der Bericht. Außerdem wurden weitere Verbrechen wie Mord, Folter, Vergewaltigungen und sexuelle Versklavung sowie erzwungene religiöse Konvertierung und Zwangsrekrutierungen von Kindern aufgezählt. Die Ermittler appellierten an den in Genf tagenden UN-Menschenrechtsrat, sich beim UN-Sicherheitsrat für die strafrechtliche Verfolgung aller derartigen Verbrechen einzusetzen. Der UN-Sicherheitsrat müsse damit den Internationalen Strafgerichtshof in Den Haag beauftragen.

Das journalistische YouTube-Magazin Vice berichtet anhand eines Interviews, dass die IS-Milizen, und hier vor allem junge Männer ohne militärische Ausbildung, vor militärischen Aktionen bzw. Terrorakten zur Einnahme des Stimulans Captagon angehalten werden, die sie seelisch abstumpfen und brutalisieren soll. Captagon wird unter anderem im Libanon und in Syrien produziert und gelangt von dort über den Schwarzmarkt an alle Kriegsparteien.

Die terroristische Strategie des Islamischen Staates stammt von dem Manifest Idarat at Tawahusch (deutsch: Das Management bestialischer Grausamkeit), das von der irakischen Sektion der al-Qaida 2004 verfasst wurde. Weil Jugendliche von Natur aus rebellisch sind, glauben die Islamisten, dass Terroranschläge gegen Schiiten, Kurden, Christen und Atheisten sunnitische Jugendliche mit „Energie und Idealismus" füllen würden und sich die Jugendlichen zum Zwecke der Selbstopferung dem Kampf bzw. Terror verschreiben würden. Außerdem sollen die feindlichen Staaten ihre Kräfte überdehnen, um Ziele zu schützen, die nicht effektiv geschützt werden können, und der Westen soll zu einem direkten Eingreifen mit eigenen Bodentruppen animiert werden.

Nach der Rückeroberung der letzten größeren vom IS gehaltenen Stadt Albu Kamal durch die syrische Armee im November 2017 hat der IS nunmehr 96 % des ursprünglich beanspruchten "Hoheitsgebiets" verloren.

Arjenyattah-Epidemie

Die **Arjenyattah-Epidemie**[89], in der angelsächsischen Fachliteratur *Arjenyattah epidemic* oder *West Bank epidemic* genannt, war eine 1983 im Westjordanland aufgetretene Epidemie, deren Ursache eine Massenhysterie war.

Am 21. März 1983 um etwa 8:00 Uhr Ortszeit klagte eine 17-jährige palästinensische Schülerin in einer Schule in Arrabah im Westjordanland über Atemnot und Schwindel. In den nächsten beiden Stunden entwickelten sechs weitere Schülerinnen ähnliche Symptome. Einige Schülerinnen nahmen den Geruch von Schwefelwasserstoff („faule Eier") wahr, der – wie sich später herausstellen sollte – vermutlich von einer defekten Toilette im Schulhof stammte. Um etwa 10:00 Uhr trafen nach einem Notruf Mitarbeiter der Gesundheitsbehörde vor Ort ein. Aufgrund der Berichte der Schülerinnen wurde ein Giftgas als Ursache der Erkrankungen vermutet. Daraufhin begann eine groß angelegte Suche nach der Quelle, die aber erfolglos verlief. Während der Suche traten bei weiteren 17 Schülerinnen die beschriebenen Symptome auf, woraufhin um 11:00 Uhr die Schule geschlossen wurde. Das örtliche Krankenhaus nahm am nächsten Tag 60 Schüler auf.

Eine zweite Erkrankungswelle mit 367 Betroffenen brach am 26. bis 28. März des gleichen Jahres in Dschenin und einigen umliegenden Dörfern aus. Auch hier zeigten zunächst im Wesentlichen Schülerinnen die zuvor aus Arrabah beschriebenen Symptome. Nachdem jedoch die örtliche Bevölkerung ein Fahrzeug beobachtet hatte, das mit starker Rauchentwicklung durch Dschenin fuhr, waren bei den Neuerkrankungen alle Altersklassen und beide Geschlechter betroffen, darunter vier israelische Soldaten.

In Hebron und Yattah, im südlichen Westjordanland, begann am 3. April 1983 die dritte Welle der Epidemie, was zu einer Schließung aller Schulen im Westjordanland führte.

Die Vorgänge führten zu einer intensiven Berichterstattung in den Lokalmedien und zu insgesamt 949 betroffenen Personen. Davon waren 727, entsprechend 77 Prozent, weibliche Teenager im Alter von 12 bis 17 Jahren. Die Patienten beklagten im Wesentlichen Kopfschmerzen, Schwindel, Nephelopsie (Nebelsehen), Bauchschmerzen, Myalgie (Muskelschmerz) und Ohnmacht.

Die Symptome konnten weder durch körperliche Anzeichen noch durch labordiagnostische Methoden bestätigt werden. In Blut und Urin der Betrof-

---

[89] Seite „Arjenyattah-Epidemie". In: Wikipedia, Die freie Enzyklopädie. Bearbeitungsstand: 18. April 2018, 13:50 UTC. URL: https://de.wikipedia.org/w/index.php?title=Arjenyattah-Epidemie&oldid=176639825 (Abgerufen: 27. Juni 2019, 14:48 UTC)

fenen konnten keine Toxine nachgewiesen werden. Die Schwefelwasserstoffkonzentration am Ort des Ausbruchs der Epidemie wurde mit 0,040 ppm gemessen. Andere Umweltgifte konnten nicht festgestellt werden. Die Maximale Arbeitsplatz-Konzentration (MAK-Wert) für Schwefelwasserstoff liegt bei 10 ppm. Nachdem weder Vergiftungen noch Umweltschädigungen nachgewiesen werden konnten, endete die Epidemie unvermittelt nach zwei Wochen.

Die Ursache der Epidemie war pathogenetisch betrachtet eine psychische Störung. Die Epidemie wurde durch psychologische und nicht-medizinische Faktoren, vor allem durch die öffentliche Aufmerksamkeit der Massenmedien, beeinflusst und war letztlich eine Massenhysterie. Das Phänomen kann dem Nocebo-Effekt zugeschrieben werden.

Sehr schnell, noch bevor offizielle Untersuchungsergebnisse vorlagen, kam in dem von Israel besetzten Westjordanland das Gerücht auf, dass ein von der Besatzungsmacht eingesetztes schwefelhaltiges Giftgas die Ursache für die Epidemie sei. Ein gelbes Pulver, das an den Fensterrahmen der Schule gefunden wurde, diente als erster „Beweis". Das Pulver wurde später als gewöhnlicher Blütenstaub identifiziert. Kurz vor der zweiten Epidemiewelle wurden in Dschenin Flugblätter verteilt, in denen die dortigen Schülerinnen zum „Kampf gegen die Besatzer" und zur „Erfüllung der nationalen Pflicht" aufgerufen wurden.

Die palästinensische Nachrichtenagentur Wafa sprach von einem „Massenmord in den besetzten Gebieten". Die sowjetische Nachrichtenagentur Tass meldete die „Anwendung von Giftstoffen gegen die Palästinenser durch die Besatzer". Der damalige PLO-Chef Jassir Arafat nannte die Vorgänge „einen Teil des Völkermords am palästinensischen Volk". Der Sicherheitsrat der Vereinten Nationen drückte nach einer Debatte seine Besorgnis über die Vorgänge aus, ohne zu der Giftgasspekulation Stellung zu nehmen.

Fridays for Future

Fridays for Future[90] (zu Deutsch „Freitage für die Zukunft", kurz **FFF**, häufig auch als Klimastreik oder Schulstreik für das Klima bezeichnet; ursprünglich schwedisch Skolstrejk för klimatet) ist eine globale Schüler- und Studierendenbewegung, die sich für den Klimaschutz einsetzt. Nach dem Vorbild der Initiatorin Greta Thunberg, auf das sich die meisten Klimastreiker berufen (darunter alle, die sich selbst als Fridays-for-Future-Anhänger bezeichnen), gehen Schülerinnen und Schüler freitags während der Unterrichtszeit auf die Straßen und protestieren. Der Protest findet weltweit statt und wird von den Schülern und Studierenden selbst organisiert. Weltweit sollen 1.789.235 Menschen am 15. März 2019 an den Demonstrationen von FFF teilgenommen haben.

Nach der Eigendarstellung von FFF wenden sich die Schulstreiks gegen das Versagen der politisch Verantwortlichen gegenüber dem menschengemachten Klimawandel, den Treibhausgasemissionen verursachen. Dieser stelle mit seinen Folgen eine „schon lange bestehende reale Bedrohung für die Erde und die Menschheit" dar und bedrohe die Zukunft der Demonstranten und nachfolgender Generationen. Klimapolitik beziehe sich nicht nur auf Konzerne, die durch Kohleabbau CO2-Emissionen fördern, sondern insbesondere auf die Menschen, die unter den Folgen leiden und keine klare, sichere Zukunft vor sich haben. Klimapolitik wird somit als soziale Politik gesehen. Der Streik ist gemäß FFF nicht gegen Schulen und Universitäten gerichtet, sondern soll zum Handeln ermahnen. Man brauche nicht für eine Zukunft zu lernen, die nicht lebenswert ist. Der existenziellen Frage wird seitens FFF mehr Wert beigemessen als dem freitäglichen Schulbesuch.

Erstmals am 20. August 2018 verweigerte die damals 15-jährige Klimaschutzaktivistin Greta Thunberg den Unterrichtsbesuch. Sie saß anschließend, zunächst für einen Zeitraum von drei Wochen, täglich während der Unterrichtszeit vor dem schwedischen Reichstagsgebäude in Stockholm und zeigte ein Schild mit der Aufschrift „Skolstrejk för klimatet" (deutsch Schulstreik fürs Klima). Die taz berichtete bereits am 27. August 2018 über Thunbergs Schulstreik.

Am 8. September kündigte Thunberg an, sie werde nach den Parlamentswahlen am 9. September 2018 ihren Unterrichtsboykott an Freitagen so lange fortsetzen, bis die Klimapolitik Schwedens den Grundsätzen des Pariser Klimaabkommens entspreche. Als Hashtag verwendete sie u. a. „#FridaysForFuture". Durch ihren Protest erzeugte sie internationale Auf-

---

90 Seite „Fridays for Future". In: Wikipedia, Die freie Enzyklopädie. Bearbeitungsstand: 27. Juni 2019, 18:45 UTC. URL: https://de.wikipedia.org/w/index.php?title=Fridays_for_Future&oldid=189921727 (Abgerufen: 28. Juni 2019, 10:33 UTC)

merksamkeit, sodass sich in verschiedenen Städten weltweit Gruppen bildeten, die sich der von ihr initiierten Bewegung anschlossen. In Deutschland wurde das erste Mal am 7. Dezember 2018 in Bad Segeberg gestreikt. Der darauf folgende Streik am 14. Dezember in Kiel erlangte erstmals große mediale Aufmerksamkeit.

Ausgehend von Schweden fanden Aktionen in Australien, England, Italien, Deutschland, Niederlande, Belgien, Kanada, Frankreich, Schweiz, Österreich, Irland und Schottland statt. Mitte März 2019 erreichte die Bewegung dann globale Ausmaße mit zusätzlich einigen Hundert Demonstranten in Japan, Mexiko, Chile, Philippinen, Vanuatu und Indien.

Die Bewegung ist im Globalen Süden eine Randerscheinung, ebenso gibt es kaum Zuspruch in China, Südostasien, Korea, Russland und Japan.

Am 15. Februar 2019 gab es in Deutschland 155 FFFD-Ortsgruppen. Es nahmen an diesem Tag 30.000 Schüler, Studierende und Auszubildende an FFFD-Demonstrationen teil, davon 3000 in Hannover und 1000 in Berlin, wo bereits am 25. Januar 5.000 demonstriert hatten. In Deutschland nahm Greta Thunberg am 1. März 2019 in Hamburg an einer Demonstration vom Gänsemarkt zur Kundgebung auf dem Rathausmarkt teil. Am Freitag, den 15. März, welcher der erste globale Protesttag von Fridays for Future war, waren in Deutschland 220 Proteste angekündigt, an denen laut Veranstaltern 300.000 Menschen teilnahmen, darunter 25.000 in Berlin, 10.300 in München, 10.000 in Hamburg und 6.500 in Karlsruhe.

2019 wollte der Bundesminister für Wirtschaft und Energie Peter Altmaier auf einer FFFD-Veranstaltung in Berlin eine Rede halten. Die Demonstrierenden lehnten dies ab und rieten ihm, besser in sein Büro zurückzukehren und verantwortungsvoller zu arbeiten. Sie hätten nur deswegen einen Grund zum Demonstrieren, weil die Regierung falsch handele.

Am 2. Mai 2019 erreichte FFFD, dass die Stadt Konstanz als erste Stadt in Deutschland den Klimanotstand ausrief. Alle Entscheidungen des Gemeinderats der Stadt Konstanz sind damit unter Klimavorbehalt gestellt und müssen auf ihre Auswirkungen und ihre Verträglichkeit mit dem Klimaschutz geprüft werden.

Zustimmung für Fridays for Future kam ebenfalls von mehr als 26.800 Wissenschaftlern aus der Schweiz, Österreich und Deutschland, die mit einer Stellungnahme unter der Überschrift *Die Anliegen der demonstrierenden jungen Menschen sind berechtigt* die Demonstrationen unterstützen. Die Wissenschaftler, die sich unter dem Namen *Scientists for Future* zusammengeschlossen haben, äußerten, dass die Anliegen berechtigt und gut begründet seien.

Zur Unterstützung der streikenden Jugendlichen gründete sich in Deutschland im Februar 2019 das Netzwerk *Parents for Future*. Als Eltern möchten auch sie Solidarität mit den Jugendlichen zeigen und sich für den Klimaschutz engagieren.

Eine Reihe von einflussreichen Politikern begrüßen die Aktionen von FFF ausdrücklich. So begrüßte Italiens Präsident Sergio Mattarella den Einsatz der Jugend für das Klima. Angela Merkel und Bernie Sanders twitterten ebenfalls ihre Unterstützung. Bundesjustizministerin Katarina Barley erklärte am 1. März 2019: „Wir sollten ein Wahlrecht ab 16 Jahren einführen."

Der FDP-Vorsitzende Christian Lindner äußerte in einem Interview mit Bild am Sonntag und auf Twitter, dass man von Kindern und Jugendlichen „nicht erwarten" könne, „dass sie bereits alle globalen Zusammenhänge, das technisch Sinnvolle und das ökonomisch Machbare sehen", sondern dass das „eine Sache für Profis" sei. Außerdem ist er der Meinung, die Schüler sollten sich in der Unterrichtszeit „lieber über physikalische und naturwissenschaftliche sowie technische und wirtschaftliche Zusammenhänge informieren", anstatt zu streiken, und sprach sich für eine Verlegung der Proteste in die Freizeit aus. Diese Aussagen lösten ein kritisches mediales Echo gegen Lindner aus.

Der baden-württembergische Ministerpräsident Winfried Kretschmann (Grüne) hält es nicht für sinnvoll, wenn streikende Schüler sich über Monate hinweg darauf beriefen, sie leisteten zivilen Ungehorsam. Das Schuleschwänzen am Freitag dürfe nicht „zu einer Dauerveranstaltung" werden. Zwar sei der moralische Appell gerechtfertigt, und es gehe wirklich um die Zukunft der Schüler. Dafür einmal die Schule zu schwänzen, falle zunächst einmal unter zivilen Ungehorsam. Ziviler Ungehorsam sei aber ein symbolischer Akt, keine „Dauerveranstaltung". Wenn man Regeln verletzte, müsse man irgendwann mit Sanktionen rechnen. Wenn es auf Dauer nicht zu Sanktionen komme, suche sich als Folge jeder sein Thema aus, das er dann irgendwie moralisch auflade.

Heinz-Peter Meidinger, Präsident des Deutschen Lehrerverbandes, warf Politikern, die sich hinter die Proteste stellten, Heuchelei vor. Der Verband begrüße zwar das Engagement der Schüler. Inakzeptabel aber sei, dass Politiker durch ihre Unterstützung der FFFD-Proteste die allgemeine Schulpflicht am Freitagvormittag „praktisch für außer Kraft gesetzt" erklärten und Lehrkräfte und Schulleitungen, die diese Schulpflicht von ihren Schülern noch einforderten, an den Pranger gestellt würden. Es sei widersinnig, dass sich einerseits fast alle Bundesländer in der Vergangenheit weigerten, der politischen Bildung an Schulen mehr Unterrichtsstunden einzuräumen, weil der Stundenplan so voll sei, andererseits es aber jetzt viele Politiker nicht störe, wenn Zehntausende von Unterrichtsstunden wegen der Freitagsdemos ausfielen. Bundeskanzlerin Angela Merkel, „die letztendlich die Klimapolitik der Bundesrepublik verantwortet, klatscht zu dieser Kritik an der eigenen Politik Beifall", kritisierte er. Der Hype um die Freitagsde-mos diene vielfach als willkommenes Ablenkungsmanöver von den eigentlichen Sachfragen, so Meidinger.

Maximilian Probst weist darauf hin, dass Fridays for Future den Politikbetrieb in parlamentarischen Demokratien grundsätzlich in Frage stelle. In Demokratien sei es üblich, dass durch Wahlen legitimierte Abgeordnete per Mehrheitsbe-schluss darüber befänden, was geschehen solle. Die Frage, ob das Ergebnis „richtig" sei, stelle sich hier nicht, da die Legitimation eines Beschlusses sich allein aus dem Verfahren ergebe und da Menschen sich irren könnten.

BUCHTIPPS

Abrupte Klimaschwankungen seit 2000 Jahren
Lokale und kosmische Ursachen eines
Klimawandels. Herausgeber: Sedlacek, Klaus-Dieter
(Hrsg.). Innerhalb der letzten zwei Jahrtausende sind
verschiedene abrupte Klimaschwankungen
nachweisbar. Der fortwährende Wandel des Klimas
verzeichnete allein fünf große Klimaepochen und
zahlreiche ...

Ägypten zur Zeit der Pyramidenbauer
Mit 16 Abbildungen im Text und 17 Bildtafeln.
Autor: Eduard Meyer , Klaus-Dieter Sedlacek (Hrsg.).
Bei keinem Volk der Erde reichen die Denkmäler einer
höheren Kultur in so frühe Zeiten hinauf ...

Allgemeine moderne Psychologie
Allgemeine moderne Psychologie Systematische
Einführung in die Wissenschaft psychischer Prozesse
Autor: Messer, August Man hat mit Recht drei
Hauptwurzeln der Psychologie unterschieden: die
praktische Menschenkenntnis, den religiösen
Seelenglauben und die biologische Lebenserklärung.
Psychologie als ...

Anleitung zum Roman-Schreiben
Wie man anfängt, einen Plot entwickelt und eine
gute Geschichte erzählt. Autor: Wilde, Oliver J. Sie
wollen einen Roman schreiben? Das ist toll! Aber
begnügen Sie sich nicht damit, nur einen Roman ...

Äquivalenz von Information und Energie
Die Grundbausteine der Welt – Neuausgabe –
Autor: Sedlacek, Klaus-Dieter. „Es stellt sich
letztendlich heraus, dass Information ein wesentlicher
Grundbaustein der Welt ist", versicherte der durch sein
Quantenteleportationsexperiment bekannte Prof.
Zeilinger in ...

Babel und Bibel
Babel und Bibel Vortrag über die babylonischen
Wurzeln der Bibel Autor: Delitzsch, Friedrich Das Buch
ist der Vortragstext von dem Vortrag, den der Autor am
13. Januar 1902 in der Singakademie zu Berlin ...

Besseres Gedächtnis
Wie man es stärkt, trainiert und einsetzt. Autor:
Atkinson, Wilhelm Walker. Viele Menschen scheinen
zu glauben, dass Erinnerungen einfach kommen und
nicht gefördert werden können. Aber der Trugschluss
einer solchen Vorstellung wird ...

Bleib beweglich und fit ohne Geräte!
Leichte ärztliche Zimmergymnastik für jedes Alter.
Autor: Moritz Schreber , Klaus-Dieter Sedlacek (Hrsg.).
Dieses Buch hilft die die Körperausbildung,
Erhaltung der Gesundheit und Beweglichkeit bis ins
hohe Alter anerkannt wichtige ...

Das Gesetz im Zufall
Wie sich verborgene Gesetzlichkeit manifestiert.
Neubearbeitung. Autor: Cantor, Moritz. Zufall wurde es
Jahrhunderte lang genannt, wenn der Wind von Süd
nach Südwest, von Nord nach Nordost umzuschlagen
pflegte und nicht etwa die ...

Der Alchemist Leonhard Thurneysser
Die Lebensgeschichte des Goldmachers von
Berlin. Autor: Sedlacek, Klaus-Dieter (Hrsg.) . Der im
Jahr 1531 geborene Leonhard Thurneysser erlernte
als Sohn eines Goldschmieds in Basel die Kunst
seines Vaters, übernahm aber bald ...

Der allmächtige Informatiker
Das Mysterium des Universums. Autor: Jeans, Sir
James. Die englische Ausgabe dieses Buchs mit dem
Originaltitel „The Mysterious Universe" ist als
populäres Wissenschaftsbuch des britischen
Astrophysikers Sir James Jeans zuerst von ...

Der erdgeschichtliche Klimawandel
Den wahren Ursachen von Klimaschwankungen
auf der Spur. Autor: Wilhelm Bölsche , Klaus-Dieter
Sedlacek (Hrsg.). Der Klimazustand während der
letzten Jahrhunderttausende ist im Wesentlichen auf
den Einfluss von Sonneneinstrahlung zurückzuführen,
die ...

Der geschichtliche Jesus
Der geschichtliche Jesus Was wissen wir von
ihm? Autor: Hertlein, Eduard Vorwort: Mit der
gegenwärtigen Veröffentlichung komme ich einem
mehrfach geäußerten Wunsch von Hörern eines
Vortrags nach, den ich in Stuttgart gehalten habe.
Ich ...

Der Mann, der „Ich denke, also bin ich" sagte
Der Mann, der „Ich denke, also bin ich" sagte Eine
kurze René Descartes Biografie Autor: Sedlacek,
Klaus-Dieter (Hrsg.) Descartes gilt als der Begründer
des modernen frühneuzeitlichen Rationalismus. Sein
rationalistisches Denken wird auch Cartesianismus ...

Der Stein der Weisen
Der Stein der Weisen: Wie die Alchemie zur
Chemie wurde (Abenteuer Naturwissenschaft) von
Klaus-Dieter Sedlacek (Herausgeber), Wilhelm
Ostwald (Autor) Einführend berichtet Justus Liebig, wie
die voller Geheimnisse steckende Alchemie die
Grundlagen der ...

Der verborgene Mechanismus des
Weltgeschehens
Der verborgene Mechanismus des
Weltgeschehens Neue Erkenntnisse über die
Gestalten biotechnischer Systeme der Welt Autoren:
Sedlacek, Klaus-Dieter; Francé, Raoul H. Seit
Jahrtausenden ist die Menschheit bestrebt, die Welt, in
der sie lebt, erkennen ...

Der Weg zu Wohlstand und Reichtum
Goldene Regeln für den Aufbau einer
selbstständigen Existenz. Autor: Barnum, P. T. Der
Weg zum Reichtum ist, wie einer der Gründerväter der
Vereinigten Staaten sagt, „so klar wie der Weg zur
Mühle". ...

Die ersten Spuren psychischer Erscheinungen
Die ersten Spuren psychischer Erscheinungen
Das psychische Leben von Mikroorganismen – Eine
Studie in experimenteller Psychologie Autor: Binet,

Alfred Es gibt mikroskopisch winzige Lebewesen, die kein Gehirn haben und dennoch so etwas wie ...

Die geheimnisvolle Kultur der alten Kelten

Von Druiden, Fürstensitzen und der Lebensart unserer frühgeschichtlichen Vorfahren. Autor: Grupp, Georg Die Kelten zeichneten sich aus durch hohes handwerkliches Können, Handelsbeziehungen bis in den Süden Europas und tollkühnem Mut, der den ...

Die Heldin des Radiums

Eine kleine Biografie von Marie Curie. Hrsg: Sedlacek, Klaus-Dieter. Marie Curie war eine Physikerin und Chemikerin polnischer Herkunft, die in Frankreich lebte und wirkte. Sie untersuchte die 1896 von Henri Becquerel beobachtete ...

Die Kultur der Azteken

Mit einem Anhang Große Landesausstellung Baden-Württemberg „Azteken" im Lindenmuseum. Autor: Prescott, William. „Von dem ganzen ausgedehnten Reich, das einst die Herrschaft Spaniens in der Neuen Welt anerkannte, ist kein Teil an Wichtigkeit ...

Die Lebenskraft

Wie Enzyme, Bewusstsein und quantenbiologische Effekte das Leben regulieren Autoren: Sedlacek, Klaus-Dieter; Wrobel, Norbert Der Begründer der Quantenmechanik und Nobelpreisträger Erwin Schrödinger beschäftigte sich unter anderem mit der Frage: „Was ist Leben?" ...

Die letzten Ursachen

Das Buch der Naturerkenntnis. Hrsg.: Sedlacek, Klaus-Dieter. Die klassischen physikalischen Theorien, zum Beispiel die klassische Mechanik oder die Elektrodynamik, haben eine klare Interpretation. Den Symbolen der Theorie wie Ort, Geschwindigkeit, Kraft beziehungsweise ...

Die Psychoanalyse des Organischen

Sechs Vorträge und Aufsätze vom Wegbereiter der Psychosomatik. Autor: Georg Groddeck , Klaus-Dieter Sedlacek (Hrsg.) Den publizistischen Anfang zur Psychosomatik machte Georg Groddeck 1917 mit der Broschüre Psychische Bedingtheit und psychoanalytische ...

Die Transzendenz der Realität

Spuren einer allumfassenden transzendenten Realität jenseits von Raum und Zeit. Autor: Klaus-Dieter Sedlacek. Der Nobelpreisträger Max Planck war einer der Pioniere der Quantenphysik und deshalb nicht verdächtig einem esoterischen Weltbild anzuhängen. Er ...

Die unbekannte Seele

Alltagsrätsel des Seelenlebens. Autor: Driesch, Hans. Es geht in dem Buch um sehr Grundlegendes. Gewiss wird der Leser auch mit Normalem zu tun haben, sogar mit sehr Alltäglichem. Aber das Normale bietet ...

Die verborgene Ordnung des Weltsystems

Neue Erkenntnisse über die schöpferischen Kräfte der Natur. Autor: Francé, Raoul Heinrich. Wie zeigt sich die verborgene Ordnung des Weltsystems? Woher kommt die Erfindungskraft, die den Wohlstand

bei uns sichert? Ist sie ...

Durchblick Chemie

Praktische Grundlagen und Einführung in die anorganische, organische und Biochemie Klaus-Dieter Sedlacek, Lassar Cohn, Walther Löb Wollen Sie in unserer modernen Welt mitreden? Dann brauchen Sie den Durchblick! Dazu gehören auch Grundkenntnisse ...

Eine andere Sicht auf die Entstehung der sporadischen Form der Alzheimerkrankheit

Eine andere Sicht auf die Entstehung der sporadischen Form der Alzheimerkrankheit: Neuronale, mitochondriale Energetik – Quantenbiologischer Hintergrund (Wissenschaftliche Bibliothek) von Klaus-Dieter Sedlacek (Herausgeber), Norbert Wrobel (Autor) Bei der Alzheimerkrankheit soll einer Theorie ...

Einfach logisch denken!

Oder die Gesetze des Denkens. Autor: Atkinson, Wilhelm Walker In diesem Buch werden die Methoden und Prinzipien der korrekten Anwendung des Denkvermögens aufgezeigt, und zwar auf eine einfache und klare Weise, ohne ...

Einsteins Relativitätstheorie ganz ohne Mathematik

Spezielle und allgemeine Relativitätstheorie Paul Kirchberger , Klaus-Dieter Sedlacek (Hrsg.) Man wird nicht selten gefragt, ob man eine Schrift wisse, die in die Einsteinsche Theorie für Laien so einführen könne, dass ...

Emergenz

Emergenz Strukturen der Selbstorganisation in Natur und Technik Autor: Sedlacek, Klaus-Dieter Das Universum erschien bis ins 19. Jahrhundert wie ein ablaufendes mechanisches Uhrwerk. Der Schock kam im frühen 20. Jahrhundert mit dem Aufkommen ...

Epigenetik-Experimente

Neuvererbung oder Beweise für die Vererbung erworbener Eigenschaften? Autor: Kammerer, Paul Der Biologe Paul Kammerer wurde durch seine Aufsehen erregenden Experimente zur Epigenetik berühmt. In einer seiner Versuchsserien verwendete er zwei Arten ...

Es begann mit Feuerskraft

Das Werden des Menschen und seiner Kultur. Autor: Neumann, Carl Wilhelm . Seit Anbeginn seiner Tage war der Mensch keinesfalls der stolze Beherrscher der Natur, als den er sich heute mit Recht ...

Exotische Reise durch Persien

Abenteuerlicher Bericht aus einer fremdartigen Welt des 19ten Jahrhunderts. Autor: Loti, Pierre. „Wer mit mir kommen und die Zeit der Rosenblüte in Ispahan sehen will, der mache sich gefasst auf die Gefahren ...

Freizeitvergnügen Sternenhimmel mit bloßem Auge

Wie man Sternbilder auffindet ohne Instrumente. Autor: Kirchberger, Paul. Der Anblick des gestirnten Himmels ist das Größte, das uns die Natur zu bieten vermag, und kein empfängliches Gemüt kann sich seinem Eindruck ...

Gefangen zwischen Eisschollen
Die dramatische Entdeckungsgeschichte der Antarktis Autor: Sedlacek, Klaus-Dieter (Hrsg.) Auf dem 6. Internationalen Geographischen Kongress 1895 in London verabschiedete man folgende Resolution: „Dieser Kongress ist der Meinung, dass die Erkundung der Antarktisregionen ...

Geld vernünftig ausgeben
Über die richtige Art von Sparsamkeit Autor: Marden, Orison Swett Im Inhalt behandelte Punkte: – Wirtschaft ist keine Schikane, sondern das planvolle Handeln zur Befriedigung von Bedürfnissen. – Kapital ist der kleine Unterschied zwischen ...

Gestalt-Psychologie
Einführung in die neue Psychologie vom Begründer der Gestaltpsychologie Kurt Koffka , Klaus-Dieter Sedlacek (Hrsg.) Kurt Koffka hat als forschender Psychologe für dieses Buch zur Einführung in die Psychologie einen besonderen ...

Giganten der Physik
Giganten der Physik Die Top10-Physiker der Menschheitsgeschichte Autor: Sedlacek, Klaus-Dieter (Hrsg.) Den meisten Menschen sind Schöpfer von Kunst und Literatur vertraut, sie kennen unsere Staatslenker und Wirtschaftsführer, doch wer kennt die Giganten der ...

Giordano Bruno
Seine Lebensgeschichte. Autor: Riehl, Alois. Giordano Bruno war ein italienischer Priester, Dichter, Philosoph und Astronom. Er wurde durch die Inquisition der Ketzerei für schuldig befunden und zum Tode verurteilt. Bruno postulierte die ...

Homöopathie und Praxis
Naturheilkundliche alternative Medizin für den mündigen Patienten. Autor: Voorhoeve, Jacob. Der Zweck des Buches ist es, den Leser mit der homöopathischen Heilweise näher bekannt zu machen. Unter Wahrung des wissenschaftlichen Charakters gibt ...

Im dunkelsten Afrika
Die legendäre Emin-Pascha Expedition. Autor: Stanley, Henry M. Im Sudan, der ab 1821 unter die Herrschaft der osmanischen Vizekönige von Ägypten gekommen war, brach 1881 der Mahdiaufstand aus. Nach dem Abzug der ...

Immortal Consciousness
Space-time Phenomena Evidence And Visions. Author: Sedlacek, Klaus-Dieter. Thirty-five top-class scientists have a vision. They meet in seclusion and want to learn about the immortality of consciousness and the meaning of life. ...

Ist echte Erkenntnis möglich?
Ist echte Erkenntnis möglich?: Einführung in die Erkenntnistheorie von Klaus-Dieter Sedlacek (Herausgeber), Erich Becher (Autor) Die Frage nach der Wahrheit und ihrer Sicherung liegt dem nach Erkenntnis strebenden Menschen besonders am Herzen, ...

Jenseits der Erscheinungen
Erkennbarkeit und Realität der Quantennatur. Autor: Schlick, Moritz. Es ist kein Zweifel, dass echte Erkenntnis der transzendenten Welt sehr wohl möglich ist. Die Wendung, zu der die Physik der letzten Jahre bzw. Jahrzehnte ...

Kleines Wörterbuch der Natur-Philosophie
1200 Begriffe, die man kennen sollte, kurz und prägnant. Herausgeber: Sedlacek, Klaus-Dieter. „Ein neues Wörterbuch der Natur-Philosophie? Wozu soll das gut sein? Schließlich gibt es doch ein riesiges, umfangreiches Internetlexikon in aller ...

Klimaänderungen und Klimaschwankungen
Ursachen, historische Fakten und kosmische Einflüsse, sowie ein Anhang „Mittelalterliche Warmzeit" Eduard Brückner, Julius Hann , Klaus-Dieter Sedlacek (Hrsg.) Größere Klimaänderung und Klimaschwankungen können nicht ohne einen tiefgehenden Einfluss auf das ...

Kochbuch für ganze Kerle
Kochbuch für ganze Kerle Kräftige und Feinschmecker-Gerichte für Freizeit und Camping Autor: Sedlacek, Klaus-Dieter (Hrsg.) Dieses Buch liegt vielleicht nicht im Trend von Diätkochbüchern und Fernsehkoch-Rezepten, aber es hat einen unschätzbaren Vorteil, es ...

Kometenfurcht
Komet und Weltuntergang: Die Gefahr aus dem All. Autor: Bölsche, Wilhel. Als 2006 der erdbahnkreuzende Komet 73P/Schwassmann-Wachmann 3 in einige Stücke zerbrach, war dies der Bild-Zeitung einen schaurigen Bericht unter dem Titel ...

Kultur erleben mit dem Wohnmobil in Frankreich
Vierzig kulturelle Highlights, Park- und Übernachtungsplätze sowie Navigations-Koordinaten Klaus-Dieter Sedlacek (Hrsg.) Dieser Wohnmobilführer ist anders. Er hilft uns, Kulturerlebnisse zu einem Genuss werden zu lassen. Er enthält die Beschreibung von vierzig kulturellen ...

Leben aus Quantenstaub
Leben aus Quantenstaub Elementare Information und reiner Zufall im Nichts als Bausteine einer 4-dimensionalen Quanten-Welt Autoren: Wrobel, Norbert; Sedlacek, Klaus-Dieter Obwohl bereits vor mehr als hundert Jahren die Quantenphysik Gestalt annahm, setzte sich ...

Leben in der Warmzeit der Erde
Aus den Urtagen vor dem heutigen Klimawandel Wilhelm Bölsche , Klaus-Dieter Sedlacek (Hrsg.) Der Weltklimarat schlägt Alarm. Die Lage spitzt sich zu: Die Erde erwärmt sich immer mehr. In diesem Buch geht ...

Leben nach dem Leben
Die Befreiung des Bewusstseins von den Fesseln der Zeit Klaus-Dieter Sedlacek Für uns Menschen hat die Frage nach dem zeitlichen Ende unserer Existenz eine hohe Bedeutung. Die Antwort, die der Glaube sucht, ...

Leonardo da Vinci
Seine naturwissenschaftlichen Studien und genialen Erfindungen Hermann Grothe , Klaus-Dieter Sedlacek (Hrsg.) Leonardo da Vinci versuchte, ein Phänomen zu verstehen, indem er es genau beobachtete und bis ins kleinste Detail beschrieb ...

Liebesbeziehungen und deren Störungen
Lebensführung nach den Grundsätzen der Individualpsychologie. Autor: Alfred Adler , Klaus-Dieter Sedlacek (Hrsg.). Um einen Menschen ganz kennenzulernen, ist es notwendig, ihn auch in seinen Liebesbeziehungen zu verstehen … Wir müssen ...

Massenpsychologie am Beispiel Jan Bockelsons
Geschichte eines Massenwahns mit einer Einführung von Sigmund Freud Friedrich Reck-Malleczewen , Klaus-Dieter Sedlacek (Hrsg.) Der Begriff Massenhysterie oder auch Massenwahn bezeichnet eine starke emotionale Erregung in großen Menschenmengen. Auch massenhaft ...

Mein Leben im Tropenparadies
Fünfundzwanzig Jahre in Ceylon – Erlebnisse und Abenteuer. Autor: Hagenbeck, John. Ein Mann des praktischen Lebens und ein Mann der Feder haben sich zusammengetan, um gemeinschaftlich in diesem Buch die Naturwunder und ...

Meine erste Weltumsegelung
Tagebuch einer epochalen Expedition James Cook , Klaus-Dieter Sedlacek (Hrsg.) James Cook unternahm seine erste Weltumsegelung im Rahmen einer wissenschaftlichen Expedition, um den Durchgang des Planeten Venus vor der Sonnenscheibe – ...

Mit der Beagle um die Welt
Bericht meiner Forschungsreise zum Galapagos-Archipel Charles Darwin , Klaus-Dieter Sedlacek (Hrsg.) Auszug aus Darwins Reisebericht: Ich habe die Reise mit zu tief empfundenem Entzücken gemacht, als dass ich nicht jedem Naturforscher empfehlen ...

Naturphilosophie
Das Wesen von Naturgesetzen und die Erklärung des Lebens. Neubearbeitung. Autor: Schlick, Moritz. Die Naturphilosophie verhält sich zur Naturwissenschaft wie die Philosophie im Allgemeinen zur Wissenschaft überhaupt. So ist es die Aufgabe ...

Optische Täuschungen
… und Illusionen, sowie ihre Ursachen. Autor: Reuss, August von . Optische Täuschungen bzw. Illusionen können nahezu alle Aspekte des Sehens betreffen. Es gibt Illusionen aller Art, Lichtblitze, Farbreize, Tiefenillusionen, geometrische Illusionen, ...

Peking – Paris im Automobil
Die legendäre 16.000 km – Rallye 1907. Autor: Barzini, Luigi. „Gibt es jemanden, der diesen Sommer eine Fahrt per Automobil von Peking nach Paris unternehmen wird?", fragte die Pariser Zeitung Le Matin ...

Phänomen Naturgesetze
Phänomen Naturgesetze Das Geheimnis hinter den Erscheinungen der Welt Autor: Sedlacek, Klaus-Dieter Was uns an den beinahe mythischen Denkern der antiken Welt so fasziniert, ist die wundervolle, abgeschlossene Einheit ihres Weltbildes. Mit welcher ...

Psychologische Verkaufskunst
Denk- und Handlungsweisen, Vorgangsweise und Abschluss. Autor: Atkinson, Wilhelm Walker. In der Psychologie der Verkaufskunst gibt es zwei wichtige Elemente, nämlich (1) Die Psyche des Verkäufers; und (2) die Psyche des Käufers. Das zu verkaufende ...

Quantenbewusstsein
Quantenbewusstsein Natürliche Grundlagen einer Theorie des evolutiven Quantenbewusstseins Autoren: Wrobel, Norbert; Sedlacek, Klaus-Dieter Seltsam sind die physikalischen Gesetze, die unsere Welt wirklich beherrschen: Es sind die Gesetze einer makroskopischen Quantenwelt, in der alles ...

Quantum Consciousness
Quantum Consciousness Natural foundations of a theory of evolutionary quantum consciousness Autoren: Wrobel, Norbert; Sedlacek, Klaus-Dieter Usually, the term „consciousness" is associated with higher, cognitive performance. However, in the course of this dialogue ...

Real Life After Life
The liberation of consciousness from the shackles of time. Autor: Sedlacek, Klaus-Dieter. For us humans the question of the temporal end of our existence is of great importance. The answer that faith ...

Strahlende Kräfte durch positives Denken
Die Wurzeln des Erfolgs und Wege zum Glück. Autor: Peters, Emil . Aus dem Inhalt: – Charakter, Wille und Persönlichkeit – Die Macht deiner Gedanken – Vom Schaffen und vom Ruhen – Die Verjüngung deines Lebens – ...

Supervereinigung
Wie aus nichts alles entsteht. Ansatz einer großen einheitlichen Feldtheorie. – Neuausgabe -. Autor: Sedlacek, Klaus-Dieter. Unter Physikern herrscht allgemein Übereinstimmung darin, dass die fundamentale Wirklichkeit unserer Welt aus Feldern besteht. Bei ...

Synthetisches Bewusstsein
Synthetisches Bewusstsein Wie Bewusstsein funktioniert und Roboter damit ausgestattet werden können. Autor: Sedlacek, Klaus-Dieter Bewusstsein zeigt sich nach Überzeugung der meisten Wissenschaftler im Zusammenhang mit der im Gehirn stattfindenden Informationsverarbeitung. Es ist keine ...

The great god Pan / Der große Gott Pan – zweisprachig
Horror story English – German / Horror Geschichte Englisch – Deutsch. Autor: Machen, Arthur. The Great God Pan is a horror and fantasy novel by the Welsh writer Arthur Machen. Machen was ...

The nature of the physical world
The Gifford Lectures 1927 Sir Arthur Eddington , Klaus-Dieter Sedlacek (Hrsg.) In these lectures the author Eddington discusses some of the results of modern study of the physical world which give …

The Philosophy of Physical Science
TARNER LECTURES 1938 – CAMBRIDGE Sir Arthur Eddington , Klaus-Dieter Sedlacek (Hrsg.) It is often said that there is no „philosophy of science", but only the philosophies of certain scientists. But …

Theophrastus Paracelsus
Der Wegbereiter neuzeitlicher Medizin Autor: Kahlbaum, Georg W. A. Es darf ohne weiteres gesagt werden, dass es in der ganzen Geschichte der menschlichen Entwicklung kein zweites Beispiel dafür gibt, dass über den gleichen …

Transzendenz und Unendlichkeit
Die Welt- und Lebensanschauungen eines Physikers Max Bernhard Weinstein , Klaus-Dieter Sedlacek (Hrsg.) Weinstein verfasste mit seinem Buch über „Welt- und Lebensanschauungen" eines der umfassendsten Darstellungen der Idee des metaphysisch geprägten …

Treibhauseffekt und Klimawandel
Energiewende, ja bitte, aber nicht wegen CO2. Von Sedlacek, Klaus-Dieter (Hrsg.) Dieses Buch dokumentiert zum Thema Klimawandel und CO2 teils unbequeme wissenschaftliche Fakten bzw. Meldungen und die dazugehörigen Quellen. Sie sind eingeladen, …

Unsterbliches Bewusstsein
Raumzeit-Phänomene, Beweise und Visionen – Taschenbuchausgabe Klaus-Dieter Sedlacek In diesem Buch geht es weder um Glauben noch um Esoterik, sondern um Beweise. Glaubwürdige, wissenschaftliche Beweise, die in eine Form gepackt sind, dass …

Was ist Krankheit?
Was ist Krankheit? Quanteneffekte in der Medizin Autoren: Wrobel, Norbert; Sedlacek, Klaus-Dieter Aufgrund des gesellschaftlichen Wandels, der immer mehr ältere Menschen hervorbringt, werden die medizinischen Einrichtungen mit neuen, unbekannten und komplexen Problemkonstellationen konfrontiert: …

Was man über Chemie wissen sollte
Was man über Chemie wissen sollte: Chemie im täglichen Leben von Lassar Cohn (Autor), Klaus-Dieter Sedlacek (Herausgeber) In leicht verständlicher und äußerst fesselnder Darstellung behandelt der Verfasser die Stoffe, mit denen das …

Wege zur Physikalischen Erkenntnis
Meine wissenschaftliche Selbstbiographie, Reden und Vorträge Max Planck , Klaus-Dieter Sedlacek (Hrsg.) Diese erweiterte Neuauflage des Buchs „Wege zur physikalischen Erkenntnis" enthält neben der wissenschaftlichen Selbstbiographie folgende Vorträge: Die Einheit des physikalischen …

Wie intelligent sind Pflanzen?
Sensationelle Einblicke in die geheime Seite des pflanzlichen Wesens Autoren: Wagner, Adolf; Sedlacek, Klaus-Dieter In diesem Buch behandeln die Autoren Fragen zum Thema Intelligenz und Bewusstsein bei Pflanzen und geben Antworten. Der …

Wie man seinen Verstand benutzt
Und seine Willenskraft stärkt. Ein praktisches Handbuch der Psychologie. Autor: Atkinson, Wilhelm Walker. Der Mechanismus der psychischen Zustände – die geistige Maschinerie, mit deren Hilfe wir fühlen, denken und wollen – …

Zeichnen für Einsteiger
Achtzehn Lektionen in naturalistischem Zeichnen. Autor: Furniss, Dorothy. Magst du die Malerei? Ist Zeichnen für dich interessant? Hast du einen Bleistift, eine Schachtel Kreide oder einen Malkasten? Denn wenn du auch nur …